Anja Seiffert · Phil C. Langer · Carsten Pietsch (Hrsg.)

Der Einsatz der Bundeswehr in Afghanistan

Schriftenreihe des
Sozialwissenschaftlichen Instituts der Bundeswehr
Band 11

Anja Seiffert · Phil C. Langer
Carsten Pietsch (Hrsg.)

Der Einsatz
der Bundeswehr
in Afghanistan

Sozial- und politikwissen-
schaftliche Perspektiven

VS VERLAG

Bibliografische Information der Deutschen Nationalbibliothek
Die Deutsche Nationalbibliothek verzeichnet diese Publikation in der
Deutschen Nationalbibliografie; detaillierte bibliografische Daten sind im Internet über
<http://dnb.d-nb.de> abrufbar.

1. Auflage 2012

Lektorat: Dorothee Koch

VS Verlag für Sozialwissenschaften ist eine Marke von Springer Fachmedien.
Springer Fachmedien ist Teil der Fachverlagsgruppe Springer Science+Business Media.
www.vs-verlag.de

Umschlaggestaltung: KünkelLopka Medienentwicklung, Heidelberg
Druck und buchbinderische Verarbeitung: STRAUSS GMBH, Mörlenbach
Gedruckt auf säurefreiem und chlorfrei gebleichtem Papier
Printed in Germany

ISBN 978-3-531-18301-5

Inhalt

Vorwort

Das Jahr 2011 stellt für den Einsatz der Bundeswehr in Afghanistan in mehrfacher Hinsicht eine Wegmarke dar. Der schrittweise Abbau der International Security Assistance Force (ISAF) beginnt und wird bis Ende 2014 abgeschlossen sein. Auf dem Petersberg in Bonn wird sich die internationale Gemeinschaft im Dezember 2011 – zehn Jahre nach der ersten Afghanistan-Konferenz 2001 – über das Engagement in Afghanistan bis 2014 und darüber hinaus verständigen, um nachhaltige Stabilität und Sicherheitsvorsorge zu gewährleisten. Diese politischen Weichenstellungen erfolgen vor dem Hintergrund einer unverändert komplexen und für die Bundeswehr mit erheblichen Risiken verbundenen Sicherheitslage im afghanischen Einsatzgebiet, einer deutlich gesunkenen Unterstützung der deutschen Bevölkerung für den ISAF-Einsatz und einer ebenfalls im Jahr 2011 entschiedenen einsatzbezogenen Neuausrichtung der Bundeswehr.

Es ist dieser besondere politische Kontext des ISAF-Einsatzes, der das Sozialwissenschaftliche Institut der Bundeswehr bewogen hat, seine Jahresschrift 2011 dem Einsatz der Bundeswehr in Afghanistan zu widmen. Dieser Einsatz wird Deutschland und die Bundeswehr noch für drei lange Jahre (und wohl noch darüber hinaus) fordern. Sicherheitspolitische, militärische und wissenschaftliche Erkenntnisse aus dem bisherigen Einsatz sollten zur Analyse und kritischen Reflexion, gerade auch mit Blick auf die Gestaltung des ISAF-Einsatzes in den kommenden Jahren und in Vorbereitung künftiger Einsätze genutzt werden. Denn die politische und gesellschaftliche Diskussion über den Einsatz der Bundeswehr am Hindukusch wird ungeachtet des vorgesehenen Abzugs weitergehen. Nicht nur über das außen- und sicherheitspolitische Rational, sondern auch über die ethischen Grundlagen soldatischen Handelns im Kampfeinsatz, über die moralische Rechtfertigung von im Einsatz gefallenen Soldaten, über die psychischen Erkrankungen durch Kampferfahrungen, über die „Generation Einsatz" und ihr Selbstverständnis und darüber, wie Einsatzerfahrungen eine Armee und ihre Menschen langfristig prägen und verändern.

Diese Debatte wird vielschichtig bleiben und kann auch nicht verengt werden. Denn es gilt, die gesellschaftliche Unterstützung für einen Einsatz immer wieder neu zu generieren, einen Rückhalt zu gewährleisten, auf den die Angehörigen der Bundeswehr in dem längst lebensgefährlich gewordenen Einsatz zu Recht einen Anspruch haben. Dies setzt eine glaubwürdige, ehrliche und umfassende öffentliche Kommunikation voraus. Ist diese nicht gegeben, erodiert nach dem Rückhalt in der Heimat auch die Moral vor Ort im Einsatz.

Auch die Jahresschrift 2011 versteht sich vor diesem Hintergrund als Beitrag zu einer informierten strategischen Diskussion über die deutsche Sicherheitspolitik und den politisch wie militärisch am stärksten im Fokus stehenden Einsatz der Bundeswehr.

Das Sozialwissenschaftliche Institut der Bundeswehr begleitet die Auslandseinsätze der Bundeswehr sozialwissenschaftlich bereits seit Ende der 90er-Jahre. Dabei wurden zu nahezu allen Einsätzen der Bundeswehr Daten erhoben, die belastbare Aussagen zur inneren Lage der Bundeswehr im Einsatz ermöglichten. Die zahlreichen, allerdings in der Regel nur für die bundeswehrinterne Nutzung durchgeführten Studien stellten dabei immer auch einen Beitrag zur Verbesserung der Einsatzfähigkeit der Bundeswehr dar.

Diese Jahresschrift kann ebenfalls auf eine umfassende empirische Studie des Instituts zum ISAF-Einsatz der Bundeswehr aus dem Jahr 2010 zurückgreifen. Ausgewählte Ergebnisse aus umfassenden schriftlichen Befragungen und qualitativen Interviews mit Soldaten und Soldatinnen des 22. Kontingents vor, während und nach dem Einsatz finden sich in verschiedenen Beiträgen des Buches wieder. Zusätzlich fließen einsatzbezogene Ergebnisse aus Bevölkerungsbefragungen des Instituts in Deutschland und in Europa ein, um das komplexe Verhältnis der Öffentlichkeit zu militärischen Auslandseinsätzen zu beleuchten.

Die Jahresschrift erschöpft sich indes nicht in der Darstellung und sozialwissenschaftlichen Interpretation wesentlicher Erkenntnisse der empirischen Forschungsarbeit. Die sicherheitspolitische Analyse des nunmehr zehn Jahre andauernden Einsatzes in Afghanistan erfolgt durch mehrere Autoren, allen voran durch den Generalinspekteur der Bundeswehr, General Volker Wieker. Ihm wie auch den anderen externen Autoren aus Politik und Wissenschaft gilt ein ganz besonderer und herzlicher Dank für die Bereitschaft, eine strategische Einordnung von ISAF aus verschiedenen Perspektiven zu ermöglichen.

Allen beteiligten Wissenschaftlerinnen und Wissenschaftlern aus dem Sozialwissenschaftlichen Institut und anderen Forschungseinrichtungen danke ich für ihre wertvollen Beiträge und ihr Engagement bei der Erstellung dieser Jahresschrift. Dies gilt natürlich in besonderer Weise für die drei Herausgeber Dr. Anja Seiffert, Dr. Phil C. Langer und Carsten Pietsch.

Wissenschaftliche Publikationen dienen nicht der Darstellung von Meinungskonformität, sondern betrachten den Diskurs als Mittel zu Meinungsbildung und Erkenntnisgewinn. In diesem Sinne werden einzelne Beiträge der Publikation sicherlich Widerspruch auslösen. Die oft beschworene – und bislang nicht erreichte – sicherheitspolitische Debatte in Deutschland würde ohne solche Einlassungen indes nie zustande kommen.

Das Sozialwissenschaftliche Institut der Bundeswehr ist mit seinen Veröffentlichungen immer auch Teil der öffentlichen Diskussion über die Bundeswehr. Gerade weil in den letzten Jahren eine zunehmende Anzahl von Publikationen von Journalisten, sicherheitspolitischen Fachleuten und Soldaten selbst zum ISAF-Einsatz veröffentlicht wurde, erscheint eine sozialwissenschaftliche Studie zur Einsatzrealität der Bundeswehr und ihren Folgen für Deutschland und die Bundeswehr für eine informierte öffentliche Diskussion umso wesentlicher.

Strausberg, im August 2011   Dr. Ernst-Christoph Meier
                                     Direktor und Professor des
                                     Sozialwissenschaftlichen
                                     Instituts der Bundeswehr

Einführung

Anja Seiffert, Phil C. Langer & Carsten Pietsch

Seit fast 20 Jahren befindet sich die Bundeswehr in Auslandseinsätzen im Rahmen der Vereinten Nationen, der NATO und der EU. Die deutsche Beteiligung an der NATO-geführten internationalen Sicherheitsunterstützungstruppe in Afghanistan (International Security Assistance Force, ISAF) ist der bislang riskanteste, komplexeste und auch „teuerste" Einsatz der Bundeswehr (Nachtwei 2011: 166). In ihm spiegeln sich viele Fragen und Probleme wider, mit denen deutsche Sicherheitspolitik, die Bundeswehr und auch die Gesellschaft konfrontiert sind: Wie sieht Deutschland seine Rolle in der Welt? Welchen Beitrag will es mit welchen Mitteln für kollektive Sicherheit und den Frieden weltweit leisten? Und für welche Prinzipien ist es bereit, notfalls auch zu kämpfen?

Die Weichen für die deutsche Beteiligung an multilateralen Krisenintervention wurden mit Ende des Ost-West-Konflikts Anfang der 90er-Jahre gestellt.[1] Es begann 1992 mit einem Kontingent von Sanitätssoldaten in Kambodscha, das die medizinische Versorgung für die friedensschaffende UN-Truppe der United Nations Transitional Authority Cambodia (UNTAC) sicherstellen sollte. Von 1993 bis 1994 engagierte sich die Bundeswehr mit einem Heeresunterstützungskontingent von 1 400 Mann in der Stabilisierungsmission der Vereinten Nationen in Somalia (UNOSOM II). Erst anschließend stellte das Bundesverfassungsgericht am 12. Juli 1994 klar, dass sich deutsche Streitkräfte mit Zustimmung des Parlaments auch an Maßnahmen kollektiver Friedenssicherung beteiligen können.

Der Genozid in Ruanda und der Krieg im ehemaligen Jugoslawien 1994 markierten einen politischen Wendepunkt für den Einsatz der Bundeswehr außerhalb der Landes- und Bündnisverteidigung. Seit 1996 befinden sich Soldatinnen und Soldaten der Bundeswehr mit Mandat des Bundestages zur Absicherung des Friedensvertrages von Dayton in Bosnien und Herzegowina und seit 1999 zur Stabilisierung des Landes im Kosovo.

Die Anschläge vom 11. September 2001 bedeuteten eine weitere Wegmarke: Seit Ende 2001 sind Soldatinnen und Soldaten der Bundeswehr im Rahmen von ISAF in Afghanistan. Das begrenzte Engagement an der von den USA geführten Anti-Terror-Operation Enduring Freedom (OEF) mit bis

---

1 Bereits kurz nach der Wiedervereinigung brach die Bundesregierung mit der Praxis der Bonner Republik, die Bundeswehr außerhalb des NATO-Bündnisgebietes ausschließlich für humanitäre Hilfsleistungen einzusetzen. Seit der Erdbebenhilfe im marokkanischen Agadir 1960 war die Bundeswehr an mehr als 130 internationalen Hilfs- und Katastropheneinsätzen beteiligt war (siehe hierzu www.bundeswehr.de).

zu 100 Soldaten des Kommandos Spezialkräfte (KSK) wurde hingegen 2008 offiziell beendet. Die deutsche Beteiligung an den internationalen Missionen in Afghanistan stand unter dem Vorzeichen der Bündnisloyalität. Dem Terrornetzwerk al-Qaida sollte der Rückzugsraum beschnitten und das kriegsgeschüttelte Land stabilisiert werden, so dass von ihm keine Gefahren mehr für die internationale Sicherheit ausgehen können.

Weltweit war die Bundeswehr seit Anfang der 90er-Jahre an über zwanzig internationalen Einsätzen überwiegend zur multilateralen Friedenssicherung, aber auch zur Friedenserzwingung beteiligt.[2] Derzeit befindet sie sich in zehn laufenden Missionen, die im Einklang mit der Charta der Vereinten Nationen stehen und durch den Bundestag mandatiert sind. Eine systematische Bilanz und Wirksamkeitsanalyse der Auslandseinsätze jedoch steht noch aus.

Der ISAF-Einsatz galt vielen lange als „Musterfall" (Naumann 2008: 8), der die politisch-strategischen Überlegungen deutscher Sicherheits- und Verteidigungspolitik maßgeblich beeinflusste und die Bundeswehr als Gesamtorganisation prägte. Die deutsche Beteiligung an ISAF begann als robust mandatierter Peacekeeping-Einsatz mit geringem Kräfteansatz und entwickelte sich über die Jahre zu einem Aufstandsbekämpfungseinsatz[3], in dem Gefechte und Anschläge für die Soldatinnen und Soldaten fast schon zum Alltag gehören. Seit Beginn des Einsatzes sind 53 deutsche Soldaten in Afghanistan gefallen, 34 von ihnen starben in Gefechten oder bei Anschlägen (vgl. icasualties.org 2011). Mittlerweile lehnt eine Mehrheit der Bevölkerung den Einsatz ab (siehe Fiebig in diesem Band).

Der Auftrag lautete zunächst: Sicherheitsunterstützung für die afghanische Regierung. Erst 2010 wurde in das Mandat des Bundestages auch der Schutz der Zivilbevölkerung aufgenommen. Was in den ersten Jahren des Einsatzes im Nordosten des Landes recht erfolgreich funktionierte, änderte sich 2006 für Afghanistans Süden und Osten und 2009 dann auch in Provinzen des deutschen Verantwortungsbereiches im Norden des Landes. Während in Deutschland eine leidenschaftliche Debatte darüber geführt wurde, ob das, was in Teilen des deutschen Einsatzgebietes passierte, als „kriegsähnliche Zustände" oder „nichtinternationaler bewaffneter Konflikt" bezeichnet werden könnte, gerieten seit 2008 weite Teile der Provinzen Kunduz und Baghlan unter Kontrolle der Aufständischen (Blasberg/Willeke 2010). Erstmals in ihrer Geschichte stand die Bundeswehr 2009 und vor allem 2010 in mehrstündigen Gefechten. Am Karfreitag 2010 starben in der Taliban-Hochburg Char Darah drei Bundeswehrsoldaten in einem groß angelegten Hinterhalt.

---

2 Einen Überblick über die Auslandseinsätze der Bundeswehr bietet Schwegmann (2011).
3 Siehe hierzu den Beitrag von Nachtwei in diesem Band.

Mit der Neuausrichtung der ISAF-Strategie und dem Aufwuchs der Kräfte 2010 änderte sich die Lage (vgl. Cordesman 2010); im Frühjahr 2011, so konstatierten Afghanistan-Experten, haben ISAF-Truppen und afghanische Sicherheitskräfte in Nordafghanistan die militärische Oberhand gewonnen (Reuter 2011: 52). Ob diese Erfolge nachhaltig sind und dauerhaft zu einer Verbesserung der Sicherheitslage führen, ist jedoch ungewiss. Für die NATO-geführte ISAF, besonders für die USA als größter Truppensteller, gilt 2011 als Schlüsseljahr: Die Übergabe der Sicherheitsverantwortung (Transition) an afghanische Armee und Polizei wurde eingeleitet und gleichzeitig ein schrittweiser Abzug von ISAF begonnen. Bis Ende 2014 soll der Großteil der ISAF-Kontingente abgezogen sein. Welche Erfolge am Ende tatsächlich bilanziert werden können, ob eine verlässliche Übergabe der Sicherheitsverantwortung an afghanische Armee und Polizei gelingt und was an dauerhaften Veränderungen in Afghanistan bleibt, wird sich erst noch erweisen müssen.

Angesichts der Entwicklung und der Bedeutung des ISAF-Einsatzes für deutsche Sicherheitspolitik und Bundeswehr wurde der Fokus der Jahresschrift 2011 des Sozialwissenschaftlichen Instituts der Bundeswehr (SOWI) auf den Einsatz in Afghanistan gelegt. Das SOWI begleitet die Auslandseinsätze der Bundeswehr sozialwissenschaftlich bereits seit mehr als einem Jahrzehnt. Über die Jahre wurden dabei umfangreiche empirische Daten erhoben, die eine fundierte Innenperspektive auf die Entwicklung von Streitkräften als Einsatzarmee ermöglichen. Mittlerweile liegen zahlreiche interne Gutachten des SOWI etwa zu den Einsätzen in Bosnien und Kosovo, im Kongo und auch zum Einsatz der Bundeswehr in Afghanistan vor.[4]

Die erste umfassende empirische Studie des SOWI zum ISAF-Einsatz wurde im Jahr 2003 durchgeführt – Kontext und Rahmenbedingungen des Einsatzes haben sich seither grundlegend gewandelt. Das SOWI hat daher im Forschungsschwerpunkt „Sozialwissenschaftliche Begleitung der Auslandseinsätze der Bundeswehr" besonderes Augenmerk auf den Einsatz der Bundeswehr in Afghanistan gerichtet: Die im Auftrag des Bundesministeriums der Verteidigung vom SOWI durchgeführte Studie „ISAF 2010" war Anstoß für die vorliegende Jahresschrift.

Die Studie „ISAF 2010" wurde von einem vierköpfigen Forscherteam des SOWI[5] als umfassende sozialwissenschaftliche Begleituntersuchung des 22. ISAF-Kontingents der Bundeswehr durchgeführt, das sich von März bis

---

4 Diese Studien wurden in Teilen veröffentlicht. Siehe bspw. Biehl/vom Hagen/Mackewitsch (2000); Keller/Tomforde (2005); Seiffert (2005) und Biehl/Keller (2009).
5 Dem Projektteam „ISAF 2010" des SOWI gehören Dr. Anja Seiffert (Projektleiterin), Dr. Phil C. Langer, Carsten Pietsch und Hauptmann Bastian Krause an.

Oktober 2010[6] im Einsatz befand. Sie ist als quantitative Längsschnittstudie mit qualitativen Elementen konzipiert. Das Kernelement der Studie stellt die schriftliche Befragung aller Kontingentteilnehmerinnen und -teilnehmer mittels standardisierter Fragebogen zu drei Zeitpunkten – vor, im und nach dem Einsatz – dar.[7] Zusätzlich hat das Projektteam das Kontingent von Anfang Mai bis Anfang Juni 2010 im Einsatz in Afghanistan begleitet und im Provincial Reconstruction Team (PRT) Kunduz, im Provincial Advisory Team (PAT) Taloqan und im Camp Marmal in Mazar-e-Sharif insgesamt mehr als 160 leitfadengestützte Interviews und Gruppendiskussionen mit Soldatinnen und Soldaten aller Dienstgrad- und Altersgruppen sowie Tätigkeitsbereiche geführt. Mit den Ergebnissen wird nicht nur eine Forschungslücke im Bereich Auslandseinsätze geschlossen: Es liegen zugleich umfassende Feldforschungsdaten zur Einsatzwirklichkeit in Afghanistan aus Sicht der dort eingesetzten Soldatinnen und Soldaten vor.

In der Fachöffentlichkeit sind zwar zahlreiche sicherheitspolitische Beiträge vor allem zur Ausrichtung und Bedeutung des Einsatzes publiziert worden. Auch sind in den vergangenen Jahren Publikationen von Soldaten und Soldatinnen, die am ISAF-Einsatz der Bundeswehr teilgenommen haben, erschienen.[8] Zudem kommen Soldatinnen und Soldaten, die sich im Einsatz befinden, mittlerweile auch in den Medien häufiger selber zu Wort. Eine sozialwissenschaftliche Analyse, die die Einsatzrealität der Soldatinnen und Soldaten in den Blick nimmt und die Folgen dieser Realität für sie und ihr soziales Umfeld, für die Bundeswehr, aber auch für die deutsche Sicherheitspolitik reflektiert, existiert bislang jedoch nicht.

Die Jahresschrift 2011 des SOWI will dazu beitragen, diese Lücke zu schließen, greift darüber hinaus aber sowohl Fragen zur strategischen Einordnung, Bewertung und Bilanzierung des Einsatzes auch von externen Autoren als auch weitere einsatzbezogene Fragestellungen aus der Forschungsarbeit des SOWI auf.

Die Beiträge[9] des vorliegenden Bandes konzentrieren sich überwiegend auf das Engagement im deutschen Verantwortungsbereich im Norden des Landes und fokussieren zudem auf Streitkräfte als Akteure und deren Hand-

---

6 Die Einsatzdauer des 22. Kontingents variierte beträchtlich. Die Mehrzahl des Kontingents war von März bis Juli 2010 im Einsatz in Afghanistan. Soldatinnen und Soldaten der Schnellen Eingreiftruppe (QRF) kehrten aber beispielsweise erst Mitte Oktober aus ihrem Einsatz zurück. Die Befragung nach dem Einsatz wurde daher in drei Befragungswellen durchgeführt.

7 Dabei wurden Rücklaufquoten zwischen 28 und 35 Prozent erreicht.

8 Bemerkenswert sind in diesem Kontext auch auf Erlebnisberichten basierende Publikationen wie Timmermann-Levanas/Richter (2010) oder Groos (2010).

9 Die Autorinnen und Autoren dieses Bandes geben hier allein ihre persönlichen Auffassungen wider.

lungslogik. Zwar deckt der Sammelband weder die gesamte Breite des deutschen Afghanistan-Engagements ab[10] – eine systematische vergleichende Untersuchung externer Interventionen von ziviler Prävention bis hin zur militärischen Intervention, ihrer Ursachen, Folgen und Wirkungen steht noch aus[11] – noch konnten in den Beiträgen des Bandes alle „tagespolitischen" Entwicklungen berücksichtigt werden.[12] Mit dem vorliegenden Band wird gleichwohl erstmals ein interdisziplinärer Beitrag zum Verständnis des Einsatzes vorgelegt, in dem Innen- und Außenperspektiven zusammengebracht werden: Es wird zum einen nach der Ausrichtung und Wirksamkeit des Einsatzes (Legitimationsdimension) gefragt, zum anderen werden organisationssoziologische und subjektorientierte Fragen in Bezug auf den Einsatz berücksichtigt (Integrations- und Identitätsdimension). Hierzu gehören Fragen nach dem sich wandelnden Verhältnis von Politik, Gesellschaft und Streitkräften ebenso wie Fragen nach der gesellschaftlichen Akzeptanz des Einsatzes oder nach veränderten Organisationspraktiken und deren Rückwirkungen auf die Organisation Bundeswehr und den Staatsbürger in Uniform.

Im ersten Teil erfolgt eine strategische Einordnung des ISAF-Einsatzes: Durch die Zusammenführung unterschiedlicher Perspektiven auf den Einsatz bietet er eine wesentliche Hintergrundfolie für die darauf folgenden themenspezifischen Beiträge des Bandes. Aus militärpolitischer Sicht gibt zunächst Volker Wieker, Generalinspekteur der Bundeswehr, eine differenzierte Bestandsaufnahme des Einsatzes. Er zeichnet dabei ein „gemischtes Bild" (S. 26), das sowohl die erzielten Erfolge etwa beim Wiederaufbau der Infrastruktur und beim Aufbau einsatzfähiger afghanischer Sicherheitskräfte als auch die vergangenen Fehleinschätzungen der internationalen Gemeinschaft und aktuellen Herausforderungen für die Bundeswehr, die sich „auch weiterhin auf blutige Anschläge [wird] einstellen müssen" (S. 31), umfasst. Er plädiert für einen vernetzten, zivil-militärischen Ansatz als Voraussetzung einer nachhaltigen Befriedung des Landes und einer erfolgreichen Übergabe der Sicherheitsverantwortung an die afghanische Regierung, denn: „Wir dürfen Afghanistan nicht im Stich lassen" (S. 32).

---

10 So ist der Erfolg von komplexen zivilen und militärischen Missionen, wie ihn der Einsatz in Afghanistan darstellt, maßgeblich von einem Zusammenhandeln der verschiedenen zivilen und militärischen Akteure abhängig.

11 Für eine umfassende Analyse und Bilanzierung des bisherigen deutschen Afghanistan-Engagements müssten weitere inner- und interministerielle Erkenntnisse zusammengeführt werden mit wissenschaftlichen Einzelfallanalysen. Für eine Analyse des zivilen deutschen Engagements siehe Zürcher/Koehler (2007) sowie Böhnke/Koehler/Zürcher (2010).

12 Redaktionsschluss für die Beiträge war der 15. Juni 2011.

Aus Sicht eines Politikers, der als Abgeordneter des Bundestages und Obmann seiner Fraktion im Verteidigungsausschuss den Afghanistaneinsatz wie kaum ein anderer von Beginn an systematisch begleitete, zeichnet Winfried Nachtwei in seinem „Beitrag zu einer parlamentarischen, kritischen Selbstüberprüfung" (S. 33) detailliert die Entwicklung des Einsatzes von der Friedenssicherung zur Aufstandsbekämpfung nach und diskutiert die sich daraus ergebenden Implikationen für Politik, Militär und Gesellschaft. Trotz jüngerer Erfolge, die er im Zusammenhang mit der verstärkten Präsenz der US-Streitkräfte im Norden Afghanistans und der Implementierung der Counterinsurgency-Strategie (COIN) sieht, verweist er dabei zum einen auf die Gefahr eines Scheiterns des internationalen Afghanistaneinsatzes, der ein intensives Bemühen um politische Konfliktlösung auf lokaler, nationaler und regionaler Ebene sowie verstärkte zivile Anstrengungen entgegengesetzt werden müsse. Zum anderen betont er die Notwendigkeit gesellschaftlicher Akzeptanz für die Beteiligung an internationaler Krisenbewältigung, die eine Bilanzierung des bisherigen Engagements ebenso voraussetze wie eine glaubwürdige öffentliche Kommunikation.

Der am Hamburger Institut für Sozialforschung tätige Historiker Klaus Naumann greift in seinem Aufsatz aus politikwissenschaftlicher Sicht das sich in den beiden Vorgängerbeiträgen abbildende Verhältnis von Politik und Militär im ISAF-Einsatz auf. Er konstatiert für die deutsche Außen- und Sicherheitspolitik einen „politisch-kulturell bedingten Zielkonflikt zwischen einer multilateralistischen Handlungsdoktrin (,Bündnissolidarität' etc.) und ihrem Image als Zivilmacht (,Kultur der Zurückhaltung')" (S. 49f.). Dabei kommt er zu einer skeptischen Bilanz des deutschen Afghanistaneinsatzes, in dem sich die ungeklärten Grundprobleme des politisch-militärischen Beziehungsfeldes zeigten.

In einem vierten Beitrag widmet sich Bastian Giegerich der internationalen Einbindung der Bundeswehr in den NATO-geführten Einsatz. Er entwickelt darin einen Rahmen, „um das Zweiebenenspiel zwischen multinationaler Strategieformulierung und nationaler Strategieumsetzung zu verstehen" (S. 66). Ausgehend von unterschiedlichen theoretischen Ansätzen diskutiert er mögliche Faktoren der multilateralen Strategiefähigkeit Deutschlands. Neben den rechtlichen Rahmenbedingungen des Einsatzes und der Bedeutung der öffentlichen Meinung rekurriert er insbesondere auf das Konzept der strategischen Kulturen, die er als ideelles Milieu erkennt, „das auf Grundlage der historischen Erfahrungen einer Gesellschaft mit militärischer Gewalt politische Handlungsoptionen strukturiert" (S. 69). Auch für die Zukunft einer Einsatzrealität nach Afghanistan prognostiziert er eine „anhaltende Ausdifferenzierung der Positionen innerhalb der NATO, was Auswirkungen auf die Interventionsbereitschaft der Allianz haben dürfte" (S. 76).

Im zweiten Teil des Bandes wird der damit gesetzte Verständnisrahmen des Einsatzes auf die konkrete Einsatzrealität der Soldatinnen und Soldaten zurückgeführt. Er präsentiert das erste Mal einer breiteren Öffentlichkeit aktuelle empirische Ergebnisse zu den (Gewalt-)Erfahrungen im Einsatz in Afghanistan und deren Folgen für die Soldatinnen und Soldaten. So führt Anja Seiffert in ihrem Beitrag basierend auf Befragungsergebnissen der Studie „ISAF 2010" aus, wie „Soldatinnen und Soldaten Kontext und Realität einer internationalen Intervention oder eines Kriseneinsatzes wahrnehmen, wie sie mit den oft unübersichtlichen Konfliktkonstellationen und rasch wechselnden Sicherheitslagen in den Einsatzgebieten umgehen, welche Erfahrungen sie im Umgang mit militärischer Gewalt machen und welche Folgen diese Erfahrungen für ihr Selbstbild, aber auch für die Gesamtorganisation Bundeswehr haben" (S. 79). Sie zeigt, dass sich der gemeinschaftliche Handlungskontext „Einsatz" in unterschiedliche Welten differenziert, die die Soldatinnen und Soldaten mit spezifischen Anforderungen, Belastungen und Gefahren konfrontieren. Dabei treffe die Frage nach der Wirksamkeit des Einsatzes den „Motivations- und Identitätskern" (S. 89) ihres Selbstverständnisses. Die unterschiedlichen Erfahrungswelten zeitigen zudem einen Generationenkonflikt, der die Organisationskultur der Bundeswehr unter Anpassungsdruck setze und sukzessive einen Organisationswandel der Bundeswehr anstoßen kann (S. 94).

Mit seinem Beitrag zur Motivation deutscher Soldatinnen und Soldaten für den ISAF-Einsatz schließt Carsten Pietsch an diese Erkenntnisse an. In seiner Analyse der Antworten der im Rahmen der Studie „ISAF 2010" befragten Soldatinnen und Soldaten stellt er heraus, dass „die für wichtig befundene ‚gute Kameradschaft' als Wunsch nach *social cohesion* und [der] ebenfalls als wichtig eingeschätzte(n) ‚sinnvolle(n) Auftrag' als *task cohesion*-Orientierung" (S. 109) eine gleichermaßen große Rolle spielen. Vor dem Hintergrund der direkten und indirekten Gewalt im Einsatz ist es bemerkenswert, dass in der Befragung nach dem Einsatz die Bereitschaft stärker ausgeprägt ist, nach Afghanistan als in einen anderen Einsatz der Bundeswehr gehen zu wollen. Der Afghanistaneinsatz fungiert dabei offenbar auch als Distinktionsmerkmal, da er „Aufstiegs- bzw. Beförderungskriterium sei, wichtiges Praxiswissen vermittle und in der jeweiligen *peer group* Ansehen verschaffe" (S. 112). Zugleich unterscheidet sich die soldatische Motivation für Stabilisierungseinsätze (wie auf dem Balkan) von der Motivation für Aufstandsbekämpfungseinsätze offenbar nicht wesentlich.

Einen anderen Aspekt der Einsatzwirklichkeit in Afghanistan greift Phil C. Langer in seinem Beitrag zu interkultureller Kompetenz auf. Angesichts umfangreicher Kontakte der Soldatinnen und Soldaten mit der einheimischen Zivilbevölkerung vor Ort und im Kontext multinationaler Zusammenarbeit sieht er den Einsatz „als Lernort für die Aneignung interkultureller Sensibilität, die zentrale Voraussetzung kulturkompetenten Handelns vor Ort ist" (S. 132). Mit der Bedeutungszunahme interkulturellen Handelns für die Bundeswehr in den letzten Jahren sind dem Autor zufolge jedoch auch spezifische Ambivalenzen verbunden, insofern die in der Aus-, Fort- und Weiterbildung aufgenommene Forderung nach interkultureller Kompetenz eine mögliche „Überforderung des Einzelnen bei gleichzeitiger Ausblendung von Herausforderungen auf der Ebene der Organisation" (S. 135) bedeuten könne.

Von einer ganz anderen, höchst existenziellen Überforderung, die sich häufig erst Wochen oder Monate nach dem Einsatz zeigt, berichtet das Autorenteam um Peter Zimmermann, dem Leiter des Psychotraumazentrums der Bundeswehr in Berlin: Auf Basis einer aktuellen Auswertung ambulanter und stationärer Erkrankungsstatistiken, die die Posttraumatische Belastungsstörung (PTBS) als wesentlichen Anteil der gestellten Diagnosen zeigt, weisen die Autoren auf einen „kausalen Zusammenhang zwischen den Behandlungsprävalenzen psychischer Störungen in der Bundeswehr und dem zeitgleich veränderten Einsatzgeschehen" (S. 143) hin. Dabei diskutieren sie die Bedingungen und Faktoren der Entstehung sowie die weitreichenden Folgen von PTBS für die davon Betroffenen und ihr soziales Umfeld und plädieren für eine umfassende Aufklärungsarbeit.

Nicht nur für die Soldatinnen und Soldaten, auch für zivile Mitarbeiterinnen und Mitarbeiter der Bundeswehr stellt der Einsatz eine gewaltige Herausforderung dar, wie Thomas Krampe ausführt. Als Mitglieder der zivilen Wehrverwaltung gehen sie im Soldatenstatus in den Einsatz, was aus Sicht der Befragten durchaus sinnvoll erscheine, schafft die Uniform doch Anerkennung und Akzeptanz unter den anderen Kontingentteilnehmerinnen und -teilnehmern. Zu bedenken sei jedoch, dass der Soldatenstatus für Verwaltungsangehörige Einsatzdienstposten für Soldaten koste. So plädiert der Autor für eine strikte Trennung der zivilen Wehrverwaltung und der Streitkräfte auch im Einsatz.

Der dritte Teil des Bandes fokussiert auf das in allen Beiträgen immer wieder durchscheinende Verhältnis von Einsatzarmee und Gesellschaft. Heiko Biehl fragt nach dem Rückhalt, den das militärische Engagement in Afghanistan bei den europäischen Bürgerinnen und Bürgern erfährt. Dazu rekurriert er auf eine im Jahr 2010 am SOWI durchgeführte Umfrage in acht europäischen Staaten. Er zeigt auf, dass die unterschiedlichen Haltungen der Befragten in den einzelnen Ländern zum Einsatz in Afghanistan aus grundlegenden sicherheitspolitischen Überzeugungen und Mustern resultieren: „Von daher ist davon auszugehen, dass die vorhandenen Divergenzen in den Haltungen der europäischen Bevölkerungen fortbestehen, was eine ungünstige Voraussetzung für eine faire Lastenteilung im ISAF-Einsatz sowie für die

Herausbildung einer gemeinsamen europäischen Strategischen Kultur darstellt." (S. 183f.)

Wie sich dies im Verhältnis der deutschen Öffentlichkeit zum ISAF-Einsatz der Bundeswehr darstellt, macht Rüdiger Fiebig in seinem Beitrag deutlich. Er geht davon aus, „dass auch die Einstellungen der Deutschen zum ISAF-Einsatz der Bundeswehr in ein komplexes Wechselspiel aus Interesse, Wissen, Mediennutzung und Akzeptanz eingebettet sind" (S. 191). Bezug nehmend auf die Ergebnisse der aktuellen Bevölkerungsbefragung des SOWI zeigt er, dass die Zustimmung der Bevölkerung für den ISAF-Einsatz stark davon abhängt, „inwiefern die Bevölkerung den Einsatz als Erfolg wahrnimmt, und ob sie in bestimmten Bereichen konkrete positive Effekte des Einsatzes erkennen kann" (S. 201). Bei der Willensbildung über den Einsatz spielten gerade die Medien eine entscheidende Rolle, insofern sie das Wissen der Bevölkerung über den Einsatz prägten und dieses „über die Wahrnehmung des Erfolges mitbestimm[t]" (S. 202).

Im vierten Teil des Bandes wird schließlich die Frage nach den mit dem Einsatz verbundenen Normen exemplarisch behandelt. In einem ersten Beitrag nehmen Alexandra Jonas und Gerhard Kümmel die Resolution 1325 des UN-Sicherheitsrates in den Blick, die eine gender-sensible Herangehensweise in allen Phasen von Krisenprävention und Konfliktbewältigung völkerrechtlich verbindlich verankert. Elf Jahre nach deren Verabschiedung stellen die Autoren in einer Zwischenbilanz fest, „dass es bisher nur bedingt gelang, die Organisationspraktiken in den Streitkräften der NATO-Mitgliedstaaten gender-sensibel zu gestalten" (S. 208). Daher gebe es „insgesamt Gründe genug für eine skeptisch-desillusionierte Einschätzung der Wirkung und des Erfolges von UNSCR 1325" (S. 212). Unter Rekurs auf die Theorie internationaler Normen erkennen sie jedoch auch positive Entwicklungsmöglichkeiten.

Abschließend verweist Angelika Dörfler-Dierken in ihrem Beitrag auf die Implikationen unterschiedlicher Wahrnehmung des Afghanistaneinsatzes bei Soldatinnen und Soldaten, Politik und Kirchen. Ausgehend von ihrer Beobachtung, dass sich der öffentliche Diskurs zum ISAF-Einsatz seit den Ereignissen des Karfreitags 2010 verändert habe, weist sie darauf hin, dass es von großer Bedeutung für das soldatische Handeln sei, wie die Wirklichkeit in Afghanistan wahrgenommen wird: „Die mentale Identifizierung einer bedrohlichen Situation als ‚Krieg' legt es nahe, Mittel des Krieges zur Auflösung der Bedrohung anzuwenden." (S. 232.) Dem setzt sie einen kirchlichen Blick auf die Legitimität und Moralität des Einsatzes entgegen.

Bei aller auch ernüchternden Kritik im Hinblick auf die zurückliegenden zehn Jahre des Afghanistaneinsatzes und trotz aller Ungewissheiten über den Ausgang des Einsatzes sind die Beiträge dieses Bandes doch von einer vorsichtig hoffnungsvollen Perspektive auf die Zukunft in Afghanistan geprägt:

dass die noch verbliebenen Chancen genutzt werden und das internationale Engagement doch zu einem Erfolg geführt werden kann, der dem Land und den darin lebenden Menschen die Möglichkeit auf den lang ersehnten Frieden eröffnet und so auch die Forderung der Soldatinnen und Soldaten nach einer nachhaltigen Wirksamkeit ihres Engagements Rechnung trägt. Dazu bedarf es jedoch, das wird beim Lesen der Beiträge sehr deutlich, einer ehrlichen, differenzierten und auch kontroversen Debatte sowohl über die Wirksamkeit des bisherigen Engagements als auch darüber, was nach ISAF kommen soll, die nicht nur in einem engen politischen, militärischen und wissenschaftlichen Zirkel geführt, sondern in einer breiten Öffentlichkeit ausgetragen wird. Wir würden uns freuen, wenn der vorliegende Band dazu einen substanziellen Beitrag leisten kann.

Strausberg, im August 2011   Die Herausgeber

Literatur

Biehl, Heiko/vom Hagen, Ulrich/Mackewitsch, Reinhard (2000): Motivation von Soldaten im Auslandseinsatz. (Arbeitspapier Nr. 125) Strausberg: Sozialwissenschaftliches Institut der Bundeswehr.

Biehl, Heiko/Keller, Jörg (2009): Hohe Identifikation und nüchterner Blick. Die Sicht der Bundeswehrsoldaten auf ihre Einsätze. In: Jaberg et al. (Hrsg.) 2009: 121–141.

Blasberg, Anita/Willeke, Stefan (2010): Kundus-Syndrom. In: Die Zeit, Nr. 10, 4. März 2010.

Böhnke, Jan/Koehler, Jan/Zürcher, Christoph (2010): Assessing the Impact of Development Cooperation in North East Afghanistan 2005–2009: Final Report. Bonn: Bundesministerium für wirtschaftliche Zusammenarbeit und Entwicklung.

Caforio, Giuseppe/Kümmel, Gerhard (Hrsg.) (2005): Military Missions and their Implications Reconsidered. The Aftermath of September 11th. Amsterdam: Elsevier.

Cordesman, Anthony H. (2010): The Afghan War. The Campaign in the Spring 2010. Washington, D.C.: Center for Strategic Studies.

Groos, Heike (2010): Ein schöner Tag zum Sterben. Als Bundeswehrärztin in Afghanistan. Frankfurt a. M.: Fischer.

icasualities (2011): Coalition Deaths by Nationality. Online: http://icasualties.org/OEF/Nationality.aspx?hndQry=Germany (Letzter Zugriff: 20.07.2011).

Jaberg, Sabine et al. (Hrsg.) (2009): Auslandseinsätze der Bundeswehr. Berlin: Duncker & Humblot.

Keller, Jörg/Tomforde, Maren (2005): Who wants to go Again? Motivation of German Soldiers for and During Peacekeeping Missions. In: Caforio/Kümmel (Hrsg.) 2005: 443–456.

Nachtwei, Winfried (2011): Die Parlamentsbeteiligung in Regierung und Opposition: Bündnis 90/Die Grünen. In: Schwegmann (Hrsg.) 2011: 161–170.

Naumann, Klaus (2008): Einsatz ohne Ziel? Die Politikbedürftigkeit des Militärischen. Hamburg: Hamburger Edition.

Reuter, Christoph (2011): Der Sieg vor dem Rückzug. In: Zenith. Zeitschrift für den Orient, 12: 2, 50–53.

Schwegmann, Christoph (Hrsg.) (2011): Bewährungsproben einer Nation – Die Entsendung der Bundeswehr ins Ausland. Berlin: Duncker & Humblot.

Seiffert, Anja (2005): Soldat der Zukunft. Wirkungen und Folgen von Auslandseinsätzen auf das soldatische Selbstverständnis. Berlin: Verlag Dr. Köster.

Timmermann-Levanas, Andreas/Richter, Andrea (2010): Die reden – Wir sterben. Wie unsere Soldaten zu Opfern der deutschen Politik werden. Frankfurt a. M.: Campus.

Zürcher, Christoph/Köhler, Jan (2007): Assessing the Impact of Development Cooperation in North East Afghanistan. Approaches and Methods. Evaluation Working Papers. Bonn: Bundesministerium für wirtschaftliche Zusammenarbeit und Entwicklung.

I   Strategien, Bilanz, Perspektiven

Afghanistan: Eine Bestandsaufnahme aus militärpolitischer Sicht – Ziele, Strategie und Perspektive des ISAF-Einsatzes

Volker Wieker

Deutschland engagiert sich seit Ende 2001 beim Einsatz der internationalen Sicherheitsunterstützungstruppe in Afghanistan (International Security Assistance Force, ISAF) und leistet als drittgrößter Truppensteller einen signifikanten Beitrag. Besondere Verantwortung haben wir mit der Führung des Regionalkommandos Nord übernommen.

Ziel des Engagements der internationalen Gemeinschaft war zunächst die Bekämpfung der von Afghanistan direkt ausgehenden terroristischen Bedrohung, dann aber in zunehmendem Maße die Stabilisierung und der Wiederaufbau des nach Fremdherrschaft und Bürgerkrieg zuletzt von den Schrecken der Talibanherrschaft gezeichneten Landes.

Die anfänglich breite Zustimmung zum ISAF-Einsatz weicht sowohl in der deutschen Bevölkerung als auch in unseren Partnernationen mit Fortgang und Intensivierung des militärischen Engagements mehr und mehr einer Skepsis oder gar Ablehnung. Die verbreiteten Vorbehalte machen es zunehmend schwieriger, die für den Einsatz notwendige gesellschaftliche und parlamentarische Unterstützung sowie die internationale Geschlossenheit zum Erreichen unserer Ziele in einem für die Stabilität der gesamten Region entscheidenden Land zu erhalten. Damit stellen sich die Fragen noch dringender, wie wir diesen Einsatz begründen, welche Ziele Deutschland in Afghanistan verfolgt und mit welcher militärpolitischen Strategie wir dazu vorgehen.

Es würde entschieden zu kurz greifen, der oft zu pauschalen Kritik – „nichts ist gut in Afghanistan" – mit einfachen Antworten zu begegnen. Dazu ist die Situation zu komplex. Dies zeigen die vielschichtigen, teils auch ernüchternden Erfahrungen, die wir in den vergangenen Jahren in Afghanistan gemacht haben.

Es ist guter militärischer Grundsatz, sich in einer unübersichtlichen und schwierigen Lage zunächst einmal einen Überblick zu verschaffen. So beginnt der beim Militär zur Entscheidungsvorbereitung angewandte Führungsprozess immer mit einer Lagefeststellung, der eine Kontrolle des bis dahin Erreichten mit einschließt. Im Folgenden möchte ich dies anhand von drei Leitfragen tun.

1   Warum engagieren wir uns in Afghanistan?

Ich will hier vier Gründe herausstellen:

- In erster Linie – und das gilt es sich immer wieder vor Augen zu führen – verfolgen wir mit unserem Engagement in Afghanistan ein wichtiges nationales Interesse: *Sicherheitsvorsorge* zum Schutz der Menschen in Deutschland vor der Bedrohung durch internationalen Terrorismus und islamistischen Extremismus. Die Gefahr ist real: Die Anschläge vom 11. September 2001 hat al-Qaida unter der Deckung des Talibanregimes in Afghanistan vorbereitet. Diese Bedrohung richtet sich genauso gegen Europa – die Anschläge in Madrid, Paris, London haben dies gezeigt – und somit letztlich auch gegen Deutschland. Es geht bei unserem ISAF-Engagement also primär um unsere eigene Sicherheit, deren Bedrohung wir dort entgegentreten, wo sie entsteht und nicht erst dort, wo sie wirkt.

- Ein zweites wichtiges Argument für unser Engagement ist die *regionale Dimension* des Problems. Afghanistan liegt am Schnittpunkt zwischen Mittlerem Osten, Zentralasien und Südasien. Radikale Islamisten nutzen das afghanisch-pakistanische Grenzgebiet als Rückzugsraum und Ausgangsbasis. Anschläge mit dem Ziel der Destabilisierung Pakistans und der Provokation Indiens fordern in ganz unterschiedlicher Weise zwei für die regionale Stabilität entscheidende, zudem atomar bewaffnete Staaten heraus. Dies birgt gewaltige Eskalationsrisiken. Die zentralasiatischen Staaten sehen ihre Sicherheit durch ein mögliches Übergreifen des islamistischen Terrorismus bedroht. In diesem Kontext ist unser Engagement in Afghanistan ein wichtiger Beitrag zur Minderung der Stabilitätsrisiken und damit zu Frieden und Sicherheit in der Region.

- Ein dritter Grund von strategischer Dimension ist die in der neueren Geschichte Deutschlands und Europas begründete internationale, *bündnispolitische Einbindung* unseres Handelns: Kein Land kann seine eigene Sicherheit alleine garantieren. Wir sind daher auf funktionierende Bündnisse angewiesen. Gemeinsamen Bedrohungen erfolgreich zu begegnen erfordert gemeinsames Vorgehen, und Deutschland hat sich diesbezüglich insbesondere im Rahmen der Vereinten Nationen, der NATO und der EU zu einem gemeinsamen Handeln in Afghanistan verpflichtet. Dies ist „Wahrnehmung internationaler Verantwortung" im Sinne der neuen Verteidigungspolitischen Richtlinien, die Bundesminister Dr. de Maizière am 18. Mai 2011 vorgestellt hat: „Die Vereinten Nationen, die NATO und die Europäische Union sind der internationale Rahmen, in dem sich unsere Sicherheits- und Verteidigungspolitik vollzieht." Gleichzeitig bedeutet dies bei unserem bisherigen großen Engagement, dass ein unilateraler Ausstieg die Glaubwürdigkeit Deutschlands im Bündnis und in der Europäischen Union nachhaltig schädigen und den Zusammenhalt der Partner erheblich schwächen würde. Die Absage an nationale Alleingänge kommt treffend in dem Grundsatz „together in, together out" zum Ausdruck.

- Viertens schließlich haben wir aus *humanitären Gründen* Verantwortung für Afghanistan übernommen. Der Sondergesandte der Vereinten Nationen für Afghanistan, Brahimi, hatte seinerzeit bei der Petersberg-Konferenz im Dezember 2001 ausgeführt: „Es besteht eine echte Chance für einen dauerhaften Frieden in dem von jahrzehntelangen Bürgerkriegen zerstörten Land." Diesem Aufruf folgend, hat sich die internationale Gemeinschaft, und damit auch Deutschland verpflichtet, mehr zu tun, als nur die unmittelbare Terrorgefahr abzuwenden. Ziel sollte es sein, dass Afghanistan in Zukunft ein souveränes und hinreichend stabiles Mitglied der Staatengemeinschaft wird, das die in seiner Verfassung verankerten Menschenrechte achtet, das sich wirtschaftlich und sozial entwickeln kann und von dessen Boden keine Gefahr mehr für andere Staaten ausgeht.

Diese vier wesentlichen Gründe haben auch zehn Jahre nach Beginn unseres Engagements unverändert Bestand. Das gilt auch nach der Tötung Osama Bin Ladens durch US-amerikanische Spezialkräfte am 1. Mai 2011. Dies war zwar ein großer Erfolg im Kampf gegen den Terrorismus, die Lage in Afghanistan hat sich dadurch aber grundsätzlich nicht verändert. Die oben genannten Gründe können mit Fug und Recht als strategische Parameter für die deutsche Beteiligung an der Stabilisierung Afghanistans angesehen werden. Sie machen aber auch deutlich, dass nach der mit ausschließlich militärischen Mitteln erfolgten Zerschlagung des in Afghanistan angesiedelten internationalen Terrornetzwerks im Rahmen der Operation Enduring Freedom (OEF) die weitere Stabilisierung nicht mit militärischen Mitteln allein zu bewerkstelligen ist. Nur im Rahmen eines vernetzten, also zivil-militärischen Ansatzes kann die nachhaltige Befriedung und damit eine erfolgversprechende wirtschaftliche und gesellschaftliche Entwicklung ermöglicht werden. Dies setzt voraus, dass das politische Instrumentarium von außen-, sicherheits-, verteidigungs- und entwicklungspolitischen Maßnahmen gut koordiniert und ausbalanciert ist.

Dies führt mich zu meiner zweiten Leitfrage. Denn wenn zur Lagefeststellung auch die Kontrolle, das heißt also die Überprüfung der bisher erfolgten Anstrengungen zählt, dann wird berechtigterweise die Frage aufgeworfen, was nahezu zehn Jahre ISAF-Einsatz in Afghanistan bisher erbracht haben.

2   Was haben wir bisher erreicht?

Die von Afghanistan ausgehende Terrorgefahr wurde weitgehend eliminiert. Die von dort ausgehende Destabilisierungsgefahr für die Region – insbesondere war 2001 ein Übergreifen auf die nördlichen Anrainerstaaten zu befürchten – wurde eingegrenzt. Beim Blick auf längerfristige Stabilisierung und Wiederaufbau ergibt sich jedoch ein gemischtes Bild.

Die afghanische Regierung ist auch 2011 noch nicht hinreichend in der Lage, das Land politisch zu führen und zu kontrollieren. Afghanistan braucht weiterhin die Unterstützung der internationalen Gemeinschaft, und zwar sowohl, um die Sicherheitslage im Lande zu stabilisieren, als auch, um staatliche Institutionen und die Wirtschaft des Landes aufzubauen. Der afghanischen Regierung fehlt derzeit noch die Fähigkeit, manchmal aber auch der Wille, die Staatsgewalt verantwortlich und effizient auszuüben und sich so bei der eigenen Bevölkerung stärkere Glaubwürdigkeit und damit allgemeine Legitimation zu verschaffen. Die Taliban haben nach ihrer militärischen Niederlage 2001 neue Kräfte gesammelt und begonnen, das immer noch in weiten Teilen des Landes vorhandene Sicherheits-, Justiz- und Verwaltungsvakuum auszufüllen. Mit organisiertem Vorgehen, drakonischen Strafmaßnahmen und unter Abstützung auf zivile Schattenstrukturen erheben sie durch ihren Widerstand, der sich nicht nur gegen die internationale Gemeinschaft, sondern zugleich auch gegen die eigene Regierung richtet, Machtanspruch gegenüber der afghanischen Bevölkerung.

Dennoch konnten in den vergangenen Jahren in Afghanistan wesentliche Ziele erreicht und teils große Fortschritte erzielt werden. Beachtliche Entwicklungserfolge konnten insbesondere beim Wiederaufbau der Infrastruktur sowie im Bildungs- und im Gesundheitswesen realisiert werden. Diese Erfolge müssen weiter konsolidiert werden. Zudem schreitet der Aufbau einsatzfähiger afghanischer Sicherheitskräfte inzwischen zügig voran, die zahlenmäßigen Vorgaben wurden vorzeitig erreicht. Mehr und mehr ist die afghanische Armee (Afghan National Army, ANA) wie auch die afghanische Polizei (Afghan National Police, ANP) dazu in der Lage, selbstständig gegen regierungsfeindliche Gruppen zu kämpfen. Die ISAF-Truppen können ihren Fokus immer stärker von der eigentlichen Aufstandsbekämpfung hin zur Ausbildung und Unterstützung der afghanischen Sicherheitskräfte verschieben. Dies wird uns erlauben, mit der Zeit unsere Kräfte zu reduzieren. 2010 gelang es, die Initiative gegenüber den nach 2006 zunehmend erstarkten regierungsfeindlichen Kräften zurückzugewinnen und ihre Handlungsmöglichkeiten signifikant einzuschränken. Diese versuchen zurückzuschlagen und verlorenes Terrain zumindest teils wiedergutzumachen. Blutige Selbstmordanschläge sind dabei aber eher ein Zeichen, dass die regierungsfeindlichen

Kräfte zu zusammenhängenden militärischen Operationen nur noch bedingt in der Lage sind und daher versuchen, dies mit brutalen Terrorakten zu kompensieren.

Dieses insgesamt gemischte Ergebnis, das die Bundesregierung in ihrem Fortschrittsbericht Afghanistan[1] nüchtern und ausführlich bilanziert hat, erfordert eine kritische Analyse. Im Nachhinein ist festzustellen, dass die internationale Gemeinschaft 2001 teils zu ambitionierte Ziele postuliert hatte – Stichwort „Schweiz am Hindukusch". Die Dimension der in Afghanistan zu bewältigenden Aufgaben wurde zunächst unter-, die Selbstheilungskräfte des afghanischen Volkes überschätzt, ohne dass die historischen und kulturellen Gegebenheiten in Afghanistan ausreichend berücksichtigt worden wären. Zu lange – bis 2003 – war der ISAF-Einsatz auf die Region Kabul beschränkt. Zu einseitig wurde zunächst auf militärische Mittel gesetzt. Das komplementär erforderliche zivile Engagement blieb lange Zeit hinter den Notwendigkeiten zurück. Damit drängt sich die dritte Leitfrage geradezu auf:

3   Warum glauben wir jetzt auf dem richtigen Weg zu sein?

Die internationale Gemeinschaft hat aus den Erfahrungen gelernt. In der NATO und unter den ISAF-Truppenstellerstaaten hat sich allgemein die Einsicht durchgesetzt, dass die Probleme in Afghanistan nur durch einen umfassenden zivil-militärischen Ansatz der „vernetzten Sicherheit" gelöst werden können. In den Jahren 2009 und 2010 hat ISAF einen neuen Anlauf und eine Neuausrichtung ihrer Afghanistanstrategie vorgenommen.

Mit dem im Herbst 2009 beschlossenen Truppenaufwuchs konnte im Jahr 2010 der Erfolg der regierungsfeindlichen Kräfte eingedämmt und zunehmend die Initiative zurückgewonnen werden. Die ISAF-Kommandostruktur wurde neu ausgerichtet. In den Provinzen Helmand und Kandahar hat ISAF großangelegte Militäroperationen begonnen. Dabei hat die vom ehemaligen ISAF-Kommandeur, US-General McCrystal, propagierte Counterinsurgency-Strategie (COIN) eine wesentliche Rolle gespielt, die dem Schutz der Zivilbevölkerung oberste Priorität gibt, die Konzentration auf Schwerpunktregionen vorsieht und in engem Zusammenwirken mit den zunehmend einsatzfähigen afghanischen Sicherheitskräften umgesetzt wird. Beispielsweise konnte die Zahl der zivilen Opfer bei ISAF-Operationen erheblich gesenkt werden und dies trotz Truppenaufwuchs und gesteigerter Operationsdichte. Die afghanische Bevölkerung erkennt die Rolle von ISAF – Beschützer, nicht Besatzer – dadurch klarer.

---

1   Fortschrittsbericht Afghanistan zur Unterrichtung des Deutschen Bundestages, Dezember 2010 und Zwischenbericht Juli 2011.

Dieser militärische Ansatz fügt sich konsequent in die grundsätzliche strategische Neuausrichtung ein, die bei der Londoner Afghanistan-Konferenz im Januar 2010 vorgenommen wurde.

- Im Verständnis, dass Sicherheit mit Entwicklung und Regierungsführung eng verbunden ist und dass die volle Verantwortung sowohl im militärischen als auch im zivilen Bereich sukzessive in afghanische Hände übergeben werden muss, hat die internationale Gemeinschaft drei Teilziele ins Auge gefasst: Aufbau und Ausbildung der afghanischen Sicherheitskräfte, Stärkung von afghanischer Eigenverantwortung und guter Regierungsführung sowie nachhaltiger wirtschaftlicher und sozialer Wiederaufbau.
- Der afghanische Präsident Karzai hat während der Londoner Konferenz erklärt, bis 2014 die volle Sicherheitsverantwortung in ganz Afghanistan übernehmen zu wollen.
- Da der militärische Einsatz eine politische Lösung nicht ersetzen kann, wurde ein in afghanischer Verantwortung liegender nationaler Versöhnungsprozess von der internationalen Gemeinschaft indossiert.

Während der Kabul-Konferenz im Juli 2010 haben die internationale Gemeinschaft und die afghanische Regierung diese neue Strategie bestätigt. Zudem verständigte man sich dort auf ein gemeinsames Konzept für die Übergabe (Transition) der Sicherheitsverantwortung im Zeitraum 2011 bis 2014 und indossierte das nach der Friedensjirga von Juni 2010 aufgelegte nationale Aussöhnungs- und Reintegrationsprogramm.

Schließlich hat der NATO-Gipfel in Lissabon (19. bis 20. November 2010) förmlich beschlossen, ab 2011 schrittweise die Verantwortung für die Sicherheit in Afghanistan an die afghanische Regierung zu übergeben. Damit eröffnet sich der internationalen Gemeinschaft eine verantwortbare Perspektive, ihr militärisches Engagement in Afghanistan schrittweise zu reduzieren. Darüber hinaus haben Präsident Karzai und der NATO-Generalsekretär eine Erklärung zu einer dauerhaften Partnerschaft zwischen NATO und Afghanistan unterzeichnet, in der die NATO auch über 2014 hinaus Unterstützung zusagt.

In der Umsetzung der Strategie hat ISAF mit Mentoring[2] und Partnering[3] neue Schwerpunkte bei der intensivierten Ausbildung der afghanischen Armee gesetzt. Dies hat erheblich dazu beigetragen, die gesetzten Zwischenziele für den Armee- und Polizeiaufbau vorzeitig zu erreichen.

---

2   Beratung, Ausbildung und Begleitung von Kräften der afghanischen Armee.
3   Gemeinsames Planen, Vorbereiten, Durchführen und Nachbereiten von Operationen.

28

Fortschritte des Aussöhnungsprogramms sind inzwischen erkennbar. Das nationale Aussöhnungs- und Reintegrationsprogramm hat zum Ziel, ehemalige Aufständische nachhaltig in die sozialen Strukturen ihres Lebensumfeldes zu integrieren. Das Programm sieht als erste Maßnahme einen 90-tägigen Prozess vor, der unter anderem Überprüfung und Registrierung, sichere Zwischenunterbringung und humanitäre Maßnahmen – auch für Familienangehörige – umfasst. ISAF unterstützt mit der Force Reintegration Cell (FRIC) die Reintegration und ist neben der afghanischen Regierung Anlaufstelle für gesprächsbereite Aufständische. Das Programm läuft nahezu überall im Land gut an; in den ersten Monaten haben etwa 1 300 Kämpfer an Demobilisierungsmaßnahmen teilgenommen. Problematisch ist nach wie vor die Phase nach der Reintegration, wenn konkrete Projekte umgesetzt werden sollen, um diese Menschen mit Arbeit zu versorgen und den Gemeinden die in Aussicht gestellten Verbesserungen der Lebensbedingungen zu verschaffen. Vorschläge für solche Projekte kommen nur zögernd, der afghanische Entscheidungsprozess dauert noch zu lange.

Gespräche mit Taliban-Vertretern in Pakistan haben gezeigt, dass das Versöhnungsangebot der afghanischen Regierung (im Gegensatz zu früheren Vorstößen) auch auf höherrangiger Ebene ernst genommen wird. Verständigung, Ausgleich und schließlich Versöhnung mit den regierungsfeindlichen Kräften liegen in der Verantwortung der Afghanen selbst, müssen aber von der internationalen Gemeinschaft unterstützt werden.

4 2011: Beginn der Transition

Nach dem ISAF-Truppenaufwuchs und der gesteigerten Operationsdichte im Jahr 2010 ist im Jahr 2011 zentral, dass die internationale Sicherheitsunterstützungstruppe mit der Übergabe der Sicherheitsverantwortung an die afghanische Regierung konkret beginnt. Dazu haben sich NATO und ISAF eng mit der afghanischen Regierung abgestimmt, bei der die Führung des Transitionsprozesses liegt. Der afghanische Staatspräsident Karzai hat in seiner Neujahrsansprache am 22. März 2011 eine erste Gruppe von sieben Gebieten benannt, in denen die Sicherheitsverantwortung im Juli 2011 an die afghanischen Sicherheitskräfte übergeben wurde: Dies sind die als vergleichsweise ruhig einzuschätzenden Provinzen Bamyan und Panjshayr, die Provinz Kabul (außer dem Distrikt Surobi), die westliche Provinzhauptstadt Herat, die Hauptstadt der weiter umkämpften südlichen Provinz Helmand, Lashkar Gah, die im Osten gelegene Stadt Mehtar Lam sowie die Stadt Mazar-e-Sharif im Bereich des deutschen Verantwortungsbereichs Regionalkommando Nord (vgl. Abbildung 1).

Abbildung 1:

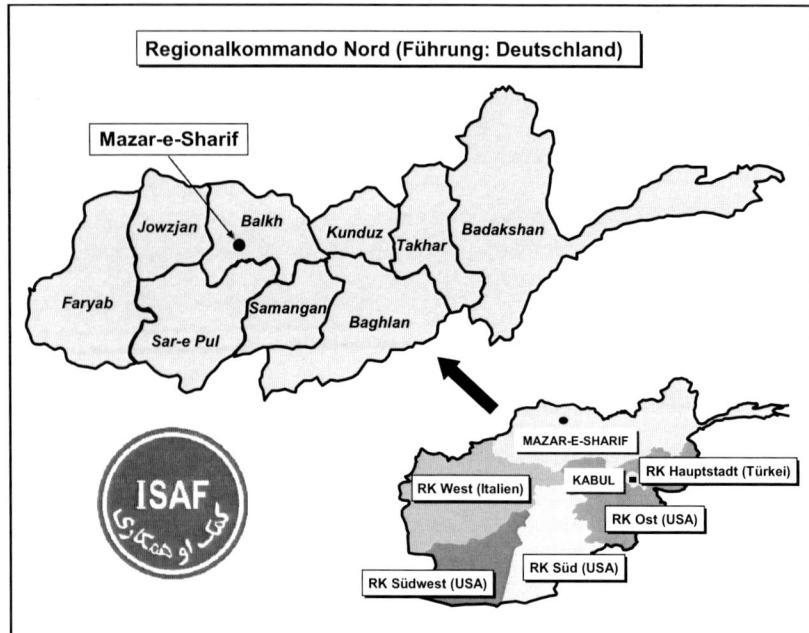

Regionalkommando Nord (Führung: Deutschland)

Mazar-e-Sharif

Jowzjan Balkh Kunduz Takhar Badakshan

Faryab Samangan Baghlan Sar-e Pul

ISAF

MAZAR-E-SHARIF

RK West (Italien) KABUL RK Hauptstadt (Türkei)

RK Ost (USA)

RK Süd (USA) RK Südwest (USA)

Mit der Führung des Regionalkommandos Nord hat Deutschland besondere Verantwortung übernommen. Mazar-e-Sharif, die Hautstadt der dortigen Provinz Balkh, wurde von Präsident Karzai am 22. März 2011 als eines der Gebiete benannt, in denen ISAF ab Mitte des Jahres die Sicherheitsverantwortung an die afghanische Regierung übergeben wird.

Damit ging die Sicherheitsverantwortung für wichtige Bevölkerungszentren erstmals in afghanische Hand über. Eine zweite Tranche von Gebieten wird voraussichtlich im Oktober 2011 benannt werden.

Präsident Karzai hat in seiner Rede vom 22. März 2011 erneut zur nationalen Versöhnung aufgerufen und zugleich deutlich gemacht, dass die Afghanen ihre Geschicke jetzt selbst in die Hand nehmen wollen. Dies ist wesentlich, da die internationale Gemeinschaft Afghanistan letztlich nur unterstützen kann, seine Probleme zu überwinden.

Entscheidend ist, dass die ISAF-Truppenstellerstaaten – und insbesondere die Öffentlichkeit in diesen Staaten – die Übergabe der Sicherheitsverantwortung als Prozess begreifen, nicht als Ereignis. Freiwerdende ISAF-Kräfte können nicht sofort aus Afghanistan abgezogen, sondern müssen zunächst mehrheitlich „reinvestiert" werden, um die Nachhaltigkeit der Transition zu sichern. Abzugsperspektiven werden sich dann nach und nach ergeben. Als

Führungsnation für das Regionalkommando Nord kommt uns die wichtige Aufgabe zu, die Transition dort verantwortlich zu gestalten. Ich bin zuversichtlich, dass mit Einleitung des Transitionsprozesses nicht nur kurzfristig Signalwirkung entfaltet wird, sondern dass die Erfolge des ISAF-Engagements bei der Stabilisierung Afghanistans dauerhaft sichtbarer werden als bisher – nicht nur für die kritische Öffentlichkeit in den ISAF-Truppenstellerstaaten, sondern insbesondere für die Menschen in Afghanistan, deren Unterstützung für das Gelingen der Verantwortungsübergabe essenziell sein wird.

Abbildung 2:

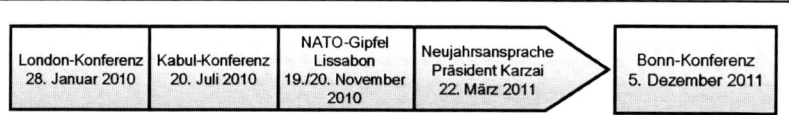

London-Konferenz 28. Januar 2010	Kabul-Konferenz 20. Juli 2010	NATO-Gipfel Lissabon 19./20. November 2010	Neujahrsansprache Präsident Karzai 22. März 2011	Bonn-Konferenz 5. Dezember 2011

Bei den Konferenzen von London und Kabul sowie beim NATO-Gipfel in Lissabon hat die internationale Gemeinschaft eine Neuausrichtung ihrer Afghanistanstrategie vorgenommen. Der afghanische Präsident hat in seiner Neujahrsansprache die erste Gruppe von Gebieten benannt, in denen 2011 die Transition beginnt. Die internationale Afghanistan-Konferenz am 5. Dezember 2011 in Bonn wird Gelegenheit zur Zwischenbilanz und zur Abstimmung der nächsten Schritte bieten – weitere Transition, nationale Versöhnung und langfristiges Engagement der internationalen Gemeinschaft in Afghanistan sind die Themen.

Wir müssen uns bewusst sein, dass die regierungsfeindlichen Kräfte versuchen werden, den Transitionsprozess zu sabotieren. Die tödlichen Sprengstoffanschläge gegen bedeutende afghanische Persönlichkeiten, gegen Führer der afghanischen Sicherheitskräfte und auf die Bundeswehr – beispielsweise der Anschlag auf den Gouverneurspalast von Taloqan Ende Mai – verdeutlichen die Vorgehensweise der Aufständischen. Die vermehrten Sprengstoffanschläge waren aber zugleich ein Indiz, dass sie im Norden kaum zu zusammenhängenden militärischen Operationen in der Lage waren und dies mit dem verstärkten Einsatz solcher Anschläge zu kompensieren versuchten.

Wir werden uns leider auch weiterhin auf blutige Anschläge einstellen müssen. Dennoch dürfen wir angesichts der sorgfältigen Vorbereitung der einzelnen Transitionsschritte, dem kontrollierten, schrittweisen Vorgehen und der „Reinvestition" freiwerdender ISAF-Kräfte zuversichtlich sein, dass die Übergabe der Verantwortung im Zeitraum 2011 bis 2014 gelingen kann.

Die internationale Afghanistan-Konferenz, zu der Deutschland für den 5. Dezember 2011 nach Bonn einlädt und die unter afghanischem Vorsitz stattfinden soll, wird Gelegenheit bieten, eine Zwischenbilanz zur strategischen Neuausrichtung zu ziehen und die nächsten Schritte abzustimmen. Die weitere Transition, die nationale Versöhnung und das langfristige Engage-

31

ment der internationalen Gemeinschaft in Afghanistan werden aus heutiger Sicht die Prozesse sein, die es Ende des Jahres in Bonn zu strukturieren gilt.

5 Ausblick

Es scheint, dass Lageveränderungen in Afghanistan in der deutschen Öffentlichkeit erst mit einigem Zeitverzug wahrgenommen werden. Dies gilt sowohl für die Verschlechterung der Lage nach 2006, dies gilt aber auch für die ersten Erfolge der neu ausgerichteten Afghanistanstrategie.

Nach der strategischen Neuausrichtung im Jahr 2010 ist ISAF heute so aufgestellt, dass die Sicherheitsverantwortung bis Ende 2014 in afghanische Hände übergeben werden kann. Die mit der Neuausrichtung inzwischen erzielten Erfolge sind zwar derzeit noch fragil, die Neuausrichtung ist aber richtig und zukunftsweisend:

- Die gesetzten Ziele – ein ausreichend stabiles Afghanistan, von dem keine Gefahr für den Rest der Welt ausgeht und in dem die Menschenrechte respektiert werden – sind nun realistisch und erreichbar.
- Die strategische Ausrichtung, die den militärischen Einsatz durch einen zivilen Stabilisierungs- und Wiederaufbauprozess ergänzt und ihn durch einen politischen Aussöhnungsprozess komplementiert, ist erfolgversprechend.
- Die zeitliche Perspektive der Notwendigkeit, die afghanischen Sicherheitskräfte im Kampf direkt zu unterstützen, ist durch die Transition 2011 bis 2014 vorgezeichnet.

Dennoch wird Afghanistan bis zum Abschluss der „Übergabe in Verantwortung" an die afghanische Regierung, aber auch darüber hinaus eine große Herausforderung für die internationale Gemeinschaft bleiben. Auch nach 2014 wird das Land auf partnerschaftliche Unterstützung angewiesen sein, die sich dann aber auf die Sicherung des Erreichten – beispielsweise durch weitere Ausbildungsunterstützung oder die Bereitstellung von speziellen militärischen Fähigkeiten, die Afghanistan bis dahin noch nicht entwickeln konnte – beschränken kann. Gerade im zivilen Aufbau, für den eine funktionierende, vertrauenswürdige afghanische Verwaltung notwendig ist, wird nur mit einem weit über 2014 angelegten zivilen Engagement eine nachhaltige positive Entwicklung möglich sein.

Auch hier hat die internationale Gemeinschaft aus den Erfahrungen der Vergangenheit gelernt: Wir dürfen Afghanistan nicht im Stich lassen, wie dies 1989 geschehen ist – mit den fatalen Folgen, mit denen wir bis heute kämpfen.

Der Afghanistaneinsatz der Bundeswehr – Von der Friedenssicherung zur Aufstandsbekämpfung

Winfried Nachtwei

Seit 1991 war die Bundeswehr mit zahlreichen Auslandseinsätzen an internationaler Krisenbewältigung beteiligt. Vor allem auf dem Balkan, aber auch in anderen Einsatzgebieten trug sie wirksam zur Gewalteindämmung und Stabilisierung bei. Bis auf den Kosovo-Luftkrieg waren die Einsätze ausgesprochen gewaltarm. Befürchtungen, bei diesen Einsätzen in einen Kriegssumpf abzurutschen, bewahrheiteten sich nicht.

Der Afghanistaneinsatz der Bundeswehr seit Anfang 2002 entwickelte sich anders. Der Einsatz erfuhr nicht nur eine räumliche Ausdehnung von Kabul über Kunduz und die vier Nordostprovinzen bis zur Führungsverantwortung in der ganzen Nordregion. Gravierend veränderten sich auch der Kräfteansatz, das Konfliktumfeld und die Einsatzformen: Nach ersten Jahren eines robust mandatierten, zugleich vorsichtigen Peacekeeping-Einsatzes wurden ISAF und Bundeswehr im Norden ab 2006/2007 mit einer Zunahme von Aufständischenaktivitäten konfrontiert, ab 2009 in einzelnen Distrikten mit einem intensiven Guerila- und Terrorkrieg. Erstmalig in der Geschichte der Bundeswehr standen Soldatinnen und Soldaten in intensiven Bodenkämpfen, erlitten erhebliche Verluste an Gefallenen, physisch und psychisch Verwundeten und fügten den Gegnern erhebliche Verluste zu. Der größte, teuerste und opferreichste Bundeswehreinsatz geriet in eine Situation, wo nicht nur die anfängliche Zustimmung der deutschen Bevölkerung verloren ging, sondern auch ein Scheitern möglich wurde. Fragen drängen sich auf:

* Wie konnte der Afghanistaneinsatz so eskalieren und aus dem Ruder laufen?
* Wie aussichtsreich ist die vereinbarte Übergabe der Sicherheitsverantwortung bis 2014?
* Welche Lehren ergeben sich aus dem Afghanistaneinsatz für die deutsche Außen- und Sicherheitspolitik?

Als Mitglied des Verteidigungsausschusses und sicherheitspolitischer Sprecher meiner Fraktion war ich intensiv an den Beratungen und Beschlüssen zum Afghanistaneinsatz beteiligt und trug politische Mitverantwortung für den Einsatz. Dieser Beitrag ist somit auch ein Beitrag zu einer parlamentarischen, kritischen Selbstüberprüfung.[1]

---

1 Der vorliegende Beitrag ist eine Erweiterung und Aktualisierung eines bereits erschienenen Aufsatzes (siehe hierzu Nachtwei 2010).

1 Begrenzter ISAF-Auftrag und Norderweiterung

Im Unterschied zur Bundeswehrbeteiligung an der Operation Enduring Free-dom[2] (OEF) war die Mandatsentscheidung zur Beteiligung an ISAF Ende 2001 nach der Petersberg-Konferenz viel weniger strittig. Die politische und rechtliche Basis des ISAF-Einsatzes der Bundeswehr sind seitdem die Reso-lutionen des UN-Sicherheitsrates und die Mandatsbeschlüsse des Deutschen Bundestages.

Der Startauftrag von 2001 lautete, die „vorläufigen Staatsorgane Afgha-nistans bei der Aufrechterhaltung der Sicherheit in Kabul und seiner Umge-bung so zu unterstützen, dass sowohl die vorläufige afghanische Regierung als auch das Personal der Vereinten Nationen in einem sicheren Umfeld ar-beiten können" (Deutscher Bundestag 2001). Mit dem vierten Mandat vom 24. Oktober 2003 wurde das Einsatzgebiet auf die Nordostprovinzen Kunduz, Baghlan, Takhar und Badakhshan erweitert und der Auftrag um den Schutz für anderes internationales, dem Wiederaufbau und humanitären Aufgaben nachgehendes Zivilpersonal, die Unterstützung der Sicherheitssektorreform sowie der Demilitarisierung, Demobilisierung und Reintegration ehemaliger Kombattanten, Beiträge zur zivil-militärischen Zusammenarbeit und Mitwir-kung bei der Wahlabsicherung ergänzt. Erst das Mandat von 2010 nannte auch den Schutz der Bevölkerung als Aufgabe der Bundeswehr.

Eine in Deutschland verbreitete Fehlwahrnehmung ignoriert diesen be-grenzten Unterstützungsauftrag der Bundeswehr und unterstellt, ihre Aufgabe sei generell die Herstellung von Frieden und Sicherheit, Demokratie, Rechts-staat und Aufbau gewesen. Nahegelegt wird damit eine Quasi-Alleinverant-wortung des Militärs für die Entwicklung des internationalen Afghanistan-Engagements. In Wirklichkeit betonten Bundesregierung und Bundestag von vornherein die Einbettung der militärischen Terrorismusbekämpfung und Sicherheitsunterstützung in den Kontext umfassender politischer, ökonomi-scher und humanitärer Bemühungen. Insofern standen von Anfang an neben dem Verteidigungsministerium auch das Auswärtige Amt, das Entwick-lungsministerium und das Innenministerium in gemeinsamer Verantwortung für das deutsche Engagement in Afghanistan.

Im Laufe der Jahre erwies sich die Art der Mandatsformulierung als zu-nehmend problematisch. Die Einsatzziele wurden nicht operationalisiert. Das behinderte eine seriöse Bewertung, wieweit der Auftrag umgesetzt wurde.

---

2   Der geheime Einsatz von bis zu 100 Spezialsoldaten in Afghanistan blieb weit hinter seinem militärischen Antiterror-Auftrag und verbreiteten Befürchtungen zurück. Der OEF-Afgha-nistaneinsatz des Kommandos Spezialkräfte wurde jahrelang primär aus symbolpolitischen Gründen aufrechterhalten, 2005 real und 2008 auch politisch beendet. Eine Wirksamkeits-bewertung erfolgte nicht.

Losgelöst von der konkreten Lageentwicklung verschwiegen die Mandatsziele den einschneidenden Wandel von der Friedenssicherung der ersten Jahre zur „Friedenserzwingung" – im Klartext Aufstandsbekämpfung. Die mangelnde Auftragsklarheit des militärischen Mandats fand seine Entsprechung auf der politisch-zivilen und polizeilichen Seite, wo es ebenfalls an klaren und überprüfbaren Zielen mangelte.

Der ISAF-Einsatz beschränkte sich zunächst mit relativ schwachen Kräften auf die Hauptstadt Kabul. Im Dezember 2002 umfasste ISAF knapp 5 000 Soldatinnen und Soldaten aus 21 Ländern, davon das größte Kontingent mit 1 050 Soldaten aus Deutschland. Der Ansatz des *light footprint* war angesichts der katastrophalen Erfahrungen mit Großinterventionen in Afghanistan plausibel. Er ging aber mit dem naiven Wunschdenken einher, mit einer Billigversion von *Peacekeeping* und *Statebuilding* über die Ausstrahlung eines „blühenden Kabul" dem ganzen Land auf die Beine helfen zu können. Überdies verlagerten die auf kriegerische Terrorbekämpfung fixierten USA und andere Verbündete ihr Engagement schon im Laufe des Jahres 2002 weg von Afghanistan Richtung Irak. Das schwächte das internationale Engagement gerade in den Startjahren, wo nach aller internationalen *Peacebuilding*-Erfahrung die Erfolgschancen noch am größten sind.

Der Bundeswehreinsatz wurde schrittweise ausgeweitet und intensiviert. Deutschland gehörte nach den USA und Großbritannien zu den ersten Ländern, das ab Ende 2003 mit dem Provincial Reconstruction Team (PRT) Kunduz außerhalb Kabuls Verantwortung übernahm. Mitte 2006 übernahm Deutschland die Führungsverantwortung im ISAF Regional Command North einschließlich der Nachschubbasis in Mazar-e-Sharif für 16 ISAF-Nationen. Die maximale deutsche Truppenstärke wurde 2011 auf 5 350 fast verfünffacht. Allerdings wuchs der ISAF-Umfang in derselben Zeit von 5 000 auf knapp 150 000 Personen, davon zwei Drittel US-Kräfte. Damit verlor Deutschland in ISAF an relativem Gewicht. Trotz erheblichen Drucks von Seiten einiger Verbündeter kam es nicht zu einer generellen Ausweitung des Bundeswehreinsatzes in andere ISAF-Regionen, insbesondere in den Süden.

2 Von der Friedenssicherung zur Aufstandsbekämpfung

Die neun Provinzen der Nordregion umfassen eine Fläche von der Hälfte Deutschlands, sind teilweise extrem gebirgig und sehr schwer zugänglich. Hinzu kommt das Fehlen staatlicher Strukturen und ein Eskalationspotenzial lokaler Konflikte. Teile der Provinzen Kunduz und Baghlan waren früher Taliban-Hochburgen. Bis heute spielen in der Region Parallelstrukturen ehemaliger Kommandeure der Nordallianz eine zentrale Rolle, gehen Hauptrouten des Drogenschmuggels durch Kunduz.

Um in diesem schwierigen Umfeld die eigenen schwachen staatlichen Kräfte bestmöglich zur Wirkung zu bringen, wurde das von den USA im Rahmen von OEF entwickelte PRT-Konzept übernommen und weiter entwickelt. Das deutsch geführte PRT wurde nicht OEF, sondern ISAF unterstellt („ISAF-Insel"). Unter PRT-Dach sollten vier Ressorts zusammenwirken: die Bundeswehr für ein sicheres und stabiles Umfeld, das Auswärtige Amt für politische Unterstützung und humanitäre Hilfe, das Entwicklungsministerium für Wiederaufbau und Entwicklung, das Innenministerium für Polizeiaufbau und -ausbildung.

Im Oktober 2006 umfasste das PRT Kunduz 470 Soldatinnen und Soldaten, davon 90 Infanteristen für den Außeneinsatz in einem Raum von der Größe Hessens.

Die anfängliche Stärke der militärisch schwachen PRTs lag in einer klugen Mischung von bewaffneter Präsenz durch Patrouillen mit Gesprächsaufklärung, Netzwerkbildung, *Keyleader-Engagement* und Konfliktmanagement. Betont wurde die zentrale Rolle von Offenheit, Respekt und Vertrauensbildung im Umgang mit der Bevölkerung, abgelehnt wurden Vorstellungen von militärischer „Konfliktlösung". Beim Vorgehen gegen oppositionelle bewaffnete Kräfte galt der *second-row-approach*: Unterstützung der afghanischen Sicherheitskräfte, nicht Handeln an ihrer Stelle. Ein zentrales Instrument zur Sympathiegewinnung waren CIMIC-Maßnahmen, die Errichtung von Schulen und *quick impact projects*. Weit über ihre Bedeutung im Einsatz prägten CIMIC-Aktivitäten die Selbstdarstellung der Bundeswehr in Deutschland und trugen nicht unwesentlich zu einem von Anfang an falschen Bild von Entwicklungshelfern mit Gewehr bei.

Die PRTs sollten vor allem als „Puffermacht" in einem Umfeld mit vielen lokalen Machthabern, reichlich Konfliktstoff und Waffenträgern wirken. Sie sollten „Zeit kaufen" für den Aufbau von Staatlichkeit und selbsttragender Sicherheit, für wirtschaftliche und soziale Entwicklung. Ein direkter militärischer Schutz für zivile Helfer war weder sinnvoll, noch nötig und möglich.

Ab Sommer 2006 warnten verantwortliche Generale angesichts der starken Zunahme von Sicherheitsvorfällen auch im Norden eindringlich vor sich verschlechternden Rahmenbedingungen: Mit der Rückkehr Tausender paschtunischer Flüchtlinge aus Pakistan nach Kunduz nahmen Konflikte um Landbesitz und Wasserrechte zu. Zugleich sickerten zunehmend Militante in die Provinz ein.[3]

Eine gravierende Wende brachte der Mai 2007. Am 19. Mai fielen auf dem Markt von Kunduz drei Bundeswehrsoldaten und sieben afghanische

---

3 Genaue Darstellung von Verlauf und Systematik des Infiltrationsprozesses und der Ausbreitung der Aufstandsbewegung bei Giustozzi/Reuter (2011).

Zivilpersonen einem Selbstmordattentäter zum Opfer. Auch wenn es daraufhin zu starken Solidaritätsbekundungen gegenüber den Deutschen kam, stellte das PRT über Wochen die Patrouillentätigkeit weitgehend ein und beschränkte sich auf den Nahbereichsschutz des Feldlagers. Angesichts von etlichen im Raum Kunduz vermuteten potenziellen Attentätern und der Zögerlichkeit der afghanischen Amtsträger war diese Einigelung nachvollziehbar. Zugleich wuchs damit die Distanz zwischen ISAF und Bevölkerung, ging die bis dahin schon spärliche und flüchtige Patrouillenpräsenz in der Fläche verloren. Der mehr bevölkerungsorientierte, „offene" Ansatz war dort an seine Grenzen gestoßen, wo größere Gruppen von Militanten einsickerten, sich festsetzten und Einfluss gewinnen konnten.

Seit dem „Bruch" von 2007 entwickelte sich die Lage im deutschen Einsatzgebiet im Norden sehr unterschiedlich. In der anfänglich besonders schwierigen Provinz Badakhshan machte der Stabilisierungsprozess Fortschritte. Die Kernprovinz Balkh gilt bis heute als Provinz mit der größten Entwicklungsdynamik.

Mit der Zunahme des NATO-Nachschubes von Norden durch den Kunduz-Baghlan-Korridor nach Kabul wurden die beiden Provinzen für die Aufständischen zu einem strategischen Angriffsschwerpunkt. Hinzu kam, dass angesichts des enormen militärischen Drucks im Süden Aufständische nach Norden auswichen. Nichtsdestotrotz verlegte die Zentralregierung 2008 ein Bataillon der afghanischen Armee (Afghan National Army, ANA) und ein Drittel der Polizisten aus der Provinz Kunduz in den umkämpften Süden. Mit Rücksicht auf das innenpolitische Tabu „Obergrenze" wurden die Bundeswehrkräfte nicht so verstärkt, wie es PRT- und Regionalkommandeure immer wieder gefordert hatten. Im Herbst 2008 konstatierte der PRT-Kommandeur gegenüber den Obleuten des deutschen Verteidigungsausschusses, ISAF habe in Kunduz die Initiative verloren.

Ende April 2009 wurde die Lage in den meisten Distrikten der Provinz Kunduz eindeutig „kriegsähnlich", herrschte offener Guerillakrieg. Die Aufständischen verübten vermehrt komplexe Angriffe, die auf die Vernichtung ganzer Einheiten zielten: Seitdem standen afghanische Sicherheitskräfte und Bundeswehrsoldaten immer wieder in Gefechten, die teilweise über viele Stunden gingen und in denen die Aufständischen zuvor unbekannte militärische Fähigkeiten zeigten. Erstmalig fiel dabei ein Bundeswehrsoldat im Kampf, erstmalig töteten Bundeswehrsoldaten Dutzende Gegner im Kampf, erstmalig kam es dabei zu Luftnahunterstützung mit Bombeneinsatz und Waffeneinsatz des Schützenpanzers Marder. Zentrale Einsatzregel blieb aber weiterhin die Vermeidung ziviler Opfer. Dieses Gebot wurde mit dem Luftangriff vom 4. September 2009 auf zwei entführte Tanklaster bei Kunduz gebrochen, dem mindestens 90 Menschen zum Opfer fielen, darunter eine erhebliche, aber nicht verlässlich bestimmbare Zahl an Zivilpersonen. (vgl. Mettelsiefen/Reuter 2010) Das ehemals relativ sichere Umfeld war verloren gegangen. Entwicklungszusammenarbeit musste sich auf Kunduz-Stadt zurückziehen.

Bei mehreren *Clearing*-Operationen konnten wohl Aufständische kurzfristig aus bestimmten Gebieten verdrängt werden. Regelmäßig misslang es aber, diese Gebiete zu halten, weil es an ausreichenden Sicherheitskräften und Verankerung in der Bevölkerung fehlte.

Im Herbst 2009 war die ehemalige Hoffnungsprovinz Kunduz regelrecht „abgestürzt": Von den sieben Distrikten galten fünf als von Taliban kontrolliert.

Der Anstoß zur Wende in der Operationsführung im Norden kam von ISAF und insbesondere dem zunehmenden US-Einsatz dort. Anfang November 2009 eröffneten US-Spezialkräfte zusammen mit afghanischen Sicherheitskräften (Afghan National Security Forces, ANSF) ohne deutsche Beteiligung im Distrikt Chahar Darreh in der Provinz Kunduz eine Großoffensive gegen Aufständische. Bei den mehrtägigen Kämpfen und Bombardements sollen weit mehr als 100 Aufständische getötet worden sein.

Im ersten Halbjahr 2010 brachten die USA ca. 5 000 US-Soldatinnen und Soldaten in die Region, darunter mehr als 2 000 für die Polizeiausbildung. Mit der US Combat Aviation Brigade wurden dem Regional Command North insgesamt 57 Hubschrauber unterstellt, davon allein 18 für die medizinische Evakuierung. Massiv ausgebaut wurde die Infrastruktur für die afghanischen Sicherheitskräfte. Im Ergebnis vervielfachte der US-Aufwuchs die Fähigkeiten des Combined Team North.

Landesweit, auch im Norden, führten vor allem US-Spezialkräfte und ANSF vermehrt *capture-or-kill*-Operationen gegen die mittlere Führungsebene der Aufständischen durch.

Parallel zur US-Verstärkung wurden die Einsatzkräfte der Bundeswehr umstrukturiert, verstärkt und offensiver eingesetzt. Die aus bisherigen Infanteriekompanien der PRT und der Quick Reaction Force (QRF) neu aufgestellten Ausbildungs- und Schutzbataillone (ASB, auch Task Forces) Kunduz und Mazar sollten dauerhaft in der Fläche operieren, im Partnering mit afghanischen Sicherheitskräften, deren Ausbildung und Operationsfähigkeit fördern und Aufständische aus Schwerpunktdistrikten vertreiben. Sie unterstehen direkt dem Regionalkommandeur Nord. Seit Juni 2010 sind drei (inzwischen fünf) Panzerhaubitzen 2000 im PRT Kunduz und im Observation Point (OP) North in Baghlan im Einsatz. Mit der Neuaufstellung leistet die Bundeswehr einen Beitrag zur Umsetzung der Counterinsurgency-Strategie (COIN), die unter US-Führung zur gültigen ISAF-Doktrin wurde. Fokussiert auf den Schutz und die Zustimmung der Bevölkerung sollen von den Aufständischen beherrschte Gebiete in den Phasen *shape, clear, hold, build* für die „legitime Regierung" (zurück)gewonnen werden. Die Quick Reaction Force führte als erster deutscher Verband ab April 2010 im Norden der Provinz Baghlan im Dreieck der Hauptstraßen nach Mazar-e-Sharif und Kunduz *Clearing*-Operationen durch. Das ASB Kunduz verdrängte zusammen mit ANSF und US-Kräften Ende 2010 Aufständische aus ihren Hochburgen im Distrikt Chahar Darreh. Mit schnellen, vor allem vom Auswärtigen Amt finanzierten CIMIC-Projekten (Brunnen, Wegeschotterung, Stromleitung) sollte die Bevölkerung einen greifbaren Nutzen erfahren. Über die beiden im Kunduz-Baghlan-Korridor gebundenen ASB hinaus verfügt das Regional Command North über keine Reserven. Für eine dritte Task Force im Nordwesten fanden sich bisher keine Truppensteller.

Mangels ausreichender ANSF setzen das afghanische Innenministerium und US-Streitkräfte vermehrt auf *Village Stability Operations* sowie lokale bewaffnete Kräfte und Milizen, die seit Sommer 2010 in das Programm der Afghan Local Police (ALP) integriert werden sollten. Im März 2011 gab es allein in der Provinz Kunduz vier ALP-Standorte. (vgl. US-Departement of Defence 2011) Laut Afghanistan NGO Security Office (ANSO) gab es über die ALP hinaus Anfang 2011 regierungsnahe *Irregular Armed Forces* in allen Distrikten der Provinz Kunduz und in fast allen der Provinz Takhar.

Im Frühjahr 2011 hieß es bei ISAF in Kunduz, man habe in den früheren *no-go-areas* Initiative und Bewegungsfreiheit zurückgewonnen. Tatsächlich gingen erstmalig seit Jahren im ersten Quartal 2011 die Sicherheitsvorfälle in den Provinzen Kunduz und Baghlan deutlich zurück. Überschattet wurden diese erstmaligen Lichtblicke aber durch eine Taktikänderung der Aufständischen, die statt komplexer Angriffe vermehrt Anschläge gegen Regierungsautoritäten und in ANSF-Uniform gegen Verbündete durchführen.

3 Aufbauunterstützung und zivil-militärisches Zusammenwirken

Der Aufbau selbstständig einsatzfähiger ANSF ist eine Schlüsselaufgabe für die Übergabe der Sicherheitsverantwortung und den Abzug der internationalen Truppen. Die ISAF-Staaten unterstützen Ausbildung und Aufbau der ANSF energisch erst seit wenigen Jahren. Auftrag der Operational Mentoring and Liaison Teams (OMLT) ist Ausbildung/Beratung, Verbindung/Führung, Planungs- und Operationsunterstützung auf Korps-, Brigade-, Bataillons- und Kompanieebene. Im Juni 2006 wurde im PRT Kunduz das erste deutsche OMLT indienstgestellt. Im April 2011 stellte die Bundeswehr von den ca. 300 Beratern in sieben OMLTs ca. 160. Erst seit kurzem begleiten die deutschen OMLTs ihre ANA-Einheiten auch im Einsatz. Um den Auftrag voll wahrnehmen zu können, wäre eine Verdoppelung der deutschen OMLT-Kräfte notwendig.

Die Wirksamkeit der OMLTs wird durch mehrere Faktoren beeinträchtigt: Die einsatzvorbereitende Ausbildung der OMLT-Soldatinnen und Soldaten durch die NATO soll nach Teilnehmeraussagen mangelhaft sein. Bei der ANA wird der reguläre Ausbildungszyklus von neun Monaten kaum eingehalten. Die Soldatinnen und Soldaten kommen nach der Grundausbildung oft sofort in den Einsatz. Einzelne OMLT-Mentoren werfen die Frage auf, ob beim Aufbau der ANSF nicht ähnliche Illusionen herrschen würden wie früher beim *Statebuilding*.

Deutschland ist Führungsnation beim Mentoring der Combat Service Support School der ANA in Kabul und der Combat Support School in Mazar. Seit April 2007 unterstützt die Bundeswehr die Polizeiausbildung des bilateralen German Police Project Teams (GPPT) mit Feldjägern und stellt die Schutzkomponente beim Außeneinsatz.

Eine Grunderfahrung von Friedensmissionen und Kriseneinsätzen ist, wie zentral und zugleich schwierig das Zusammenwirken der verschiedenen Akteure ist. Aus Sicht der Bundesregierung gelten die PRTs seit Jahren als Musterbeispiele des Ansatzes der „vernetzten Sicherheit" (*Comprehensive Approach*).

Praktiker der verschiedenen Ressorts urteilen da wesentlich kritischer. Übereinstimmend heißt es, dass sich die Zusammenarbeit vor Ort pragmatisch und positiv entwickelt habe. Verschiedene Faktoren verhindern aber ein bestmögliches Zusammenwirken schon der staatlichen Akteure: Die einzelnen Ressorts verfolgen unterschiedliche, nur teilweise abgestimmte Ziele, arbeiten mit verschiedenen Zeithorizonten, Organisationskulturen und Mentalitäten. Verstärkt werden die Diskrepanzen durch die unterschiedliche Personal- und Ressourcenausstattung der einzelnen Ressorts. Jahrelang zeigte sich das besonders deutlich in der quantitativ schwachen Präsenz des Auswärtigen Amtes: In den PRTs und beim Regionalkommandeur Nord waren ein bis drei Beamte des höheren Dienstes für Kontakte zu den Gouverneuren, für die Förderung von Konfliktlösung und Staatlichkeit zuständig. Erst seit Sommer 2010 wurden die diplomatischen Kräfte deutlich aufgestockt. Der dem Regionalkommandeur Nord zugeordnete deutsche Senior Civilian Representative (SCR) hatte im Februar 2011 zehn Beamte. Bis 2010 gab es keine gemeinsame Operations- und Projektplanung militärischer und ziviler Akteure. Deshalb scheiterten auch immer wieder die Übergänge vom *hold* zum *build*. Die Zusammenarbeit zwischen deutschen Polizeiberatern und Bundeswehr gilt allgemein als gut. Allerdings gab es bisher keine Abstimmung zwischen dem GPPT und ISAF über die für die Polizeiausbildung ausgewählten Distrikte.

Die Durchführungsorganisationen der staatlichen Entwicklungszusammenarbeit arbeiten wenn möglich außerhalb der PRTs. Das ermöglicht eine andere Nähe zur Bevölkerung und eröffnet bessere Wirkungsmöglichkeiten. Dass humanitäre Hilfsorganisationen auf Distanz zum Militär achten (müssen), gebieten ihre Grundprinzipien der Neutralität.

Ein Konfliktpunkt war in der Vergangenheit das Verhältnis von kurzfristigen CIMIC-Maßnahmen im Rahmen der *Force Protection* (Schutz der eigenen Kräfte) zu nachhaltigen Entwicklungsmaßnahmen. Real ist der Anteil von CIMIC-Projekten an den deutschen Gesamtausgaben für Aufbau und Entwicklung in 2010 auf maximal 1 Mio. Euro (0,2 Prozent) geschrumpft.

Seit Jahren besteht ein Grundkonflikt zwischen Militärs und Zivilen. Die militärische Seite kritisierte die personelle Schwäche vor allem des Innenministeriums und Auswärtigen Amtes sowie unzureichende Aufbauanstrengungen, wodurch Enttäuschungen zugenommen hätten, Köpfe und Herzen verloren gegangen wären – und Aufständische hätten Fuß fassen können. Umgekehrt kam von ziviler Seite immer wieder der Vorwurf, ISAF und Bundeswehr hätten sich zu sehr auf den Selbstschutz fixiert, den Kontakt zur Bevölkerung und deren Schutz aus den Augen verloren und damit ihre Kernaufgabe, Sicherheit zu fördern, vernachlässigt. Zahlreiche Nichtregierungsorganisationen lehnen das PRT-Konzept mittlerweile ab, weil damit zivile und militärische Aufgaben verwischt, die Unabhängigkeit der Nichtregierungsorganisationen infrage gestellt und ihre Sicherheit gefährdet werde. (vgl. VENRO 2009) Eine unabhängige Evaluierung der deutschen PRTs wurde schon vor Jahren angeregt, fand aber auf politischer Ebene kein Gehör.

4 Wirksamkeit des Einsatzes

Im Vorfeld der Mandatsentscheidung legte die Bundesregierung im Dezember 2010 erstmalig einen umfassenden „Fortschrittsbericht Afghanistan" vor. Er ist die bei weitem informativste Bestandsaufnahme der Bundesregierung zum internationalen und deutschen Afghanistan-Engagement. Benannt werden die vielfältigen Bemühungen und unbestreitbaren Teilerfolge. Nüchtern und kritisch wie nie zuvor werden die Verschlechterung der Sicherheitslage seit 2006, die verbreitete Korruption und politische Blockaden beim Namen genannt. Blinde Flecken bleiben dort, wo es um die selbstkritische Bewertung der eigenen Politik geht – der Staatengemeinschaft, des Westens, Deutschlands.

Die Bundeswehr verfügt zwar über viele Stränge der Einsatzauswertung. Eine systematische, für Parlament und Öffentlichkeit nachvollziehbare Wirksamkeitsanalyse der Auftragsumsetzung fand aber weder bei der Bundeswehr noch beim Auswärtigen Amt statt.

Beim deutschen ISAF-Einsatz kommen landeskundige Beobachter zu dem Schluss, dass die Bundeswehr mit ihrer vertrauensbildenden Einsatztaktik nicht nur die großen Fehler des *War on Terror* vermied, sondern bis 2006/ 2007 im Sinne des Auftrages auch erfolgreich war. Das bestätigt auch eine Untersuchung von Forschern der FU Berlin zu den Provinzen Kunduz und Takhar. 80 Prozent der über 2 000 Befragten waren im ersten Halbjahr 2007 der Meinung, dass die internationalen Truppen zur Verbesserung der Sicherheitslage in den letzten beiden Jahren beigetragen hätten. (Böhnke/Koehler/ Zürcher 2010)

Beeinträchtigt wurde der bevölkerungsorientierte Ansatz von ISAF durch die Diskontinuität von schnellen Kontingentwechseln alle vier Monate, durch den im Vergleich zur Fläche zu geringen Kräfteansatz, durch ein Zurückbleiben des zivilen Aufbaus, durch eine Vernachlässigung lokaler interkultureller Kompetenz. Wo Kommandeure und militärische Führer die lokalen Macht- und Konfliktverhältnisse nicht durchschauen, ist das Risiko kontraproduktiver Wirkungen erheblich.

Während im Süden und Osten schon im Jahr 2006 mit der ISAF-Erweiterung der Krieg erkennbar nach Afghanistan zurückgekehrt war, eskalierte der Konflikt in Teilen des deutschen Verantwortungsbereichs ab 2008/2009 zum offenen Guerillakrieg. Der militärische Kernauftrag „sicheres Umfeld" wurde im Raum Kunduz-Baghlan immer weniger umgesetzt. Erst unter dem damaligen Verteidigungsminister zu Guttenberg wurde die harte Realität beim Namen genannt. Der Konflikt in Afghanistan wurde richtigerweise als „nicht-internationaler bewaffneter Konflikt" bewertet. Zugleich beförderte aber eine undifferenzierte Sprache eine öffentliche Wahrnehmung, wonach ganz Afghanistan im Krieg sei und Bundeswehr dort Krieg führe. Die Wirklichkeit ist komplizierter: Bis heute existieren im Norden wenige Distrikte mit Guerillakrieg neben der Mehrzahl relativ ruhiger Distrikte, in denen Aufbau möglich ist. Wo Soldatinnen und Soldaten ständig beschossen und angesprengt werden, wo sie immer wieder im Gefecht stehen, da ist für sie Krieg. Die Kriegssituation auf der taktischen Ebene ändert aber nichts an dem strategischen Auftrag von ISAF und Bundeswehr, der weiter Sicherheits- und Stabilisierungsunterstützung im UN-Auftrag lautet und nicht Krieg gegen die Taliban, der auch nicht zu gewinnen wäre.

Die Umsetzung der COIN-Strategie zeigte inzwischen auch im Norden erste Wirkungen.[4] Im Laufe des Jahres 2011 wird sich aber zeigen, ob sie auch nachhaltig sind – oder ob sie durch eine angepasste Strategie der Aufständischen oder ein Ausweichen der Aufständischen in andere Distrikte und

---

4   Im I. Quartal 2011 gingen im Vergleich zum Vorjahreszeitraum in der Provinz Kunduz die Sicherheitsvorfälle um 42 Prozent auf 46 zurück, in Baghlan um 54 Prozent auf 16 (vgl. Nachtwei 2011).

einen weiteren Zustrom an Kämpfern und Selbstmordattentätern aus Pakistan konterkariert werden. Kritiker der COIN-Strategie sehen in ihr sozialtechnokratische Machbarkeitsillusionen. (vgl. Rudolf 2011) Der ehemalige Afghanistan-Pakistan-Beauftragte der britischen Regierung, Sir Cowper-Coles, wirft dem Oberkommandierenden der ISAF-Kräfte General Petraeus vor, mit den unter ihm vervielfachten „Enthauptungseinsätzen" gegen Taliban-Kommandeure eine politische Konfliktlösung und Kriegsbeendigung zu erschweren. (Guardian, 25.05.2011) Strittig ist, ob das ehrgeizige Ziel der Übergabe der Sicherheitsverantwortung 2014 bei aller Notwendigkeit auch realisierbar ist. Deutsche Soldaten und Polizisten vor Ort berichten immer wieder von einzelnen Fortschritten, sind insgesamt aber deutlich skeptischer als viele regierungsoffizielle Äußerungen.

Jüngste, noch nicht veröffentlichte sozialwissenschaftliche Untersuchungen im deutschen Hauptverantwortungsbereich geben ebenfalls einen pessimistischen Ausblick auf die Sicherheitstrends: Die Taliban-Intervention im Norden breite sich immer mehr aus. Die Eingriffe des Staates in die lokale Politik würden als höchst destabilisierend empfunden. Die Angst vor informellen bewaffneten Gruppen sei extrem angestiegen.

Jenseits des Militäreinsatzes bleibt das gigantische Job-Problem in einer Gesellschaft, wo 49 Prozent jünger als 15 Jahre sind.

Noch ist nicht absehbar, welche längerfristigen Rückwirkungen der andauernde Kampfeinsatz für die Soldatinnen und Soldaten, für ihr soziales Umfeld hat. Wenn zunehmend mehr Soldatinnen und Soldaten am Einsatzerfolg zweifeln und zurückgeworfen sind auf ihre professionelle Berufseinstellung und vor allem auf die Kameradschaft der Kampfgemeinschaft, dann ist Innere Führung mit dem Leitbild des Staatsbürgers in Uniform in ihrem Kern infrage gestellt.

5 Primat der (Innen-)Politik

Das deutsche ISAF-Kontingent operiert unter ISAF-Kommando und im Rahmen der *rules of engagement* von ISAF. Die Kapazitäten, den Rahmen und die Grenzen des Bundeswehreinsatzes werden aber durch die deutsche politische Führung bestimmt, wobei der Bundestag im Rahmen der Parlamentsbeteiligung eine zentrale Rolle spielt.

Entgegen mancher öffentlicher Wahrnehmung war der Afghanistaneinsatz im Bundestag kein Routinethema. In der Startphase und seit der Lageverschärfung war Afghanistan für viele Abgeordnete so sehr eine Gewissensfrage wie wenige andere politische Themen. Nichtsdestoweniger trugen auch deutsche politische Führungsversäumnisse und -fehler zur Krise des Afghanistaneinsatzes bei.

Die politische Führung brachte weder die notwendige strategische Klarheit noch die Kraft zu einem offenen Umgang mit dem Einsatz auf. Lange Zeit propagierte man die hehren Absichten, betonte die (Teil-)Fortschritte und verdrängte die Negativentwicklungen vor Ort. Durch Verweigerung von Transparenz und einer unabhängigen Bilanzierung des Einsatzes geriet man in eine Spirale von Selbsttäuschung und Realitätsverlust. Gefördert wurde das von einer Berichtsmentalität nicht nur in der Bundeswehr, wo Beschönigungen begünstigt und kritische Bewertungen eher ausgeblendet werden. Das erleichterte eine Abkoppelung der Politik vom Einsatzbedarf vor Ort und förderte eine Sicherheitspolitik eher nach innenpolitischen Interessen.

Obwohl der Afghanistaneinsatz mit der Zeit zur größten Herausforderung bundesdeutscher Außen- und Sicherheitspolitik mutierte, wurde seine öffentliche Kommunikation überwiegend dem Verteidigungsminister überlassen. Das förderte eine militärlastige Wahrnehmung des Afghanistan-Engagements.

Der Bundestag trug Mitverantwortung für diese politischen Führungsmängel. Es dominierten Rechtfertigungsdiskurse, deutsche Nabelschau und das Klein-Klein des Einsatzes. Zu kurz kamen die eigentlichen Aufgaben des Auftraggebers Parlament: die Definition klarer und aussichtsreicher Ziele, die Bereitstellung der dafür notwendigen Fähigkeiten und Ressourcen, die Kontrolle der Wirksamkeit. Seit 2006 eingebrachte Anträge zu einer Wirksamkeitsbewertung des Einsatzes wurden immer wieder von der Parlamentsmehrheit abgelehnt. Mandatsentscheidungen und -erweiterungen waren – auch bei mir – geprägt von dem berechtigten, aber unzureichenden Motiv, den Einsatz zu begrenzen und einer Konflikteskalation entgegenzuwirken. Nach dem Luftangriff vom 4. September 2009 in Kunduz stand monatelang die Frage nach der Informationspolitik der Bundesregierung im Vordergrund. Völlig unter ging die Schlüsselfrage, warum die ehemalige Hoffnungsprovinz so gekippt war und wie eine Wende möglich werden könnte. Die im Rahmen des Strategiewandels bei ISAF durchgesetzte COIN-Strategie wurde vor Ort von der Bundeswehr mitgetragen, hierzulande aber politisch nicht debattiert.

Auch im zehnten Einsatzjahr wird der Einsatz noch von der breiten Mehrheit von 420 Abgeordneten getragen. Aber auch unter den Mandatsbefürwortern sind die Zweifel an dem Einsatz erheblich. Vor allem aber hat es das deutsche Parlament nicht geschafft, der Bevölkerung Sinn, Verantwortbarkeit und Realität des Einsatzes überzeugend zu vermitteln.

6   Militärische Abzugsperspektive

Nach den vertanen Chancen und strategischen Fehlern der Vergangenheit besteht die Gefahr eines Scheiterns des internationalen Afghanistaneinsatzes. Das hätte desaströse Konsequenzen für die Menschen in Afghanistan, insbesondere für die Reformkräfte, für die regionale Sicherheit und die wankende Atommacht Pakistan, für eine Politik kollektiver Sicherheit und multilateraler Konfliktlösung im Rahmen des UN-Systems. Es wäre ein weltpolitischer Totalschaden. Wie aber können nach so vielen Jahren der Enttäuschung und des Vertrauensverlustes Köpfe und Herzen gewonnen und die wuchernde Aufstandsbewegung wirksam eingedämmt werden,

- wenn die afghanischen Regierenden durch Korruption Köpfe und Herzen abstoßen, wenn ISAF ihr Schutzversprechen für die Bevölkerung trotz größerer Rücksichtnahme immer weniger erfüllen kann;
- wenn Infiltration durch Aufständische so weit fortgeschritten ist und wenn getötete oder gefangene einheimische Führer der Aufständischen durch jüngere, radikalere aus Pakistan ersetzt werden;
- wenn internationale Akteure ihren baldigen Abzug ankündigen, während Kräfte aus dem Bürgerkrieg um günstige Positionen für die Zeit danach rivalisieren und Aufständische inmitten der Bevölkerung nur warten brauchen?

Mit dem Strategiewandel und der Kraftanstrengung auf Seiten der USA sind andererseits die Voraussetzungen für ein kohärentes internationales Engagement besser denn je. Deshalb kommt es jetzt darauf an, noch vorhandene Chancen bestmöglich zu nutzen.

Unumgänglich war, eine Frist für die Übergabe der Sicherheitsverantwortung in 2014 zu setzen. Damit dieser verantwortbar ist und nicht mit einem Exodus der über 2014 hinaus notwendigen internationaler Aufbauunterstützung einhergeht, bedarf es einer großen konzertierten Kraftanstrengung – vor allem beim Aufbau der afghanischen Sicherheitskräfte, bei der Förderung besserer Regierungsführung vor allem in den Distrikten und Provinzen, bei der Unterstützung zivilgesellschaftlicher Reformkräfte sowie bei Aufbau und Entwicklung, insbesondere der Landwirtschaft. Die richtige Fokussierung auf die zügige Stärkung afghanischer Sicherheitsstrukturen wird aber ein Kampf gegen Windmühlenflügel, wenn er nicht mit intensiven Bemühungen um politische Konfliktlösung einhergeht: auf lokaler, nationaler und vor allem regionaler Ebene, insbesondere unter Einbeziehung Pakistans. Ohne politische Lösungen und Machtbeteiligungen ist die Hydra von Aufstand und Terror nicht zu bezwingen. Dabei nicht die Menschen- und Frauenrechte zu opfern, ist eine besondere Herausforderung. (vgl. Schetter/Prinz 2011)

7 Schlussfolgerungen für deutsche Außen- und Sicherheitspolitik

Unübersehbar sind in der öffentlichen Debatte Tendenzen, den Afghanistaneinsatz als Blaupause zu nehmen: einerseits als Muster künftiger Auslandseinsätze mit intensiver Aufstandsbekämpfung; andererseits als angeblicher Beleg für die Pauschalbehauptung, Auslandseinsätze seien Krieg. Beide Schlussfolgerungen sind verfehlt.

a) Frieden bleibt für die Außen- und Sicherheitspolitik generell der Ernstfall – als Krisenprävention, Friedenssicherung, aber auch Friedenswiederherstellung und Bündnisverteidigung durch den Einsatz militärischer Gewalt.

b) Deutschland bleibt als UN-, EU- und NATO-Mitglied in Mitverantwortung für die Eindämmung und Lösung internationaler Krisen und Gewaltkonflikte. Das ist auch im weitsichtigen deutschen Sicherheitsinteresse.

c) Aus der Not, in Afghanistan von der Friedenssicherung in die Aufstandsbekämpfung gerutscht zu sein, darf keine politische Tugend gemacht werden. Der Einsatzverlauf in Afghanistan ist ein lehrreiches, aber abschreckendes Beispiel. Die Hauptperspektive deutscher Beteiligung an internationalen Kriseneinsätzen ist weiterhin Friedenssicherung, Stabilisierung, Schutz – und nicht vermehrt Aufstandsbekämpfung. Gefordert ist nichtsdestoweniger das gesamte Fähigkeitsspektrum mit der Kampffähigkeit als Grundlage.

d) Deutsche Sicherheitspolitik muss sich ehrlicher machen und die Mechanismen und Mentalitäten von Selbsttäuschung und Realitätsverleugnung überwinden. Sie braucht ungeschönte Lageanalysen und eine Wirksamkeitsorientierung, für die die Fähigkeit zur Selbstkritik und unabhängige Wirksamkeitsevaluierungen unabdingbar sind.

e) Wo Soldatinnen und Soldaten in der Pflicht zum treuen Dienen stehen, ist die Grundpflicht der Träger des Primats der Politik, im Rahmen des Völkerrechts klare Mandate zu formulieren und alles dafür zu tun, dass die Aufträge auch erfüllbar und verantwortbar sind.

f) Bei großen Einsätzen sind ressortgemeinsame Strukturen und umfassende Mandate überfällig, in denen neben der militärischen Dimension auch die wesentlichen zivilen Aufgaben, Fähigkeiten und Ressourcen festgelegt werden. Das Beharren auf einem starren Ressortprinzip mindert die Wirkungschancen eines Kriseneinsatzes.

g) Kernaufgaben von Einsätzen im Rahmen internationaler Krisenbewältigung sind Sicherheitssektorreform sowie die Förderung von Staatlichkeit. Angesichts der Erfahrungen mit der „Illusion Statebuilding" (Bliesemann de Guevara/Kühn 2010) sind konzeptionelle Klärung, Förderung entsprechender Expertise und Fähigkeiten dringend erforderlich. Dabei kommt der lokalen Dimension und der Chancenorientierung eine besondere Bedeutung zu.

h) Beteiligung an internationaler Krisenbewältigung braucht vor allem beim Einsatz bewaffneter Streitkräfte gesellschaftliche Akzeptanz. Dies kann nur durch glaubwürdige öffentliche Kommunikation erworben werden. Ohne überzeugende Führung gibt es keine Durchhaltefähigkeit und Verlässlichkeit. Wo inzwischen die Zweifel an Sinn, Wirksamkeit und Verantwortbarkeit von Auslandseinsätzen verbreitet sind, ist die (selbst)kritische und öffentliche Auswertung der Auslandseinsätze überfällig.

i) In Deutschland gibt es inzwischen Abertausende Rückkehrer aus Kriseneinsätzen – Soldaten, Entwicklungshelfer, Polizisten, Diplomaten. Statt des verbreiteten Desinteresses verdienen sie seitens der Politik, der Arbeitgeber und der Gesellschaft Aufmerksamkeit und verlässliche Unterstützung. Ihre Erfahrungen und ihre Kompetenz sind ein Potenzial, das ganz anders zur Förderung der friedens- und sicherheitspolitischen Bildung und Debatte genutzt werden sollte.

Literatur

Bliesemann de Guevara, Berit/Kühn, Florian P. (2010): Illusion Statebuilding. Warum sich der westliche Staat so schwer exportieren lässt. Hamburg: edition Körber-Stiftung.

Böhnke, Jan/Koehler, Jan/Zürcher, Christoph (2010): Assessing the Impact of Development Cooperation in North East Afghanistan 2005–2009: Final Report. Bonn: Bundesministerium für wirtschaftliche Zusammenarbeit und Entwicklung.

Deutscher Bundestag (2001): Antrag der Bundesregierung: Beteiligung bewaffneter deutscher Streitkräfte an dem Einsatz einer internationalen Sicherheitsunterstützungstruppe in Afghanistan. Bundestagsdrucksache 14/7930, 21. Dezember 2001. Berlin.

Fröhlich, Christiane/Johannsen, Margret/Schoch, Bruno/Heinemann-Grüder, Andreas/Hippler, Jochen (Hrsg.) (2010): Friedensgutachten 2010. Münster: LIT Verlag.

Giustozzi, Antonio/Reuter, Christoph (2011): The Insurgents of the Afghan North. Afghanistan Analysts Network. Online: http://www.aan-afghanis tan.com (Letzter Zugriff: 08.06.2011).

Guardian (2011): Afghanistan war tactics are profoundly wrong, 25. Mai 2011.

Johannsen, Margret/Schoch, Bruno/Hauswedell, Corinna/Debiel, Tobias/ Fröhlich, Christiane (Hrsg.) (2011): Friedensgutachten 2011. Münster: LIT Verlag.

Mettelsiefen, Marcel/Reuter, Christoph (2010): Kunduz, 4. September 2009. Eine Spurensuche. Berlin: Rogner & Bernhard.

Nachtwei, Winfried (2010): Der ISAF-Einsatz der Bundeswehr. Anmerkungen zu einer überfälligen Bilanzierung. In: Fröhlich/Johannsen/Schoch/ Heinemann-Grüder/Hippler (Hrsg.) 2010: 49–62.

Nachtwei, Winfried (2011): GENAUER HINSEHEN: Sicherheitsvorfälle in Afghanistan von August 2010 bis Anfang Mai 2011. Online: http://www. nachtwei.de/index.php/articles/1044 (Letzter Zugriff: 08.06.2011).

Rudolf, Peter (2011): Zivil-militärische Aufstandsbekämpfung. Analyse und Kritik der Counterinsurgency-Doktrin. SWP-Studie S 2. Berlin: Stiftung Wissenschaft und Politik.

Schetter, Conrad/Prinz, Janosch (2011): Kriegs- oder Friedensperspektiven? Die Intervention in Afghanistan. In: Johannsen/Schoch/Hauswedell/ Debiel/Fröhlich (Hrsg.) 2011: 208–222.

US-Departement of Defence (2011): Report on Progress Toward Security and Stability in Afghanistan. April 2011. Online: http://www.defence. gov/news/1231rpt.pdf (Letzter Zugriff: 08.06.2011).

Verband Entwicklungspolitik deutscher Nichtregierungsorganisationen (VENRO) (2009): Was will Deutschland am Hindukusch? Positionspapier 7/2009. Bonn.

A Troubled Partnership – Zum Verhältnis von Politik und Militär im ISAF-Einsatz

Klaus Naumann

> *„The problem here is that the government really doesn't know what it wants done in Afghanistan and the military is too politicised to tell the government what it can realistically achieve."*
>
> An Australian soldier, in: „The Sydney Morning Herald", 3. März 2011

> *„Normalerweise müsste ein Kommandeur sagen, ich kann meinen Auftrag nicht ausführen."*
>
> General Egon Ramms (von Krause 2011: 266, Anm. 98)

Nach zehn Jahren Einsatz in Afghanistan ist der Ausgang der Gesamtmission alles andere als eindeutig (vgl. Cordesman 2011). Die Kriterien für eine „Übergabe in Verantwortung", die im Mai 2010 seitens der ISAF formuliert wurden, sind auch im Norden weit davon entfernt, als erfüllt gelten zu können (vgl. Steinberg/Wörmer 2010; Giustozzi/Reuter 2011): Weder ist der Aufstand niedergeschlagen, noch die davon ausgehende Bedrohung der Zentralregierung entfallen; weder ist Afghanistan stabilisiert, noch besteht eine stabile Regierung, deren Tätigkeit sich bis auf die lokale Ebene erstreckt; weder profitiert die Mehrheit der Afghanen von den sozialen und wirtschaftlichen Maßnahmen, noch ist die Zentralregierung, mit Hilfe der ISAF, imstande die Sicherheit zufriedenstellend zu garantieren.

Diese Gesamtentwicklung wirft Fragen auf, die ein Kernproblem der Sicherheitspolitik betreffen: Wie weit spiegeln Lage und Verlauf des Afghanistaneinsatzes und der gesamten Mission, die weit über einen Militäreinsatz hinausgeht, grundlegende Probleme der politisch-militärisch-zivilen Beziehungen in der Bundesrepublik? Ohne die Bundesregierung für die skizzierten Befunde allein haftbar machen zu wollen (sie stellen ein Problem für die internationale Gemeinschaft insgesamt dar), ist zu fragen, ob und wie die Struktur dieser Beziehungen zu dem vorliegenden Ergebnis beitrug. In der vorliegenden Literatur wurden zu diesen Fragestellungen einige Beobachtungen notiert, denen im Folgenden nachgegangen werden soll. In systematischer Verallgemeinerung lassen sich zunächst fünf Thesen abstrahieren:

1. Die deutsche Außen- und Sicherheitspolitik steckt fest in einem politisch-kulturell bedingten Zielkonflikt zwischen einer multilateralistischen

Handlungsdoktrin („Bündnissolidarität" etc.) und ihrem Image als Zivil-macht („Kultur der Zurückhaltung"). Im Falle „robuster" Militäreinsätze führt diese letztendlich innenpolitisch bedingte Zwickmühle zu gravie-renden Problemen. Entstanden ist eine Politik des Vorbehalts, die sich in widersprüchlichen Botschaften, undeutlichen Zielprojektionen und un-eindeutigen Handlungen niedergeschlagen hat (vgl. Meiers 2010; Kaim 2007).

2. Aus den unklaren politischen Zwecksetzungen des Afghanistaneinsatzes bzw. der Gesamtmission ergaben sich widersprüchliche militärische Zielbestimmungen, denen ein problematischer Einsatz von Mitteln und Fähigkeiten entsprach. Indem die militärische Komponente und ihre An-schlusszwänge auf diese Weise das Übergewicht gewannen, gefährdete die Politik die Wahrnehmung ihres eigenen Primats (vgl. von Krause 2011).

3. Die politische Leitung und die militärische Führung des Einsatzes war trotz aller strukturellen Anpassungsversuche hochgradig ineffektiv; nicht zuletzt, weil die 2004 begonnene Transformation der Streitkräfte vor den Toren der Entscheidungs- und Planungszentralen Halt machte (vgl. Noe-zel/Zapfe 2009).

4. Die normativen und institutionellen Bezugsgrößen des Einsatzes blieben trotz der Interpretationshilfen durch das Bundesverfassungsgericht (1994) und die Aufwertung des Parlaments (2005) verschwommen, weil die Politik den selbst verkündeten Übergang von der Landesverteidigung zum Sicherheitsparadigma nicht nachvollzog und daher den wuchernden Implikationen der Sicherheitsprojektion nicht gewachsen war (vgl. Nau-mann 2008; Naumann 2011a; b).

5. Den operativen Anpassungs- und Lernprozessen im Einsatzgebiet ent-sprach kein (oder nur ein sehr begrenzter) politisch-strategischer Verar-beitungsprozess in der/den Zentrale(n), der die Ergebnisse hätte instituti-onell fixieren, auf Dauer stellen und darüber hinaus in politische Leitung und öffentliche Legitimation überführen können (vgl. Noetzel 2010).

Die Aussagekraft dieser Thesen soll in einer knappen Analyse der vier Pha-sen des bisherigen Einsatzes (vgl. vor allem von Krause 2011) illustriert und überprüft werden.

1 Phase 1: Einsatzentscheidung, Konstitution und Chancenmanagement (2001–2003)

Jede Erstentscheidung für die Entsendung von Einsatzkräften schafft Präjudi-zien und Anschlusszwänge für alle folgenden Mandatierungen. Im Fall des

Afghanistaneinsatzes signalisierte die Bundestagsabstimmung über das OEF-Mandat am 16. November 2001, die von Bundeskanzler Gerhard Schröder mit der Vertrauensfrage verbunden worden war, von Anfang an das dem Unternehmen zugemessene koalitions- und bündnispolitische Gewicht. Daran hat sich auch nach Verabschiedung des Parlamentsbeteiligungsgesetzes (2005), das dem Bundestag ein Rückrufrecht einräumt, nichts geändert. Umso gravierender und folgenreicher waren demnach die Bedingungen und Implikationen der konstitutiven Entscheidung(en) für einen Einsatz.

Ausschlaggebend für die deutsche Beteiligung an der multilateralen Afghanistanmission waren nicht Interessendefinitionen, Einsatzkriterien oder strategische Konzepte, sondern in aller erster Linie das Bekenntnis zur „uneingeschränkten Solidarität" (Bundeskanzler Schröder) mit den am 11. September 2001 durch einen hochsymbolischen Terrorakt schwer angeschlagenen Vereinigten Staaten. Infolge des von dem Verbündeten vorgegebenen Zeit- und Handlungsdrucks, der sich binnen kurzem auf die Zufluchtstätten des al-Qaida-Netzwerks und dessen Gastnation, das von den Taliban regierte Afghanistan richtete, wurden in Berlin politische Entscheidungen gefällt, noch bevor eine eigene militärische Planung, geschweige denn eine sorgfältige afghanische Lageanalyse angestellt worden war. In diesem Prozess trat die Bundesregierung als Konsultationspartner oder Verhandlungsmacht kaum in Erscheinung. Auch das deutsche Engagement bei der Ausrichtung der ersten Afghanistan-Konferenzen war nicht in ein strategisches Konzept eingebettet, sondern scheint stark von dem Wunsch beeinflusst gewesen zu sein, die Anwartschaft auf einen Sitz im UN-Sicherheitsrat zu verbessern.

Die deutsche Beteiligung an dem militärisch bereits auf mittlere Sicht fragwürdigen Doppel-Mandat aus OEF- und ISAF-Beteiligungen kam zwar einerseits den amerikanischen Erwartungen entgegen; andererseits ließ sich diese Konstruktion auch mit den deutschen politischen Präferenzen verbinden. Das Doppel-Mandat gestattete es der deutschen Seite, den Anforderungen des Multilateralismus in Form der erwünschten Unterstützung militärischer Schläge gegen al-Qaida Genüge zu tun, und erlaubte zugleich, das innenpolitisch erwünschte Profil einer „Zivilmacht" mittels Unterstützungshilfen und Aufbaumaßnahmen zu bekräftigen. Während der OEF-Einsatz die militärisch offensive Seite des Konfliktgeschehens am Hindukusch dokumentierte, unterstrich das ISAF-Mandat gleichzeitig das „post-conflict"-Image einer Stabilisierungs- und Unterstützungsmission. War die in den beiden politischen Mandaten und militärischen Aufträgen niedergelegte Lageauffassung schon widersprüchlich genug, signalisierte auch die Auslegung und Ausrüstung beider Vorhaben, dass die politischen wie militärischen Entscheidungsträger und Berater mit einem vorwiegend symbolpolitischen Beitrag rechneten. Denn für die weltweit konzipierte OEF-Mission wurden nicht mehr als 100 Soldaten des Kommandos Spezialkräfte (KSK) abgestellt, während sich der Radius des ISAF-Einsatzes allein auf Kabul und Umgebung beschränkte.

Vor diesem Hintergrund war der Auftakt des Einsatzes von vornherein widersprüchlich. Nicht allein Konflikt- und Post-Konflikt-Szenarien standen nebeneinander; auch die Zweck- und Zielbestimmungen beider Mandate differierten beträchtlich. Dabei konnte die anfängliche OEF-Mission noch beanspruchen, in ihrer militärischen Ausrichtung konsistenter zu sein als die ISAF-Mission. Diese bildete den militärischen Überbau zu dem auf der Petersberger Konferenz (November 2001) verabredeten und durch spätere Abkommen fortgeschriebenen Transformationsprojekt von gesamtgesellschaftlichem Zuschnitt. Erstrebt wurde die Etablierung einer Übergangsregierung, die Entwicklung der afghanischen Staatlichkeit, die relativ kurzfristige Veranstaltung von Wahlen und Verfassungsgebung sowie die Durchführung tief greifender sozialer und wirtschaftlicher Reformen, die unter das Signum des „Wiederaufbaus" gestellt wurden. Gesellschaftspolitisch war dies nichts anderes als der Vorsatz, einer nach wie vor unbefriedeten Gesellschaft eine „Schocktherapie" (vgl. Barnett 2006; Paris 2007) zu verordnen – obwohl von deren zahlreichen Konfliktparteien eine ganz entscheidende Größe, die entmachteten Taliban, gar nicht an den Petersberger Verhandlungen hatte teilnehmen können und daher auch nicht zu den Signatarpartnern des dort verabredeten Abkommens gehörten (vgl. Rashid 2010).

In diesem Arrangement lag von Anbeginn ein militärischer Eskalationsfaktor ersten Ranges, der über kurz oder lang das politisch-militärische Beziehungsgeflecht in Mitleidenschaft ziehen musste. Zum Ersten war mit einem Rutschbahneffekt zu rechnen, sobald sich die reale Entwicklung des Landes nicht an die verabredeten Vorgaben halten würde. Zum Zweiten wurde mit der betont zurückhaltenden Ausrichtung und „zivilistischen" Imagepflege des ISAF-Einsatzes eine innenpolitisch nur taktisch reflektierte Selbstfesselung riskiert, die dann zu Komplikationen und Legitimationsproblemen führen musste, wenn sich bei nachfolgenden Mandatierungen einmal Auftragsveränderungen aufdrängen sollten. Zum Dritten waren durch die beiden vorgenannten Implikationen die Weichen für Doppelstandards gestellt. Zunächst machten sich diese fest an der Unterscheidung des „guten" ISAF-Einsatzes von dem wenig geliebten „schlechten" OEF-Mandat, um später auf die innere Begründungslogik des ISAF-Einsatzes überzugreifen.

2 Phase 2: Nachsteuern und Expansion des Einsatzes (2003–2006)

Man wird nicht behaupten können, dass der deutsche Entschluss, im Laufe des Jahres 2003 der NATO das Oberkommando über ISAF anzutragen oder die Bereitschaft, deutsche Truppen in die Nordprovinzen zu entsenden, einem strategischen Kalkül folgte. Vielmehr handelte es sich um Anschlusszwänge bereits eingegangener Verpflichtungen oder Abwehrhandlungen gegenüber noch weiter gehenden Erwartungen, die im Zusammenhang mit dem Irakfeldzug vorgetragen wurden. Tatsächlich stellte aber die Kommandoübernahme durch die NATO und die schrittweise Ausdehnung der ISAF-Präsenz über das gesamte Land eine qualitative Ausweitung der Mission dar, mit der die weitgesteckten Ziele des Bonn Agreement (2003) und später des London Compact (2006) militärisch unterfüttert wurden. Die NATO hatte den Nachweis ihrer Einsatztauglichkeit in Out-of-area-Missionen nunmehr mit dem Schicksal Afghanistans verbunden – war aber auf die Aufstandsbewegung, die die Truppenvermehrung auslöste (zumindest aber intensivierte) nicht vorbereitet. Mit zunehmender Kampftätigkeit im Süden und Osten wurde die bisher plausible Trennung von OEF-Einsätzen und ISAF-Aufgaben immer problematischer. Zweifelhaft war auch, ob der Einsatz des militärischen Instrumentariums geeignet sein würde, der doppelten Auftragslage gerecht zu werden. Denn nun ging es zunehmend um Aufstandsbekämpfung, die gleichwohl den Boden bereiten und das Umfeld sichern sollte für Aufbaumaßnahmen und für die Ausdehnung einer geordneten Staatstätigkeit bis hinunter auf Provinz- und Distriktebene. Binnen kurzem fand sich die NATO in dem Dilemma wieder, entweder zu leicht aufgestellt zu sein, um taktische Erfolge zu erringen, oder zu schwer, um einen strategischen Erfolg zu erzielen (vgl. Suhrke 2008).

War die Bundesregierung in den Einsatz zunächst „hineingeschliddert", ging man jetzt daran, strategische Zweckbestimmungen (Afghanistankonzept 2003) und integrierte Handlungskonzepte (Aktionsplan „Zivile Krisenprävention, Konfliktlösung und Friedenskonsolidierung" 2004) nachzutragen, in denen freilich die OEF-Komponente des Einsatzes schon gar nicht mehr auftauchte. Prominenten Ausdruck fanden diese konzeptionellen Ansätze dann in der Übernahme zweier Provincial Reconstruction Teams (PRT), die als Leuchtturmprojekte einerseits die bündnispolitischen Erwartungen bedienten, andererseits aber die Probleme der auf der Zentralebene verfertigten „vernetzten" Konzepte beleuchteten. Die PRTs vermochten wohl, begrenzten stabilisierenden Einfluss auf die ohnehin noch vergleichsweise friedliche Nordregion zu nehmen, erwiesen sich aber außerstande, den seit 2004 laufenden Trend zur Verschlechterung der Sicherheitslage aufzuhalten. Die

Streitfrage, wie „integriert" die PRTs arbeiten sollten und konnten und wie „robust" die militärische Komponente ihres Auftretens sein durfte, wurde nicht eindeutig beantwortet – auch nicht auf ISAF-Ebene. Während gerade auf deutscher Seite sehr großer Wert auf den militärischen Selbstschutz gelegt wurde, blieb jedoch der Beitrag der PRTs zur Sicherheitssektorreform marginal (vgl. Schmunk 2005; Jacobsen 2005), so dass letztlich von einer „Selbstblockade" gesprochen werden konnte (vgl. Paul 2008).

Die in diesen Jahren unter dem Leitbegriff der „Transformation" anlaufende Bundeswehrreform stand unter ähnlich zwiespältigen Vorzeichen. Zwar wurde die Orientierung auf eine „Armee im Einsatz" bekräftigt und die Landesverteidigung auf einen hinteren Platz verwiesen; zwar wurden die Komponenten der Streitkräfte neu sortiert und damit der Zugriff für Einsatzzwecke erleichtert; zwar wurde der Generalinspekteur gestärkt – doch insgesamt erhellt die gegenwärtig neuerlich anlaufende Reforminitiative, dass damals vieles zu kurz gegriffen hatte. Es entstand kein effektives einsatzbezogenes Führungsinstrument. Dieses blieb vielmehr in das Konsensprinzip der ministerialen Entscheidungsabläufe eingebunden, ein Defizit, das erst 2008 mit Einrichtung des Einsatzführungsstabes ansatzweise ausgeglichen wurde (vgl. Noetzel/Zapfe 2009). Mit der sich verschlechternden Sicherheitslage im Einsatzgebiet häuften sich dagegen die Klagen über fehlende oder mangelhafte Ausrüstung, Lücken bei einsatzwichtigen Fähigkeiten, personelle Unterausstattung und restriktive Einsatzbeschränkungen (vgl. Lange 2008).

Auf politischer Ebene blieb die Exekutive eine Antwort auf die allmählich sich verschärfenden Einsatzbedingungen schuldig. Auch das Parlamentsbeteiligungsgesetz, das nach zehnjährigem Ringen 2005 verabschiedet wurde, sorgte nicht für ein wirksames Gegengewicht (vgl. von Krause 2011: 194ff.). Der Bundestag wollte weder Feldherr noch Operateur sein, doch zu einer effektiven politisch-strategischen Begleitung des Einsatzes war er kaum in der Lage. Nicht allein das Selbstverständnis der Mehrheitsfraktionen als Platz- und Stimmhalter der Regierung, der oppositionelle Selbstzwang, zu den einmal getroffenen Entscheidungen zu stehen, und die ohnehin geringe Bedeutung der Sicherheitspolitik im parlamentarischen Karrierekanon sorgten für die rasche Einkehr einer alljährlichen Mandatsroutine; auch die Beteiligungsvoraussetzungen des Parlaments blieben von bescheidener Qualität. Die Abgeordneten verfügten über kein integriertes und strategisch qualifiziert aufbereitetes Lagebild; es war ihnen unmöglich, die reale Wirksamkeit der ihnen präsentierten Output-Daten zu beurteilen; und in vollständiger Konzentration auf die Kontrolle des militärischen Instruments gerieten ihnen die nicht-militärischen Komponenten der Mission nur selten in den Blick (vgl. Nachtwei in diesem Band). Die zweite Phase des Einsatzes zeigte ein Regime der Ungleichzeitigkeiten. Konzeptionelle Klärungen wurden nachgeschoben, ohne indessen ausreichend implementiert zu werden. Die ausgreifenden, aber vagen Vorstellungen eines „liberalen Friedens" (Paris 2007) wurden konfrontiert mit einer sich ausbreitenden Aufstandsbewegung. Die militärische Führung der ISAF wurde unter NATO-Kommando vereinheitlicht, konnte sich jedoch über die zahlreichen nationalen Caveats der Bündnispartner nicht hinwegsetzen. Die Etablierung von PRTs in zahlreichen Provinzen signalisierte die Bereitschaft der Interventionsmächte, in die Fläche zu gehen, doch blieb einstweilen unklar, ob diese Einrichtungen Leuchtfeuer sein oder Insellösungen bleiben würden. Die Politik begann sich – und die Bundeswehr – auf die fortwährenden Einsätze einzustellen, versäumte es aber, die eigenen Leitungs- und Führungsinstrumente so zu verändern, dass ein „institutioneller Kern" zivil-militärischer Krisenbearbeitung entstehen konnte (vgl. Meiers 2010). Der Afghanistaneinsatz drohte sich in einem Teufelskreis von Aufstandsbewegungen, schwacher Staatlichkeit, unterausgestatteten Truppen, rücksichtslosen Militärschlägen, fehlenden Aufbauhelfern und einer zunehmend enttäuschten Bevölkerung zu verlieren. Das Fenster der Gelegenheit, das noch bis Ende 2003 offen gestanden hatte (vgl. Rashid 2010), war geschlossen.

3   Phase 3: Kampf und Stagnation (2006–2009)

Infolge der dramatisch verschlechterten Sicherheitslage wuchsen sich die Ungleichzeitigkeiten der zweiten Phase in den folgenden Jahren zu regelrechten Blockaden aus, die zu Polarisierungen und Mehr-Ebenen-Konflikten führten. Drei symptomatische Ereignisse beschreiben die dritte Einsatzphase: die offensive Operation „Harekate Yolo II" im Herbst 2007, die Übernahme der Quick Reaction Force in deutsche Verantwortung im Juli 2008 sowie der Luftschlag von Kunduz am 4. September 2009. Paradigmatisch spiegelte sich in allen drei Vorgängen das angespannte Verhältnis von Politik und Militär sowie die Diskrepanz zwischen den politischen Zweckbestimmungen und den militärischen Zielformulierungen.

Mit Ausweitung der Aufstandsbewegung war deutlich geworden, dass sich auch die Bundeswehr im Norden (bzw. die politische Leitung in Berlin) zu offensiven Kampfhandlungen entschließen musste, wenn sie die oppositionellen militärischen Kräfte zurückdrängen wollte. So beteiligte sich das Regionalkommando Nord an der Operation Harekate Yolo II, die darauf ausgelegt war, verlorenen Boden wieder zu gewinnen und im Rahmen des Clear, Hold and Build-Ansatzes zu stabilisieren (vgl. Warnecke 2008; Noetzel/Zapfe 2008). Dem im Wege standen freilich die schlechte Koordination der beteiligten Ressorts, ein unausgeglichenes Verhältnis von militärischen und zivilen Kräften, militärische Einsatzbeschränkungen und damit die mangelnde Fähigkeit, das Gewonnene dauerhaft sichern zu können. Weder das Führungsinstrumentarium noch die Fähigkeiten und auch nicht die eingesetzten Kräfte waren auf den ganzheitlichen Zuschnitt dieser für die Deutschen neuen Einsatzqualität vorbereitet, so dass die Wirksamkeit der Operation verpuffte („Scheibenwischer"-Effekt).

Mit der Übernahme des Kommandos über die Quick Reaction Force, so konnte es scheinen, war ein Schritt getan, der veränderten Lage Rechnung zu tragen und – auch deutscherseits – Bereitschaft zu zeigen, sich wirksamer als bisher zu engagieren. Tatsächlich bildete sich die erweiterte militärische Zielstellung auch in der bereitgestellten Truppenstruktur und der Veränderung der Einsatzregeln ab (vgl. von Krause 2011: 156f.). Doch weder in der politischen Beantragung des damals geltenden Mandats noch in der Beauftragung durch das Parlament spiegelte sich diese Wende zur Aufstandsbekämpfung wider (vgl. Noetzel/Zapfe 2008). Regierung und Parlament, so kann man den Befund zuspitzen, schirmten den legitimationsbedüftigen Wandel des Einsatzes gegenüber einer – inzwischen sehr viel kritischer nachfragenden – Öffentlichkeit ab. Die indirekten Folgen dieser Spaltung zwischen Einsatzrealität und Auftragslage schlugen sich darin nieder, dass die internen Lern- und Anpassungsprozesse umso langwieriger verliefen (vgl. Noetzel 2010), eine Blockadesituation, von der etwa die zögerliche Umsetzung der Empfehlungen der so genannten von Heyst-Arbeitsgruppe („Untersuchung der Organisation zur Planung und Führung von Auslandseinsätzen der Bundeswehr im Frieden", Juli 2007) Zeugnis ablegen könnte, wenn diese Vorgänge einmal öffentlich zugänglich gemacht würden.

Der bittere Effekt dieser Auseinanderentwicklung von Politik und Militär wurde beim Luftschlag von Kunduz am 4. September 2009 offenkundig. Die durch den Vorfall ausgelöste Krise hatte zwei Aspekte. Die Einsatzkräfte waren gleichsam unfreiwillig in eine Überakzentuierung der kinetischen Dimension hineingedrängt worden, weil ein Umsteuern auf ein ausgewogenes Mischungs- und Ergänzungsverhältnis von kinetischen und nicht-kinetischen Mitteln unter Vorzeichen einer strategisch kalkulierten Aufstandsbekämpfung nicht zustande gekommen war. In der akuten Gefahrenlage war der Rückgriff auf eine ausreichende Reserve an Infanteriekräften offenbar nicht möglich gewesen, so dass eine angemessene Reaktion extrem erschwert worden war. Der hier sichtbar gewordene Mangel an einem ausreichend differenzierten Fähigkeitsspektrum, verallgemeinert Noetzel (2010: 498), war das Ergebnis einer unvollständigen Transformation der Streitkräfte, bei der die Entwicklung nicht-kinetischer Fähigkeiten zur Aufstandsbekämpfung sowie kinetischer Fähigkeiten für nicht-konventionelle Operationen vernachlässigt worden waren. Der politische Krisenaspekt bestand darin, dass sich die politische Rhetorik nach dem 4. September wie in einer Übersprungshandlung vom Konzept der „Stabilisierung" auf das Begriffsfeld des „Krieges" verlagerte, ohne indessen hinreichend deutlich zu machen, was dies unter den Bedingungen des vom damaligen Oberkommandierenden der ISAF, General McChrystal, gerade verkündeten Strategiewechsels bedeuten mochte.

Das politisch-militärische Beziehungsgeflecht bekam in dieser Phase die Merkmale einer Blockade. Die öffentliche Ablehnung des Einsatzes gewann an Auftrieb; das Parlament verzettelte sich im Kunduz-Untersuchungsausschuss, ohne ihrem sehr viel weiter gehenden Kontrollauftrag Genüge zu tun; die Entwicklung der militärischen Neuausrichtung in Einsatz wie Doktrin kam nur schleppend voran; deutlicher als zuvor meldeten sich Militärs mit kritischen Äußerungen zum Einsatzverlauf zu Wort; die Politik hatte sich unterdessen in eine Defensive manövriert, aus der auch keine „realistischen" Wortschöpfungen heraushalfen.

4 Phase 4: Strategiewechsel, Reformimpulse und Exit-Optionen (seit 2009/2010)

Am Anfang war Obama. Der Anstoß zur Umorientierung kam von außen, wurde durch den Kunduz-Schock beschleunigt und erhielt durch den damaligen Personalwechsel an der Spitze des Verteidigungsministeriums zusätzlichen Auftrieb. Bezeichnend war hingegen, dass sich die politische Neubesinnung sofort mit der Ausschau nach Exitoptionen und -terminen verband, ohne dass die Exitkriterien hinreichend geklärt worden wären (vgl. Kaim 2011). Und ebenso symptomatisch war die neue Wortschöpfung „Ausbildungs- und Schutzbataillone", mit der man die beiden deutschen Gefechtsverbände etikettierte, deren erkennbare Schwerpunktaufgabe – im Verbund mit Einheiten der Afghan National Army – die offensive Zurückdrängung der Aufständischen und die Einleitung von Shape, Clear, Hold and Build-Maßnahmen sein soll. Der legitimatorische Boden schien inzwischen so heiß geworden zu sein, dass nur die direkte Verknüpfung von Einsatzanstrengungen mit Ausstiegsperspektiven sowie die Etikette „Ausbildung" und „Schutz" den weiteren politischen Konsenserhalt versprachen.

Die Polarität zwischen den politischen bzw. nicht-militärischen Vorgaben und militärischen Beiträgen war mit dem Strategiewechsel, der Aufnahme einer neuerlichen Runde von Reformmaßnahmen an den Streitkräften und einer allmählichen Klärung der politischen Einsatzperspektiven nicht geschwunden. Der militärische Einsatz ließ eine erhöhte Effizienz und Nachdrücklichkeit erkennen, doch die politisch-strategischen Probleme und Defizite blieben einstweilen bestehen. Ob und inwieweit die Verfolgung des von den Amerikanern und der ISAF eingeschlagenen Kurses der *Counterinsur-*

gency tatsächlich zu operativ nachhaltigen Erfolgen führt, ob der Balanceakt einer gleichzeitigen Verabreichung von „hard" und „soft power" die erstrebte Loyalität der Bevölkerung befördert und den Legitimationstransfer an die staatlichen afghanischen Behörden erlaubt, oder ob diese Strategie auf Sand gebaut ist, weil sie jenseits von fassadenstaatlichen Arrangements, Korruption und lokalen Machtzentren wenig Haltbares zu bieten hat – diese Fragen sind in der politischen wie in der wissenschaftlichen Debatte höchst umstritten (vgl. Bliesemann de Guevara/Kühn 2010; Ehrhardt/Kaestner 2010; Rudolf 2011; Naumann 2011a; b).

Der erste „Fortschrittsbericht" der Bundesregierung (Dezember 2010) lieferte erstmals eine differenzierte Sicht auf Erfolge und Misserfolge der Mission, eine selbstkritische Auseinandersetzung mit der eigenen Einsatzpolitik blieb jedoch aus (vgl. Nachtwei 2010a; b). Nicht thematisiert wurden die Stärken und Schwächen der eigenen militärischen und zivilen bzw. politischen Kräfte; unerörtert blieb der deutsche Anteil an der Verschlechterung der Sicherheitslage in der Nordregion; und nicht weiter eingegangen wurde auf den Kräftebedarf der bevorstehenden Phase, die den Grundstock für eine schrittweise „Übergabe in Verantwortung" schaffen soll. Obwohl die finanziellen Hilfszusagen an Afghanistan mit dem Jahr 2010 erneut aufgestockt wurden, ist nicht deutlich geworden, wie diese Mittel verwandt werden, ob die Mittelvergabe einer mehr als nur deklaratorischen Zielführung unterliegt und ob dem eine personell aufgestockte Präsenz ziviler Akteure entspricht. Nach der Bundestagswahl und dem Kunduz-Vorfall hat die Koalition dem Thema Afghanistan eine erhöhte Bedeutung zugestanden. Ein Sonderbeauftragter für Afghanistan und Pakistan wurde ernannt, die Einrichtung eines Kabinettsausschusses bekannt gegeben (über dessen Arbeit nichts weiter bekannt geworden ist) und die zivile Vertretung beim deutschen Regionalkommandeur Nord gestärkt.

Einen nachhaltigen Einfluss auf die Einsatzführung, die Ausrichtung und die Aufstellung der Bundeswehr versprach der Auftakt der Bundeswehrstrukturreform zu nehmen. Die ersten Auftritte und Vorlagen des neuen Ministers lassen erkennen, dass die Aufgabenzersplitterung in der politischen Leitung wie in der militärischen Führung zurückgenommen werden soll. Die strategische Kompetenz der politischen Seite und die einheitliche militärische Führung der Gesamtstreitkräfte sollen gestärkt werden. Dabei ist freilich immer noch nicht deutlich geworden, ob das politisch-militärische Beziehungsfeld als Nullsummenspiel betrachtet wird, bei dem der eine gewinnt, was der andere verliert, oder ob eine übergreifende Kräftigung eines Primats des Politischen in seinen ministerialen und seinen militärischen Ausdrucksformen angesteuert wird. Die Einsatzerfahrungen des *Comprehensive Approach*, das heißt des zivil-militärischen Zusammenhandelns, haben sich zwar in der angestrebten Durchmischung der zivilen und militärischen Abteilungen bemerkbar gemacht – aber weniger in einer erhöhten Integration auf interministerieller Ebene. Ohnehin fehlte beim Reformauftakt eine strategisch-politische Rahmen- und Auftragsbestimmung, aus der jenseits des Rufs nach notwendigen „Priorisierungen" ablesbar hätte werden können, worauf die neuen Strukturen, Fähigkeiten und Potenziale ausgerichtet werden sollen (vgl. Naumann 2011a; b; Puglierin/Sinjen 2011).

So muss eine Eröffnungsbilanz der vierten Phase des Afghanistaneinsatzes skeptisch ausfallen. Die Grundprobleme des politisch-militärischen Beziehungsfeldes sind nicht geklärt. Was sich einstweilen an Veränderungen abzeichnet, steht entweder unter Vorbehalt oder kommt in seinen Auswirkungen möglicherweise zu spät, um den Gang der weiteren Ereignisse nachhaltig prägen zu können.

5 Bilanz: Politik und Militär nach zehn Jahren Afghanistaneinsatz

Nimmt man die Probleme des Einsatzes bzw. der Gesamtmission als Leitfaden, so zeigt sich die enge Korrespondenz der in den eingangs präsentierten fünf Thesen enthaltenen Befunde. In einer Zusammenschau lässt sich das belegen.

Die Schwächen der konstitutiven Einsatzentscheidungen im Winter 2001/2002 waren wenig überraschend; wieder einmal waren deutsche Truppen „dorthin gegangen, wo wir eigentlich nicht hingehen wollten" (Kühne 2007: 25). Den Mechanismen der „Multilateralismusfalle" (Kaim 2007) folgend wurden Legitimationen, Zwecke, Ziele und Mittel des Einsatzes erst in nachholenden Prozessen definiert. Im Kern war diese Praxis der Ausdruck einer Selbstfesselung der Politik, die in ihren „vorauseilenden" Bekundungen eine unterstellte öffentliche Meinung vorweg nahm, ohne die Anstrengung zu unternehmen, eigene Vorstellungen oder neue Herausforderungen überhaupt zur Diskussion zu stellen, dafür zu werben und gegebenenfalls zu kämpfen. Die Ausgangsbedingungen für einen langwierigen und riskanten Einsatz gestalteten sich damit umso ungünstiger, denn man hatte einen Rutschbahneffekt provoziert. Gravierend für das politisch-militärische Beziehungsgeflecht waren dabei drei Phänomene.

Bemerkenswert war, in welchem Maße wirksame und korrigierende Gegenkräfte gerade dort ausfielen, wo es angesichts der kurzfristigen „Krisenentscheidung" über die Einsatzbeteiligung darum gegangen wäre, den Primat der Politik durch sekundäre Impulse zu kräftigen. Während die Exekutive improvisierte und lavierte, präsentierte sich das Parlament als ein nur schwacher Gegenpol, die militärische Führung und Sachkompetenz blieb in den entscheidungsbegleitenden Prozessen öffentlich kaum wahrnehmbar und die öffentliche Meinung wurde im Grunde erst 2006 angesichts der unübersehbaren Verschlechterung der Sicherheitslage zu einem aktiven Faktor. Diese Grundstruktur veränderte sich in den Jahren des Einsatzes nicht grundsätzlich. Die Möglichkeiten des Parlamentsbeteiligungsgesetzes wurden wenig ausgeschöpft; der Zuschnitt der Mandate und Debatten blieb allzu sehr dem militärischen Kerngeschehen verhaftet, während die politische Dimension der Gesamtmission weit darüber hinausging. Die militärische Führung trat auch später kaum als Mahner in Erscheinung, vielmehr überwogen bis 2009 beschwichtigende Äußerungen, während der kritische Part vornehmlich ehemaligen Generälen (oder Vertretern des Bundeswehrverbandes) zufiel. Das Militär fand sich in der Zwickmühle wieder, als „Einpeitscher", dem es um nichts als Truppenvermehrungen geht, auf die Anklagebank zu geraten oder als „Geisel" für den ausbleibenden Erfolg haftbar gemacht zu werden (vgl. Rühle 2011).

Die politisch-militärischen Beziehungen wurden dadurch erschwert, dass die Transformation der komplexen („vernetzten") Einsatzerfahrungen in politisch-strategische Prozeduren und staatskluge Arrangements auf Ebene der Exekutive, der Legislative und der Streitkräfte nur zögernd vonstatten ging (vgl. Naumann 2009). Verschiedene konzeptionelle Ansätze zu einem integrierten politischen Instrumentarium wurden unternommen, fortgesetzte Anstrengungen zur Anpassung der militärischen Strukturen und Doktrinen ergriffen, aber diese Vorstöße waren von begrenzter Wirksamkeit, geringem Gewicht oder mangelnder Konsequenz. Gemessen an den von der Exekutive selbst formulierten Ansprüchen wurde weder die Strategiefähigkeit noch die Comprehensivness des Regierungshandelns noch die Leitungs- und Führungsebene ausreichend gestärkt. Für die politisch-militärischen Beziehungen bedeutete das eine relative Bedeutungszunahme des Militärischen, da dessen ohnehin gegebenes organisatorisches und operatives (Über-)Gewicht durch die Schwäche der nicht-militärischen Komponenten, Instanzen und Verfahren noch stärker akzentuiert wurde.

Politik und Militär insgesamt wurden zusammengebunden durch ein gemeinsames Defizit, das sich unter dem formell einwandfrei funktionierenden Primat der Politik verbarg – dem beiderseitigen Verlust des Politischen. Auf der Akteursebene kam damit zum Ausdruck, dass das altbundesrepublikanische Konzept und Selbstverständnis der „Funktionseliten" in eine Krise geraten ist.

Literatur

Barnett, Michael (2006): Building a Republican Peace. Stabilizing States after War. In: International Security, 30: 4, 87–112.

Bliesemann de Guevara, Berit/Kühn, Florian P. (2010): Illusion Statebuilding. Warum sich der westliche Staat so schwer exportieren lässt. Hamburg: edition Körber-Stiftung.

Bulmahn, Thomas et al. (2009): Sicherheits- und verteidigungspolitisches Meinungsklima in der Bundesrepublik Deutschland. Ergebnisse der Bevölkerungsbefragung 2008 des Sozialwissenschaftlichen Instituts der Bundeswehr. (Forschungsbericht 90) Strausberg: Sozialwissenschaftliches Institut der Bundeswehr.

Cordesman, Anthony H. (2011): Afghanistan and the Uncertain Metrics of Progress. Six Part Series. Center for Strategic & International Studies. Burke Chair in Strategy.

Ehrhardt, Hans-Georg/Kaestner, Roland (2010): Aufstandsbekämpfung: Konzept für deutsche Sicherheitspolitik? Lehren aus Afghanistan. Hamburger Informationen zur Friedensforschung und Sicherheitspolitik, Heft 48.

Giustozzi, Antonio/Reuter, Christoph (2011): The Insurgents of the Afghan North. The rise of the Taleban, the self-abandonment of the Afghan government and the effects of ISAF's ‚capture-and-kill campaign'. Afghanistan Analysts Network. Thematic Report 4.

Glawe, Robert (Hrsg.) (2008): Eine neue deutsche Sicherheitsarchitektur – Impulse für die nationale Strategiedebatte. Berlin: Berliner Wissenschafts-Verlag.

Jacobsen, Peter Viggo (2005): PRTs in Afghanistan. Successful but not sufficient. DIIS-Report 6. Online: http://www.diis.dk/graphics/Publications/Reports2005/pvj_prts_afghanistan.pdf (Letzter Zugriff: 13.03.2011).

Kaim, Markus (2007): Deutsche Auslandseinsätze in der Multilateralismusfalle? In: Mair (Hrsg.) 2007: 43–49.

Kaim, Markus (2011): Es fehlt der strategische Konsens. In: Frankfurter Allgemeine Zeitung, 24. Januar 2011.

Krause, Ulf von (2011): Die Afghanistaneinsätze der Bundeswehr. Politischer Entscheidungsprozess mit Eskalationsdynamik. Wiesbaden: VS Verlag für Sozialwissenschaften.

Kühne, Winrich (2007): Interessen, Kriterien und Probleme deutscher Beteiligung an Friedenseinsätzen – Wann? Wohin? Warum? In: Die Friedens-Warte, 82: 1, 23–40.

Lange, Sascha (2008): Die Bundeswehr in Afghanistan. Personal und technische Ausstattung in der Einsatzrealität. SWP-Studie S 9. Berlin: Stiftung Wissenschaft und Politik.

Mair, Stefan (Hrsg.) (2007): Auslandseinsätze der Bundeswehr. Leitfragen, Entscheidungsspielräume und Lehren. SWP-Studie S 27. Berlin: Stiftung Wissenschaft und Politik.

Meiers, Franz-Josef (2010): Von der Scheckbuchdiplomatie zur Verteidigung am Hindukusch. Die Rolle der Bundeswehr bei multinationalen Auslandseinsätzen 1990–2009. In: Zeitschrift für Außen- und Sicherheitspolitik, 3: 2, 201–222.

Militärgeschichtliches Forschungsamt (Hrsg.) (2010): Wegweiser zur Geschichte. Afghanistan. Paderborn: Schöningh Verlag.

Nachtwei, Winfried (2010a): Bundestag, Parlamentsarmee und Parteienstreit. In: Militärgeschichtliches Forschungsamt (Hrsg.) 2010: 167–179. Online: http://www.mgfa.de/html/einsatzunterstuetzung/downloads/wwaenachtwe i.pdf (Letzter Zugriff: 13.03.2011).

Nachtwei, Winfried (2010b): „Ehrlichkeit mit blinden Flecken". Kommentar zum Afghanistanbericht der Bundesregierung (14. Dezember 2010). Online: http://www.nachtwei.de/index.php/articles/1021 (Letzter Zugriff: 13.03.2011).

Naumann, Klaus (2008): Einsatz ohne Ziel? Die Politikbedürftigkeit des Militärischen. Hamburg: Hamburger Edition.

Naumann, Klaus (2009): Wie strategiefähig ist die deutsche Sicherheitspolitik? In: Aus Politik und Zeitgeschichte, 48, 10–17.

Naumann, Klaus (2010): Wenn Verteidigung zu Sicherheit wird. Plädoyer für die Neujustierung sicherheitspolitischer Strukturen. In: Die Neue Gesellschaft, Frankfurter Hefte, 57: 10, 4–9.

Naumann, Klaus (2011a): Paradoxe Intervention. Deutschland im afghanischen Transformationskrieg. In: Mittelweg 36, 20: 1, 81–108.

Naumann, Klaus (2011b): Die Politik des Militärs der Gesellschaft. Staats- und gesellschaftspolitische Implikationen der Bundeswehrstrukturreform. In: Vorgänge, 50: 193, 4–13.

Noetzel, Timo (2010): Germany's Small War in Afghanistan: Military Learning amid Politico-strategic Inertia. In: Contemporary Security Policy, 3, 486–508.

Noetzel, Timo/Zapfe, Martin (2008): Aufstandsbekämpfung als Auftrag. Instrumente und Planungsstrukturen für den ISAF-Einsatz. SWP-Studie S 13. Berlin: Stiftung Wissenschaft und Politik.

Noetzel, Timo/Zapfe, Martin (2009): Den Einsatz im Fokus? Das Verteidigungsministerium und die Auslandseinsätze. In: Glawe (Hrsg.) 2008: 187–194.

Paris, Roland (2007): Wenn die Waffen schweigen. Friedenskonsolidierung nach innerstaatlichen Gewaltkonflikten. Hamburg: Hamburger Edition.

Paul, Michael (2008): Die Zivil-militärische Zusammenarbeit im Afghanistaneinsatz. In: Schmidt (Hrsg.) 2008: 43–48.

Puglierin, Jana/Sinjen, Svenja (2011): Sparen als Staatsräson. Zur Debatte über die Bundeswehrreform. In: Internationale Politik, 1, 56–61.

Rashid, Ahmed (2010): Sturz ins Chaos. Afghanistan, Pakistan und die Rückkehr der Taliban. Düsseldorf: Edition Weltkiosk.

Rudolf, Peter (2011): Zivil-militärische Aufstandsbekämpfung. Analyse und Kritik der Counterinsurgency-Doktrin. SWP-Studie S 2. Berlin: Stiftung Wissenschaft und Politik.

Rühle, Michael (2011): Die NATO im Zeitalter der Globalisierung. In: Politische Studien, 435, 16–23.

Schmidt, Peter (Hrsg.) (2008): Das internationale Engagement in Afghanistan. Strategien, Perspektiven, Konsequenzen. SWP-Studie S 23. Berlin: Stiftung Wissenschaft und Politik.

Schmunck, Michael (2005): Die deutschen Provincial Reconstruction Teams. Ein neues Instrument zum Nationbuilding. SWP-Studie S 33. Berlin: Stiftung Wissenschaft und Politik.

Steinberg, Guido/Wörmer, Nils (2010): Eskalation im Raum Kunduz. Wer sind die Aufständischen in Nordostafghanistan? SWP-Aktuell 84. Berlin: Stiftung Wissenschaft und Politik.

Suhrke, Astri (2008): A Contradictory Mission? NATO from Stabilization to Combat in Afghanistan. In: International Peacekeeping, 2, 214–236.

Warnecke, Dieter (2008): Harekate Yolo II – Sicherheit für Nordafghanistan. Mit militärischen Mitteln den Wiederaufbau möglich machen. In: Europäische Sicherheit, 57: 5, 16–20.

NATO im Einsatz – Determinanten multilateraler Strategiefähigkeit

Bastian Giegerich

Der Afghanistaneinsatz hat dazu geführt, dass Alliierte sich gegenseitig vorwarfen, den Grundgedanken der Bündnissolidarität in Frage zu stellen, damit eine Lagerbildung innerhalb der NATO zu riskieren, und somit schlussendlich die Kernfunktionen des Bündnisses selbst zu untergraben. Ist die NATO also an die Grenzen ihrer Leistungsfähigkeit gestoßen? Seit die NATO im August 2003 die Führung des UN-mandatierten ISAF-Einsatzes übernommen hat, tut sich das Bündnis schwer, die im multinationalen Rahmen beschlossenen politischen und militärischen Zielvorgaben umzusetzen. Kritiker behaupten, dass die NATO am Hindukusch zum Scheitern verurteilt ist und dies wohlmöglich das letzte Mal war, dass sich die Regierungen der Mitgliedstaaten auf einen derartig komplexen und anspruchsvollen Einsatz einlassen. Einige Autoren kommen sogar zu dem Schluss, der Afghanistaneinsatz stelle potenziell die kollektive Identität des ‚Westens' in Frage (Williams 2009: 121).

Ein Blick zurück auf die NATO-Interventionen auf dem Balkan bringt ähnliche Betrachtungen aus der damaligen Perspektive hervor. Auch in Bosnien 1995 und Kosovo 1999 wähnten einige Beobachter die NATO vor der Zerreißprobe und verwiesen auf den fehlenden strategischen Konsens hinsichtlich der Fragen vor welchem Hintergrund und zu welchen Zwecken der Einsatz militärischer Gewalt legitim ist (Allin 2002: 9–12). Einige Kommentatoren argumentierten gar, der Kosovokrieg habe das Ende der NATO „as a military combat organization" signalisiert (de Jonge Oudraat 2002: 16). Im Frühjahr 2011 löste die Diskussion um die Rolle der NATO bei der UN-mandatierten Intervention in Libyen ähnliche Ängste aus. NATO-Kreise ließen sich mit der Aussage zitieren, „die größte Krise der Nato" stünde bevor und Medienberichte fragten, ob „die Nato überhaupt noch ein ernst zu nehmender Machtfaktor" sei (Zeppelin/Hecking 2011). Da also selbst gewählte militärische Interventionen die NATO (immer wieder erneut) herausfordern und an politische Abgründe zu führen scheinen, ist es angebracht, sich mit den Faktoren, die für die im politischen und wissenschaftlichen Diskurs konstatierte Strategieschwäche verantwortlich zeichnen, zu befassen.

Natürlich muss zuvor darauf hingewiesen werden, dass der Erfolg der NATO auch vom Verhalten anderer Akteure abhängt, die Umsetzung politischer und militärischer Zielvorgaben also nie vollständig von der Allianz und ihren Mitgliedstaaten kontrolliert werden kann. In Afghanistan ist die internationale Staatengemeinschaft auf vielfältige Weise engagiert, hinzu kommt eine fast unüberschaubare Menge an Nichtregierungsorganisationen und zivilgesellschaftlichen Akteuren. Die Regierung Afghanistans und die des Nachbarlandes Pakistan erweisen sich als prekäre Partner, was die Arbeit der NATO zusätzlich erschwert. Ein weiteres Problem der NATO ist sicherlich, dass sie stellvertretend für die internationale Gemeinschaft von der Weltöffentlichkeit in die Verantwortung genommen wird, auch wenn die Allianz nur einen von vielen notwendigen Beiträgen zum Erfolg in Afghanistan leisten kann. Daraus erklärt sich aber keinesfalls, warum es der Allianz nicht gelingt, einstimmig beschlossene strategische Vorgaben kohärent zum Einsatz zu bringen (Noetzel/Schreer 2009a: 215; 2009b: 530).

Es stellt sich die Frage, warum die einzelnen NATO-Staaten die mit ihrer Beteiligung ausgearbeiteten multilateralen Vorgaben auf sehr unterschiedliche Weise interpretieren und welche Konsequenzen sich hieraus für die Allianz ergeben. Wenngleich auch andere NATO-Mitglieder in die Kritik gerieten, wurde Deutschland in diesem Zusammenhang von Verbündeten wiederholt als größter Problemfall ausgemacht. Einige Autoren sprechen gar von einem „deutschen Faktor", der einen wichtigen Einfluss auf den Erfolg oder Misserfolg der NATO in Afghanistan habe (Bindenagel 2010).

Dieser Beitrag beschreibt einen Rahmen, um das Zweiebenenspiel zwischen multinationaler Strategieformulierung und nationaler Strategieumsetzung zu verstehen. In einem ersten Schritt wird die Bedeutung innerstaatlicher Bestimmungsfaktoren für die Strategiefähigkeit der NATO aus verschiedenen theoretischen Perspektiven erfasst. Das Kapitel skizziert zweitens, am Beispiel Deutschlands und des Afghanistaneinsatzes, die wechselseitigen Rückwirkungen der nationalen und multinationalen Ebene. Hierbei wird der übergeordneten Frage nachgegangen, ob die konstatierte Zersplitterung der NATO in mehr und weniger leistungsbereite Mitglieder den Sinn und Zweck der NATO selbst unterminiert. Der Beitrag schließt drittens mit Anmerkungen zum Spannungsverhältnis zwischen multilateralen Erwartungshaltungen und deren innenpolitischer Vermittlung.

1   Theoretische Perspektiven

Unterschiedliche Ansätze können für die verschiedentlich beobachtete Zersplitterung und Lagerbildung herangezogen werden. Drei große Theoriestränge der Internationalen Beziehungen – der Realismus, der Institutionalismus und der Konstruktivismus – bieten hilfreiche Thesen. Der Realismus, in dem auch die klassische Allianztheorie zu verorten ist, geht davon aus, dass rational handelnde Staaten in einem anarchischen internationalen System Bündnisse eingehen werden, um Machtungleichgewichte zu verhindern oder diese zu kompensieren. Allianzen sind also immer eine Antwort auf wahrgenommene externe Bedrohungen. Wenn die ursprüngliche Bedrohung, die zur Allianzbildung geführt hat, wegfällt und nicht durch eine Bedrohung von ähnlicher Intensität ersetzt wird, dann müsste, so die Theorie, der Zusammenhalt im Bündnis schwächer werden, da vorher durch die gemeinsame Bedrohung überdeckte Interessenskonflikte zwischen den Mitgliedern hervorbrechen (Walt 2000: 12f., 21; Theiler 2003: 22). Der direkte Zusammenhang von externer Bedrohung und Allianzkohäsion könnte also die Strategieumsetzungsschwächen der NATO seit Anfang der 1990er-Jahre erklären helfen, wenn davon ausgegangen wird, dass die diffusen und mehrdimensionalen Sicherheitsrisiken der Gegenwart nicht mit der Bedrohung durch den Warschauer Pakt vergleichbar sind, was Intensität und einheitliche Wahrnehmung innerhalb der Allianz betrifft.

Der Institutionalismus teilt wichtige Prämissen des Realismus, geht aber davon aus, das Institutionen einen eigenen Kooperationsmehrwert schaffen. Durch die Regeln und Verfahren einer Institution entstehen Transparenz, Informationsaustausch und Berechenbarkeit was das Verhalten der Mitglieder untereinander angeht. Es liegt nahe, dass Staaten diesen Mehrwert auch dann erhalten wollen, wenn sich die Bedrohungslage ändert, da die Kosten für den Institutionsaufbau bereits geleistet wurden. Somit verschiebt sich der Fokus auf die Anpassungsfähigkeit einer Institution. Wenn sich die NATO an das sich wandelnde internationale Umfeld anpassen kann, erfüllt sie potenziell weiterhin wichtige Funktionen für ihre Mitgliedstaaten (Theiler 2003: 37f.). Wenn allerdings dieser Anpassungsprozess, zu dem auch die Einsätze zum militärischen Krisenmanagement jenseits des Bündnisgebiets gehören, dazu führt, dass der Kooperationsmehrwert der Institution unterlaufen wird, zum Beispiel mit Blick auf die Berechenbarkeit des Verhaltens der Mitglieder, kann die NATO unter Umständen trotz Anpassungen nicht effektiv agieren.

Der Konstruktivismus betont vor allem, dass Institutionen, also auch die NATO, über Sozialisierungsprozesse durch Interaktion zwischen den Mitgliedern eine kollektive Identität fördern, die wiederum die Interessen und das Verhalten der einzelnen Mitglieder beeinflussen und, über die Zeit, zu großer institutioneller Loyalität führen können. Neuere Ansätze haben aber auch die Grenzen der Sozialisierung herausgearbeitet, um zu beobachtende zentrifugale Kräfte zu erfassen. Hiernach kann die institutionelle Bindung geschwächt werden, wenn es innerhalb einer Institution unter Mitgliedern zu einer Normenkollision kommt. So könnte zum Beispiel der Beitrag eines Mitglieds zur gemeinsamen Problemlösung von anderen Mitgliedern nicht als adäquat akzeptiert werden in Bezug auf die Frage, welches Verhalten in der NATO als ‚normal' gilt und zur Ausfüllung der gemeinsamen Identität erwartet wird. Die auftretenden Dissonanzen hinterfragen und schwächen die gemeinsame Identität. (Berenskoetter/Giegerich 2010: 423–426)

Interessanterweise legen die unterschiedlichen theoretischen Perspektiven nahe, dass vor allem innerstaatliche Determinanten über die Strategiefähigkeit der NATO entscheiden (Walt 2000: 12). Alle drei Lesarten verweisen darauf, dass Kosten-Nutzen-Kalküle der Mitgliedstaaten neu austariert werden; zudem gilt es, je nach theoretischer Sichtweise, den verminderten Nutzen der Organisation aufzufangen und die Kosten der nötigen institutionellen und innerstaatlichen Anpassungsleistung akzeptabel zu halten.

2 Erklärungsfaktoren nationaler Umsetzungsfähigkeit

Wichtige Faktoren, welche die nationale Umsetzungsfähigkeit der auf multilateraler Ebene beschlossenen Vorgaben beeinflussen, finden sich bei Rühle, der von „Strukturproblemen" deutscher Sicherheitspolitik spricht: Hierzu zählt er eine gesellschaftliche Grundeinstellung, die dem militärischen Instrument abgeneigt bleibt; die aufgrund des Parlamentsvorbehalts einsetzende parteipolitische Politisierung der Debatten um Auslandseinsätze und die selbst gewählte politische Beschränkung des militärischen Instruments auf Konfliktnachsorge sowie Friedenserhaltung, losgelöst von einem direkten Bezug zur Sicherheit Deutschlands (Rühle 2009: 4). Zusammengenommen bedeuten sie, dass nationale Besonderheiten in Deutschland stärker als in anderen NATO-Staaten generelle Hindernisse für die Umsetzung der multilateralen politischen und militärischen Zielvorgaben aufwerfen.

Viehrig (2010: 17, 78) unterscheidet in ihrer Studie zu Entscheidungen über die Beteiligung an Auslandseinsätzen zwei Dimensionen: Auf der einen Seite werden relativ unveränderliche Faktoren von situativ geprägten unterschieden; auf der anderen Seite werden Faktoren, die auf nationaler Ebene anzusiedeln sind, denen, die der internationalen Ebene angehören, gegenübergestellt. Unter den von Viehrig angeführten Faktoren finden sich die Kontrollmacht des Parlaments, die strategischen Kulturen, öffentliche Meinung und das Verhältnis zur (Einsatz-)Führungsmacht, im Falle Afghanistans also die USA.[1] Diese Faktoren stehen im direkten Zusammenhang mit den von Rühle angemerkten Strukturproblemen. Ausgehend von der eingangs erwähnten Zweiebenenlogik, die besagt, dass Regierungen versuchen werden, die Handlungszwänge der internationalen und innerstaatlichen Arenen so weit wie möglich in Einklang zu bringen (Jungbauer 2010: 24), ist es ferner sinnvoll, hier noch den Grundcharakter des Einsatzes bzw. des Konflikts, in dessen Rahmen der Einsatz stattfindet, zu ergänzen.

---

1 Strategische Kultur als Erklärungsfaktor liegt an den Schnittstellen der von Viehrig verwendeten Dimensionen allgemein/situativ und national/international. Da diese Variable also gewissermaßen das Analyseraster sprengt, behandelt Viehrig diesen Faktor separat.

Auch wenn der Einsatz des militärischen Instruments im multinationalen Rahmen erfolgt, wird er doch auf der nationalstaatlichen Ebene legitimiert. Die rechtlichen Rahmenbedingungen, sei es in Form von Entsendegesetzen oder direkt in der Verfassung verankerten Bestimmungen, haben einen Einfluss auf die Ausgestaltung des Einsatzes. Unter NATO-Mitgliedstaaten gibt es hier stark divergierende Vorgaben, die von einer a priori Genehmigung des Einsatzes durch das entsprechende Parlament über die gewohnheitsrechtliche Befassung des Parlaments bis hin zur Entscheidungsfreiheit der Exekutive ohne Parlamentsbeteiligung reichen. Die innerstaatlichen rechtlichen Rahmenbedingungen müssen also mitgedacht werden, wenn es um die Beurteilung der in den Einsatz gebrachten Fähigkeiten geht. Wichtig ist hierbei, dass ein Parlamentsvorbehalt, wie z. B. in Deutschland, im internationalen Vergleich nicht etwa zu einer geringeren Teilnahme an Auslandseinsätzen führt, er aber sehr wohl die Ausgestaltung des Mandats beeinflusst und somit die Einsatzrealität mit strukturiert (Viehrig 2010: 85).

In dem notwendigen Aushandlungsprozess wird die angesprochene Zweiebenendynamik besonders deutlich. Während die Bundesregierung auf internationaler Ebene einen angekündigten deutschen Beitrag immer von der Zustimmung des Parlaments abhängig machen muss, bindet sie bereits im Vorfeld mindestens die Bundestagsabgeordneten der Regierungsfraktionen auf informelle aber durchaus intensive Weise ein. Somit wird der Abgleich der internationalen und innerstaatlichen Handlungsspielräume frühzeitig vorgenommen (Ondarza/Klemm 2009; Jungbauer 2010: 56).

Allerdings kann für parlamentarische Regierungssysteme – im Vergleich zum präsidentiellen Regierungssystem z. B. der USA, in dem sowohl Exekutive als auch Legislative über eine eigenständige direkte demokratische Legitimation verfügen – angenommen werden, dass die Regierungskontrolle als Funktion moderner Parlamente zumindest für die Mehrheitsfraktionen stark von der Funktion der Regierungsbildung überlagert wird. Die dominante Aufgabe der parlamentarischen Mehrheit ist es im Regelfall die Regierung zu stützen. Zusammen mit der wenig ausgeprägten sicherheitspolitischen Expertise einer Vielzahl der Abgeordneten ergibt sich daraus, dass auch bei ausgeprägten Beteiligungsmöglichkeiten (wie in Deutschland) das Parlament nicht unbedingt als effektiver Gegenspieler der Regierung auftreten kann. Die Kontrollfunktion des Parlaments stützt sich dabei hauptsächlich auf die wenigen fachlich versierten Sicherheitspolitiker der Fraktionen.

Strategische Kultur ist als ideelles Milieu zu verstehen, das auf Grundlage der historischen Erfahrungen einer Gesellschaft mit militärischer Gewalt politische Handlungsoptionen strukturiert. Es ergibt sich somit, dass die Variable strategische Kultur weniger geeignet ist bestimmte Entscheidungen zu erklären, als die Bandbreite möglicher Entscheidungen, also die als angemessen geltenden Handlungsoptionen, vorzugeben (Giegerich 2006). Im Hinblick auf den Einsatz der Bundeswehr ist die mit dem Schlagwort der ‚Kultur der Zurückhaltung' umschriebene deutsche Präferenz für zivile Krisenmanagementmittel und die Begrenzung militärischer Einsätze auf humanitäre sowie Stabilisierungs- und Wiederaufbauaufgaben ein wesentliches Element. Der Kampfeinsatz, und ganz besonders die Bekämpfung Aufständischer, so die Annahme, haben hier keinen Platz und werden von einem Diskurs, der den Einsatz militärischer Gewalt als *ultima ratio* sieht und einen generellen Vorrang für ziviles Krisenmanagement ausgemacht hat, unterbunden bzw. als nicht legitime Handlungsoptionen charakterisiert. Befragungen haben z. B. gezeigt, dass die Bekämpfung Aufständischer von der Bevölkerung in Deutschland nicht als Aufgabe des Militärs akzeptiert wird (siehe Biehl in diesem Band).

Aus diesem Sachverhalt lassen sich natürlich keine direkten politischen Handlungsanweisungen ableiten und die Erklärungskraft der strategischen Kultur im Hinblick auf konkretes Verhalten sollte generell nicht überschätzt werden, da ihr kausaler Effekt kaum eindeutig zu isolieren ist. Es ist aber doch auffällig, dass eine jüngere vergleichende Studie zu dem Schluss kommt, dass zwischen dem sicherheitspolitischen Verhalten mehrerer europäischer Staaten und ihrer strategischen Kulturen zumindest kein Widerspruch besteht (Viehrig 2010: 173). Die Annahme, dass strategische Kulturen die Grenzen des als angemessen erachteten Handlungsspektrums vorgeben, erhält somit empirische Unterstützung.

Der öffentlichen Meinung wird ebenfalls eine erklärende Wirkung nachgesagt. Bindenagel (2010: 97) argumentiert, dass deutsche Sicherheitspolitik von der Unterstützung der Öffentlichkeit abhängig sei. So wird angesichts vieler Umfragen, die eine mehrheitliche Ablehnung der Fortführung des Einsatzes suggerieren, nicht nur in Deutschland, sondern z. B. auch in Großbritannien, darauf hingewiesen, dass Regierungen nicht auf unbegrenzte Zeit einen Einsatz fortsetzen können, dessen Begründung von einer deutlichen Mehrheit der befragten Bevölkerung hinterfragt wird. Generell ist die Salienz, also die öffentliche kognitive Verfügbarkeit, der Auslandseinsätze allerdings gering und Bevölkerungsbefragungen zeigen, dass die Befragten nur sehr geringe Detailkenntnisse über die einzelnen Einsätze haben (Bulmahn 2010). Zwar hängt die Zustimmung zum Einsatz statistisch nicht mit dem Wissensstand der Befragten zusammen – mangelnde Zustimmung ist also kein Ergebnis mangelnder Information – es scheint aber dennoch realistisch anzunehmen, dass geringe Kenntnisse auch zu verzerrten Vorstellungen die Einsatzrealität betreffend führen (siehe Fiebig in diesem Band).

Auch die Art des Einsatzes, sein Charakter, spielt eine wichtige Rolle. Für die Mehrheit der Alliierten ist der Einsatz in Afghanistan ein optionaler

Einsatz, da ihre Sicherheit nicht im existenziellen Sinne direkt bedroht ist. Sowohl der Gegner in Afghanistan, der sich terroristischer und Guerillatakti-ken bedient als auch die Tatsache, dass NATO-Mitgliedstaaten immer wieder im multinationalen und innerstaatlichen Rahmen politische und militärische Strategie aufeinander abstimmen müssen, weisen auf die Schwierigkeit der Strategieformulierung und Umsetzung hin (Münkler 2010). Wenn es in sol-chen Situationen zu einem Konflikt zwischen multinationalen Erwartungshal-tungen und innerstaatlichen Restriktionen kommt, so steht zu erwarten, dass sich die innerstaatliche Logik vor allem bei der Ausgestaltung der Einsätze bemerkbar macht und durchsetzt. Dies steht im Kontrast zur grundlegenden Entscheidung für oder gegen eine Einsatzbeteiligung, bei der die Forschung gezeigt hat, dass internationale Indikatoren eine stärkere Rolle spielen (Vieh-rig 2010: 176f.; Jungbauer 2010: 133f.). Verkürzt gesagt: Während sich Re-gierungen augenscheinlich dem multinationalen Handlungsdruck, zumal bei formaler Bündniszugehörigkeit wie in der NATO, nur schwer entziehen kön-nen, wenn es um die Teilnahme geht, so bleibt die innerstaatlich autorisierte und legitimierte Ausgestaltung des Einsatzes ultimativer Ausdruck nationaler Souveränität.

3   Wechselwirkungen Deutschland und NATO

Obwohl der Beitrag Deutschlands zur ISAF-Mission numerisch immer signi-fikant ausfiel, konstatierten eine Reihe von Analysen erhebliche Dissonanzen im Hinblick auf die Erfordernisse, die sich aus den strategischen Vorgaben der NATO ergeben und dem, was Deutschland zu leisten bereit erschien. Verschiedentlich wurde deutlich, dass einige Alliierte Druck auf die Bundes-regierung ausübten, politische Beschränkungen des Bundeswehreinsatzes in Afghanistan zurückzufahren, da sie den Erfolg der NATO gefährden. So wurde augenscheinlich, dass sich einerseits die Bundesregierung den interna-tionalen Erwartungen nicht entziehen kann und andererseits innenpolitische Rahmenbedingungen in Deutschland negativ auf das Bündnis ausstrahlten.

Zu Beginn des ISAF-Einsatzes war der politische Dissens unter den Alli-ierten nur hintergründig zu beobachten, da zunächst die Bündnislogik im Vordergrund stand, die auf das gemeinsame Handeln und die darin zum Aus-druck kommende Solidarität und gesteigerte politische Legitimation des Einsatzes abzielte. Mit Ausbleiben des klar sichtbaren und innerstaatlich kommunizierbaren Erfolges und einer Verschlechterung der Sicherheitslage in Afghanistan wurden aber verstärkt seit 2006 besonders aus NATO-Mit-gliedstaaten, die hohe Verluste in Afghanistan hinnehmen mussten, wie z. B. Großbritannien, Kanada, die Niederlande und die USA, Stimmen laut, die suggerierten, dass Deutschland nicht bereit sei, die notwendigen Risiken zu teilen und dem ISAF-Mandat somit nicht gerecht werde; der Wert des deutschen Beitrages und Deutschlands Status als verlässlicher Bündnispartner wurden in Frage gestellt (Welt am Sonntag 2006; Spiegel Online 2006). Anfang 2008 schrieb US-Verteidigungsminister Gates einen Brief an seinen deutschen Kollegen Jung und forderte – ohne Erfolg – mehr Soldatinnen und Soldaten, mehr Hubschrauber und die Rücknahme von politischen Einsatzbeschränkungen (*caveats*) (Welt Online 2008). Auf der Münchener Sicherheitskonferenz im gleichen Jahr argumentierte Gates, „einige Partner sollten nicht den Luxus haben, sich auf Stabilisierung und Wiederaufbau zu fokussieren, während sie damit andere dazu zwingen, einen überproportional hohen Anteil des Kämpfens und Sterbens zu tragen" (Gates 2008, Übersetzung d. Verf.). Von einigen Autoren wurde zudem behauptet, dass die Einsatzbeschränkungen, denen die Bundeswehr in Afghanistan unterlag, dazu beigetragen haben, dass sich aufständische Kräfte im Norden Afghanistans ausbreiten konnten. Deutschland sei somit zum Teil dafür verantwortlich, dass sich die Sicherheitslage verschlechtert habe (Rashid 2009).[2]

Auch andere NATO-Mitglieder geraten im Hinblick auf ihren Beitrag in Afghanistan in die Kritik. Anfang 2011 wurde z. B. dem polnischen Kontingent in Medienberichten vorgeworfen, dass es die Kontrolle über ihr Einsatzgebiet verlöre, da es zu passiv agiere (Frankfurter Allgemeine Zeitung 2011). Ein ähnliches Beispiel bot die vom Dezember 1995 bis Dezember 1996 in Bosnien und Herzegowina eingesetzte und UN-mandatierte IFOR. Ironischerweise wurde damals den USA von Seiten europäischer Regierungen vorgeworfen, aus innenpolitischen Gründen viel zu sehr auf den Eigenschutz ihres Kontingents fixiert zu sein und mit dieser Haltung die Effektivität des NATO-Einsatzes zu gefährden (Neville-Jones 1996; Thomas 2000: 39–41). Trotzdem schien Deutschland in der Wahrnehmung einiger NATO-Partner in die Rolle des „nörgelnden Verweigerers abzugleiten", dem die „Implementierung mancher kollektiv [gefasster] Beschlüsse aus politischen wie militärischen Gründen schwerer (…) [fällt] als anderen" (Rühle 2009: 2, 6). Insbesondere argumentieren einige wissenschaftliche Studien z. B., dass die innerstaatlichen Beschränkungen, die in Deutschland vorherrschen, dazu führten, dass Aufstandsbekämpfung als offensive militärische Operation verstanden und somit abgelehnt werde, während der Partner USA hierunter eine umfassende Strategie mit zivilen und militärischen Elementen verstehe. Doktrinäre Unterschiede, verwurzelt in den innerstaatlichen Rahmenbedingungen, erschweren somit die Umsetzung multilateraler Vorgaben (Schreer 2010).

Zuletzt wurde diese Kritik milder, da einige deutsche *caveats* zurückgenommen wurden und Strategieelemente wie z. B. das *Partnering* von der

---

2 Zur Entwicklung der Aufständischen in Nordafghanistan generell siehe Steinberg/Wörmer (2010).

Bundeswehr nun umgesetzt werden. Die Frankfurter Allgemeine Sonntagszeitung kommentierte: „Vorbei die Zeiten, als in Kabul, Washington und London über die ‚deutschen Angsthasen' geätzt wurde, die sich nicht aus den Feldlagern trauen" (Seliger 2011). Auch wenn die Anpassungsleistung der deutschen Politik einigen Verbündeten zu niedrig ist bzw. zu langsam vorankommt, so zeigen diese Entwicklungen doch, dass sich die Bundesregierung, bei aller Dominanz innerstaatlicher Faktoren, den multilateralen Erwartungshaltungen nicht entziehen kann. Jungbauer zeigt in seiner Studie die sich hieraus ergebenden schwierigen Abwägungsprozesse, die eine differenzierte Vorgehensweise möglich machen, wenn er diskutiert, wie regionale Einsatzbeschränkungen für das deutsche Kontingent in Afghanistan für Informationsoperationen aufgehoben wurden, zunächst aber für den Einsatz von Militärausbildern erhalten blieben (Jungbauer 2010: 69). Ziel politischer Führung muss es daher sein, derartige Beschränkungen auf das politisch absolut Notwendige zu reduzieren und vor allem die operativen Konsequenzen einer jeden Einschränkung zu beachten. Wird die Mandatsumsetzung unmöglich gemacht oder den Soldatinnen und Soldaten im Einsatz jeglicher Entscheidungsraum genommen, dann ist die Balance zwischen militärischer Effektivität und politischer Legitimität eventuell zu überdenken. Allerdings setzen diese Abwägungsprozesse einen politischen Konsens in der NATO im Hinblick auf die militärisch umzusetzenden Aufgaben und zu erreichenden Ziele voraus. In der deutschen Diskussion hat bei der Übernahme zuvor abgelehnter militärischer Vorgehensweisen sicherlich auch die Eröffnung einer erwarteten Abzugsperspektive eine Rolle gespielt.

Markus Kaim hat unter dem Stichwort der Multilateralismusfalle darauf hingewiesen, dass deklaratorische Verpflichtungen, die Deutschland im NATO-Rat eingeht, derart wirkmächtig sind, dass die Bundesregierung selbst bei hierdurch verursachten innenpolitischen Kosten dem multilateralen Anspruch nicht entgehen kann (Kaim 2007: 44). Dass es sich hierbei um ein reaktives Politikmuster handelt, welches Anpassungen erst dann vornimmt, wenn sie entweder aufgrund der Lage in Afghanistan oder Druck der Bündnispartner unabwehrbar werden, wird teilweise durch die offizielle Rhetorik verdeckt. So schrieb sich zum Beispiel die Bundesregierung einen maßgeblichen Beitrag an der auf der Londoner Afghanistan-Konferenz vom Januar 2010 vorgenommenen Neuausrichtung der NATO-Strategie zu. Dabei ist doch deutlich, dass wesentliche Weichenstellungen bereits im Vorfeld durch die USA vorgenommen wurden (Koenigs 2010; Jungbauer 2010: 60f.; Schreer 2010: 107).

Eine Allianz aus souveränen Staaten wird immer Mitglieder haben, die leistungsfähiger sind als andere. Bisher bezog sich diese Teilung innerhalb der NATO aber vor allem auf die Einsicht, dass formal zwar alle Mitglieder gleichberechtigt sind, den Vereinigten Staaten aber aufgrund ihrer militärischen Fähigkeiten und weltpolitischen Bedeutung eine Sonderrolle zukam. Nunmehr scheint allerdings eine zunehmende Zersplitterung einzusetzen, die sich besonders am Afghanistaneinsatz beobachten lässt. Hierbei steht nicht die Lastenverteilung im Sinne der militärischen Fähigkeiten im Vordergrund, sondern die Risikoverteilung im Einsatz und die unterschiedlichen Auffassungen, worum es in Afghanistan eigentlich geht: Bekämpfung von Aufständischen oder Stabilisierung und Wiederaufbau? Verstärkt durch die unterschiedlichen Einsatzrealitäten, die in den verschiedenen Regionalkommandos in Afghanistan vorherrschen, hat sich die NATO in mehrere Lager geteilt, die es potenziell enorm schwierig machen, eine kohärente NATO-Strategie zu definieren und umzusetzen (Noetzel/Schreer 2009a; 2009b). Rühle stimmt diesem Befund indirekt zu, wenn er schreibt, eine Reihe nationalstaatlicher Determinanten von Sicherheitspolitik – nämlich divergierende Bedrohungswahrnehmungen, strategische Kulturen und Verfassung – „[verstärken] den Eindruck (...) der Afghanistaneinsatz der NATO folge keiner schlüssigen militärischen Strategie" (Rühle 2009: 3).

Diese auf Afghanistan bezogene Feststellung spiegelte sich auch in der Debatte, die dem neuen strategischen Konzept der NATO vom November 2010 voranging. In der Tat war die Herstellung gemeinsamer, von den Alliierten unterstützten, Positionen eine Hauptaufgabe des über ein Jahr andauernden Strategiefindungsprozesses. Konsensbildung erstreckte sich auf das Verhältnis von Auslandseinsätzen zu der Aufgabe der Bündnisverteidigung nach Artikel 5, auf die Bedeutung von neuen Bedrohungen, auf die Rolle von Nuklearwaffen und das Verhältnis zu Russland. Mit anderen Worten: Bei fundamentalen Fragen mussten beträchtliche Differenzen überbrückt werden.

Eine Zusammenschau der nationalen Positionen während der Entwurfsphase des strategischen Konzepts zeigt, dass im Hinblick auf Auslandseinsätze zwischen drei Gruppen zu unterscheiden war: denjenigen NATO-Mitgliedern, denen eine konsequente Ausrichtung des Bündnisses auf Krisenmanagementeinsätze vorschwebte, denen, die eine Rückbesinnung auf die kollektive Verteidigung forderten, und denen, die sich hauptsächlich indifferent oder vermittelnd verhielten (Gorka-Winter/Madej 2010). Der Wandel der NATO von einer Institution zur kollektiven Verteidigung hin zu einem institutionalisierten Handlungsrahmen zur multinationalen Sicherheitsvorsorge hat also zentrifugale Kräfte an die Oberfläche befördert. Michael Williams fasst diese Entwicklung in seiner Studie wie folgt zusammen: Während sich die Alliierten darüber einig seien, dass nunmehr eine Vielzahl von Sicherheitsrisiken – und nicht mehr die konventionelle militärische Bedrohung – das Kerngeschäft der NATO bilden, so seien sie dennoch „unable to agree on the nature of risks, on what risks to manage and how to manage them" (Williams 2009: 114).

Wenn nationale Positionen innerhalb der NATO zu sehr auseinander driften, dann dürften die erforderlichen Kompromisse eine gemeinsame Strategie im Extremfall unmöglich machen: „Member states make strategy largely based on considerations of national interests rather than on common NATO policy. ISAF has turned into an operation that is being conducted by NATO members but not necessarily by the alliance as a whole." (Noetzel/ Schreer 2009b: 534) Zugleich muss aber auch festgehalten werden, dass der Einsatz militärischer Gewalt nach wie vor auf nationalstaatlicher Ebene beschlossen, legitimiert und (weitestgehend) bezahlt werden muss. Das bedeutet, fast alle wesentlichen Entscheidungen bleiben mit gutem Grund national verankert. Ein gewisser Reibungsverlust zwischen gemeinsamen Diskursen im Rahmen der NATO und der nationalen Umsetzung scheint unvermeidlich. Die skizzierten Erklärungsfaktoren der nationalen Anpassungsfähigkeit an veränderte Begebenheiten, z. B. neue Mandatsvorgaben auch auszuschöpfen, und somit der Befähigung den Verhaltenserwartungen der internationalen Organisation zu entsprechen, sind somit trotz der vorgenommenen Einschränkung von enormer Bedeutung, da sie zu verstehen helfen, warum diese Reibungsverluste in einigen NATO-Staaten höher sind als in anderen.

4   Schlussbemerkungen

„Put simply, policy-making by intergovernmental consensus is ill-suited for the painful and controversial decisions required to wage war." (Allin 2002: 19) Dem kann hinzugefügt werden: vor allem dann, wenn keine existenzielle Bedrohung der NATO-Mitglieder vorliegt. Somit hat ironischerweise gerade die räumlich entgrenzte, indirekte und diffuse Bedrohungslage zur Domestizierung der NATO beigetragen, was der eingangs formulierten These des Realismus entspricht. Die Auseinandersetzungen über *caveats* im ISAF-Einsatz und die Frage, ob Deutschland einen angemessenen Beitrag leistet und seinen Verpflichtungen gerecht wird, bieten ein gutes Beispiel für die kollidierenden Normen unter Mitgliedstaaten, die eine konstruktivistische Perspektive erwarten ließe: Was im Rahmen der NATO-Einsätze als ‚normal' gilt, ist längst nicht mehr konsensfähig. Losgelöst vom Fokus auf den Afghanistaneinsatz würde dies bedeuten, dass die NATO als internationale Organisation wichtige Funktionen nicht mehr wahrnehmen würde. Der Kooperationsgewinn für Mitgliedstaaten würde sinken, wenn die NATO keine stabilen und verlässlichen Verhaltensmuster mehr generieren würde. Der Einfluss des multilateralen Rahmens auf nationale Präferenzen wäre niedriger als gedacht. Die einander ergänzenden Einblicke, die verschiedene theoretische Zugänge zum Thema bieten, verweisen also alle auf eine auch in Zukunft anhaltende Ausdifferenzierung der Positionen innerhalb der NATO, was Auswirkungen auf die Interventionsbereitschaft der Allianz haben dürfte.

Die in der wissenschaftlichen Literatur konstatierte Teilung der NATO in mehrere Lager muss aber nicht zwangsläufig bedeuten, dass die NATO in Zukunft keine anspruchsvollen Auslandseinsätze mehr durchführen kann. In der Vergangenheit folgte auf eine derartige interne Krise eine kurzfristige Reaktion, die dann in eine neuerliche Anpassungsleistung der NATO mündete (Sperling/Webber 2009: 500). Wie auch in der Vergangenheit werden die deutlich gewordenen unterschiedlichen Herangehensweisen unter den NATO-Mitgliedern das Argument stärken, eine Koalition der Willigen (und somit dieser Logik nach auch: Fähigen) wäre aus militärischer Sicht wesentlich effektiver. Dem stünde der Verlust an politischer Legitimität entgegen. Auch das Verhältnis von Effektivität und Legitimität bedarf der vorsichtigen Balance.

Literatur

Allin, Dana H. (2002): NATO's Balkan Interventions. Oxford: Oxford University Press.

Berenskoetter, Felix/Giegerich, Bastian (2010): From NATO to ESDP: A Social Constructivist Analysis of German Strategic Adjustment after the End of the Cold War. In: Security Studies, 19, 407–452.

Bindenagel, James D. (2010): Afghanistan: The German Factor. In: Prism, 1: 4, 95–112.

Bulmahn, Thomas (2010): Sicherheits- und verteidigungspolitisches Meinungsklima in Deutschland: Ergebnisse der Bevölkerungsbefragung Oktober/November 2009. (Kurzbericht) Strausberg: Sozialwissenschaftliches Institut der Bundeswehr.

de Jonge Oudraat, Chantal (2002): The New Transatlantic Security Network. AICGS Policy Paper No. 20. Washington, D.C.: AICGS.

Frankfurter Allgemeine Zeitung (2011): Kritik an Polens Isaf-Soldaten, 8. Januar 2011.

Gates, Robert M. (2008): Rede auf der 44. Münchner Konferenz für Sicherheitspolitik, 10. Februar 2008. Online: http://www.securityconference.de (Letzter Zugriff: 08.06.2011).

Giegerich, Bastian (2006): European Security and Strategic Culture. National Responses to the EU's Security and Defence Policy. Baden-Baden: Nomos.

Gorka-Winter, Beata/Madej, Marek (2010): NATO Member States and the New Strategic Concept: An Overview. Warschau: Polish Institute of International Affairs.

Jungbauer, Stefan (2010): Die Bundeswehr in Afghanistan: Die innerstaatlichen Restriktionen des deutschen ISAF-Einsatzes. Hamburg: Verlag Dr. Kovac.

Kaim, Markus (2007): Deutsche Auslandseinsätze in der Multilateralismusfalle? In: Mair (Hrsg.) 2007: 43–49.

Koenigs, Tom (2010): Deutsche Afghanistanpolitik nach der Londoner Konferenz. In: Zeitschrift für Außen- und Sicherheitspolitik, 3, 265–276.

Latawski, Paul/Smith, Martin A. (2003): The Kosovo crisis and the evolution of post-Cold War European security. Manchester: Manchester University Press.

Mair, Stefan (Hrsg.) (2007): Auslandseinsätze der Bundeswehr. Leitfragen, Entscheidungsspielräume und Lehren. SWP-Studie S 27. Berlin: Stiftung Wissenschaft und Politik.

Martin, Pierre/Brawley, Mark R. (Hrsg.) (2000): Alliance Politics, Kosovo and NATO's War: Allied Force or Forced Allies? Basingstoke: Palgrave.

Münkler, Herfried (2010): Zum Verhältnis von politischer und militärischer Strategie. In: Raschke/Tils (Hrsg.) 2010: 45–73.

NATO (2010): Active Engagement, Modern Defence. Strategic Concept for the Defence and Security of the Members of the North Atlantic Treaty Organisation. Lissabon: NATO.

Neville-Jones, Pauline (1996): Dayton, IFOR and Alliance Relations in Bosnia. In: Survival, 38: 4, 45–65.

Noetzel, Timo/Schreer, Benjamin (2009a): Does a multi-tier NATO matter? The Atlantic alliance and the process of strategic change. In: International Affairs, 85: 2, 211–226.

Noetzel, Timo/Schreer, Benjamin (2009b): NATO's Vietnam? Afghanistan and the Future of the Atlantic Alliance. In: Contemporary Security Policy, 30: 3, 529–547.

Ondarza, Nicolai von/Klemm, Michael (2009): Europeans in Afghanistan: Decision-making processes in Britain, France and Germany. Konferenzpapier vorgestellt auf der ECPR General Conference, September 2009. Potsdam.

Raschke, Joachim/Tils, Ralf (Hrsg.) (2010): Strategie in der Politikwissenschaft: Konturen eines neuen Forschungsfeldes. Wiesbaden: VS Verlag für Sozialwissenschaften.

Rashid, Ahmed (2009): Keine Lizenz zum Kämpfen: Warum Deutschland in Afghanistan versagt hat. In: Internationale Politik, 64: 11/12, 118–121.

Rühle, Michael (2009): Afghanistan, Deutschland und die NATO. In: S&F (Sicherheit und Frieden), 27: 1, 1–7.

Schreer, Benjamin (2010): Political Constraints: Germany and Counterinsurgency. In: Security Challenges, 6: 1, 97–108.

Seliger, Marco (2011): Manchmal ist das schon ein Scheißjob. In: Frankfurter Allgemeine Sonntagszeitung, 13. Februar 2011.

Sperling, James/Webber, Mark (2009): NATO: from Kosovo to Kabul. In: International Affairs, 85: 3, 491–511.

Spiegel Online (2006): The Germans have to learn how to kill, 20. November 2006.

Steinberg, Guido/Wörmer, Nils (2010): Eskalation im Raum Kunduz: Wer sind die Aufständischen in Nordafghanistan? SWP-Aktuell 84. Berlin: Stiftung Wissenschaft und Politik.

Theiler, Olaf (2003): Die NATO im Umbruch. Bündnisreform im Spannungsfeld konkurrierender Nationalinteressen. Baden-Baden: Nomos.

Thomas, James P. (2000): The Military Challenges of Transatlantic Coalitions. Oxford: Oxford University Press.

Viehrig, Henrike (2010): Militärische Auslandseinsätze: Die Entscheidungen europäischer Staaten zwischen 2000 und 2006. Wiesbaden: VS Verlag für Sozialwissenschaften.

Walt, Stephen M. (2000): NATO's Future (In Theory). In: Martin/Brawley (Hrsg.) 2000: 11–25.

Welt am Sonntag (2006): Zwei-Klassen-Kämpfer, 29. Oktober 2006.

Welt Online (2008): Deutschland verweigert sich Amerika, 2. Februar 2008.

Williams, Michael J. (2009): NATO, Security and Risk Management. From Kosovo to Kandahar. Abingdon: Routledge.

Zeppelin, Joachim/Hecking, Claus (2011): Aus dem Pakt geraten. In: Financial Times Deutschland, 30. Januar 2011.

II   Erkenntnisse zur Einsatzrealität

„Generation Einsatz" – Einsatzrealitäten, Selbstverständnis und Organisation[1]
Anja Seiffert

> *„Soldat oder besser ‚Staatsbürger in Uniform'*
> *zu sein, ist trotz des originär militärischen*
> *Handwerks ein Beruf, der Verantwortung für den*
> *Frieden impliziert. (...) eine Verantwortung für*
> *den Frieden ‚weltweit'."*
>
> (Rainer Glatz, Befehlshaber Einsatzführungs-
> kommando 2010: 22)

In einem seiner ersten Interviews als Bundesverteidigungsminister hat Thomas de Maizière einen bemerkenswerten Satz formuliert: „In normalen Zeiten ist Innere Führung und Staatsbürger in Uniform quasi selbstverständlich und wird nicht auf die Probe gestellt, wohl aber in Krisenzeiten und im Einsatz." (Kompass 2011: 9) Der Blick auf die Auslandseinsätze der Bundeswehr bleibt jedoch meist auf legitimatorische, strategische und taktische Fragen begrenzt. Wie Soldatinnen und Soldaten Kontext und Realität einer internationalen Intervention oder eines Kriseneinsatzes wahrnehmen, wie sie mit den oft unübersichtlichen Konfliktkonstellationen und rasch wechselnden Sicherheitslagen in den Einsatzgebieten umgehen, welche Erfahrungen sie im Umgang mit militärischer Gewalt machen und welche Folgen diese Erfahrungen für ihr Selbstbild, aber auch für die Gesamtorganisation Bundeswehr haben, wird seltener thematisiert. Im vorliegenden Beitrag wird dieser Fragenkomplex aufgegriffen und anhand von sechs Thesen skizziert. Das Vorgehen ist exemplarisch und konzentriert sich ganz überwiegend auf den Einsatz der Bundeswehr in Afghanistan. Die Thesen basieren auf Erkenntnissen, die die Autorin im Rahmen von Feldforschungen in Einsätzen der Bundeswehr auf dem Balkan und im vergangenen Jahr in Afghanistan gesammelt hat. In den Beitrag fließen zusätzlich Befragungsergebnisse von Soldatinnen und Soldaten der Bundeswehr mit ein, die sich von März bis Oktober 2010 im Einsatz in Afghanistan befanden (22. Kontingent) und im Rahmen der

---

1   Der Begriff „Generation Einsatz" ist einem Sammelband entlehnt (vgl. Brinkmann/Hoppe 2010), in dem Fallschirmjäger über ihre Erfahrungen im Einsatz in Afghanistan berichten.

„Studie ISAF 2010" des Sozialwissenschaftlichen Instituts der Bundeswehr erhoben wurden.[2]

1. Der Wandel der Bundeswehr zur Einsatzarmee hat nicht nur eine strukturelle, sondern auch eine kulturelle Komponente. Er schließt veränderte militärische Organisationspraktiken und Veränderungen der Organisationskultur ebenso wie soldatische Umorientierungen mit ein.[3]

Die Bundeswehr steht unter Anpassungsdruck. Von einer tiefgreifenden Zäsur und der umfangreichsten Reform seit Gründung der Bundeswehr ist die Rede: die Aussetzung der Wehrpflicht, die Reduzierung des Streitkräfteumfangs und die Reorganisation der politischen und militärischen Führungsstrukturen – das Erscheinungsbild der Bundeswehr wird sich in den kommenden Jahren nachhaltig verändern.[4] Im Grunde geht es bei den bereits eingeleiteten und den noch folgenden Reformmaßnahmen um einen „Form- und Funktionswandel" (Seiffert 2005: 8), der so tiefgreifend ist, dass auch der Generalinspekteur der Bundeswehr von einem „Bewusstseinswandel" spricht, „den man so nicht vorhersehen konnte". Heute gehöre es „zum Soldatenberuf, auch kämpfen zu müssen" (zit. nach Süddeutsche Zeitung, 04.02.2011). Die einstige *Doktrin* der Bundeswehr – „Kämpfen können, um nicht kämpfen zu müssen" – ist in Afghanistan durch eine neue Soldaten*wirklichkeit* überholt worden: Tod und Töten, Verwundung und Versehrtheit eingeschlossen. Mit der Folge, dass die Erfahrungshorizonte zwischen Heimatgesellschaft und Einsatzsoldaten zunehmend auseinandertreten. In den heutigen „Kriegen freier Wahl" (Müller et al. 2010: 17) tragen Soldatinnen und Soldaten allein das Risiko: Sie haften gegebenenfalls auch „mit ihrer ganzen Person" für politische Entscheidungen (Naumann 2011; 2008: 110). Das aber ist nur die eine Seite der Medaille. Im Gegensatz zu konventionellen Militäreinsätzen finden militärische Operationen heute überwiegend „amongst the people" (Smith 2006: 335) statt. In Ländern wie Afghanistan mit instabiler Sicherheitslage und fehlenden staatlichen Strukturen geht es um den Schutz der Bevölkerung, um ein Zusammenwirken ziviler und militärischer Maßnahmen, besonders um die Verhältnismäßigkeit der militärischen Mittel und die Angemessenheit der Handlungsstrategien überhaupt. Das fordert Kooperationsbereitschaft mit Akteuren verschiedenster Art. Militä-

---

2 Siehe zur Methode die Einführung in diesem Band.
3 Die These ist weiter gefasst als die jetzt anstehenden Reformmaßnahmen. Sie bezieht sich auf den insgesamt mehr als zehn Jahre währenden Transformationsprozess und lehnt sich an Seiffert (2005) an.
4 Siehe hierzu die Eckpunkte für die Neuausrichtung der Bundeswehr vom 18.05.2011 sowie die Verteidigungspolitischen Richtlinien ebenfalls vom 18.05.2011.

risch-handwerkliche Fähigkeiten allein reichen dafür nicht aus. Soldatinnen und Soldaten müssen heute zusätzliche Handlungs- und Kooperationsfähigkeiten entwickeln. Traditionelle militärische Kompetenzen müssen kombiniert werden mit vielfältigen Fähigkeiten der Stabilisierung (Seiffert 2008: 54). Sie müssen in der Friedenssicherung ebenso kompetent sein wie im Gefecht. Das setzt ein breites, multifunktionales Profil voraus und verlangt den Soldatinnen und Soldaten enorme soziale, intellektuelle und psychische Leistungen ab (Müller et al. 2010: 14; siehe auch den Beitrag von Langer in diesem Band).

In einem komplexen Einsatzumfeld, das in Afghanistan zwischen Aufstandsbekämpfung und (Staats-)Aufbau, zwischen Kampfsituationen, Stabilisierungs- und Ausbildungsaufgaben changiert, werden Soldatinnen und Soldaten mit umfassenden, teilweise auch entgegengesetzten Anforderungen an Handlungs- und Verhaltensweisen konfrontiert. Auf der einen Seite stehen sie unter dem Erwartungsdruck sich im Sinne sozialer und interkultureller Kompetenzen zu „zivilisieren".[5] Auf der anderen Seite müssen sie die militärische Kampffähigkeit uneingeschränkt beibehalten. Mit dem Soldatenbild des klassischen „Kriegers" vergangener Zeiten hat das nur wenig zu tun. Mit den Widersprüchen und Spannungen umgehen zu können, die sich aus der faktischen Verknüpfung von militärischen und zivilen Aufgaben ergeben, ist aber keine leichte Angelegenheit (Seiffert 2005: 16). In der Forschung wird daher auch von einem „Spagat" (Bredow/Kümmel 1999: 6) gesprochen, der Soldatinnen und Soldaten abverlangt wird, „wenn sie einerseits Menschen helfen sollen und andererseits fähig sein sollen zu kämpfen" (Warburg 2010: 263). Noch ist nicht absehbar, wohin der „Identitätswandel" (Wiesendahl 2010: 6) die Bundeswehr letztlich führen wird. Gerade mit Blick auf die Einsatzrealitäten gilt es jedoch heute mehr denn je, sowohl situationsgerechte Normenkompetenz als auch die Entwicklung differenzierter soldatischer Selbstverständnisse zu fördern (Ebeling 2006: 62ff.).

Der Blick auf den Einsatz der Bundeswehr in Afghanistan ist hierzulande meist durch eine Konzentration auf das Spektakuläre, auf die „bad news", begrenzt. Gewalt und Krieg dominieren die Nachrichten, die uns aus Afghanistan erreichen. Die seit den Luftschlägen von Kunduz im September 2009 geführte öffentliche Debatte über den Charakter des Bundeswehreinsatzes scheint diese Sicht noch zu verstärken. Durch den Rekurs auf den Kriegsbe-

---

5   Experten sind sich einig, dass die multilateralen Kriseneinsätze der Bundeswehr ganz überwiegend komplexe zivil-militärische Missionen sind, die eine hohe individuelle Professionalität verlangen. Neben militärischen Kernfähigkeiten sind dafür auch „soziale Empathie und Konfliktfähigkeit, interkulturelle Kompetenz sowie Rollendistanz und politische Urteilskraft" (Seiffert 2005: 303) notwendig. In der Militärsoziologie wird auch von einem Trend zu polyvalenten Fähigkeiten gesprochen (vgl. etwa Bredow 2005; Haltiner 2006; Mannitz 2007; Kümmel 2010).

griff konnte zwar mehr Klarheit über die Einsatzrealität erreicht werden, gleichzeitig scheint dabei jedoch die Komplexität der Aufgabe aus dem Blick zu geraten. (Ebeling 2010: 51) Von einer „Verrohung" durch Kriegserfahrungen (Zeit online, 21.01.2011) oder von der „Ära der professionellen Kämpfer" (Die Zeit, 19.05.2011) ist mittlerweile in den Medien die Rede. Dahinter stehen implizite, oftmals nicht belegte Annahmen über die Wirklichkeit der „neuen Kriege"[6] (Münkler 2006) und deren Folgen für die Organisationskultur und das Selbstverständnis der Bundeswehr.

Wie sich konkret die Einsatzwirklichkeiten für die Soldatinnen und Soldaten in Afghanistan unterscheiden, welche Erfahrungen sie tatsächlich mit direkter und indirekter Gewalt machen und welche Auswirkungen diese Erfahrungen auf Einstellungen und Orientierungen haben, das soll im vorliegenden Beitrag in Bezug auf den Einsatz des 22. Kontingents der Bundeswehr in Afghanistan diskutiert und empirisch fundiert werden.[7] Es wird aber nicht die gesamte Breite behandelt, sondern es werden wesentliche Aspekte aufgegriffen, um Hinweise auf bereits gegebene und künftige Herausforderungen für Politik, Bundeswehr und Gesellschaft zu gewinnen.

2. Einsatz ist nicht gleich Einsatz. Die Einsatzwirklichkeit in Afghanistan ist für die Soldatinnen und Soldaten in verschiedene „Erfahrungswelten" differenziert.

Die pauschale Rede vom „Krieg in Afghanistan" trifft wohl die reale Risiko- und Bedrohungswahrnehmung vieler in Afghanistan eingesetzter Soldatinnen und Soldaten, gleichzeitig verdeckt sie aber leicht die Differenzen der individuellen Erfahrungen und kann so schnell zu Fehldeutungen und irreführenden Schlussfolgerungen führen. Jeder Beschäftigung mit den Folgen von Einsatzerfahrungen muss daher zunächst die Frage vorausgehen, von welchen Einsatzwirklichkeiten und von wem eigentlich die Rede ist. Die unterschiedlichen Einsatzwelten lassen sich für die in Afghanistan eingesetzten Soldatinnen und Soldaten stufenweise eingrenzen. Die Erfahrungsräume und Ge-

---

6   Der Charakter der Einsätze wird dabei oft verkannt. In den Worten des ehemaligen britischen Generals Sir Rupert Smith: „Capturing the will of the people is a very clear and basic concept, yet one that is either misunderstood or ignored by political and military establishments around the world. The politician keeps applying force to attain a condition, assuming the military will both create and maintain it. And whilst for many years the military has understood the need to win the ‚hearts and minds' of the local population, this is still seen as a supporting activity to the defeat of the insurgents rather than the overall objective, and it is often under-resourced and restricted to low-level acts to ameliorate local conditions and the lot of the people." (Smith 2006: 277f.)

7   Die im vorliegenden Beitrag angeführten empirischen Daten und Befunde folgen den Berichten „ISAF 2010" von Seiffert et al. (2010) und Seiffert et al. (2011). Siehe zum Vorgehen und zur Methode der Studie „ISAF 2010" die Einführung im vorliegenden Band.

fahrenpotenziale unterscheiden sich zunächst von Einsatzort zu Einsatzort erheblich: Während sie in den Unruheprovinzen Kunduz und Baghlan fast täglich unter Beschuss standen und es dort mit Selbstmordanschlägen sowie komplexen militärischen Operationen von Aufständischen zu tun hatten, bewegte sich ihr Einsatz in der so genannten „Blue Box" um das Camp Marmal in der Nähe von Mazar-e-Sharif ganz überwiegend in einer „Art unsicheren Zwischenwelt" von nicht mehr offener Gewalt und „labilem Friedenszustand" (Wiesendahl 2010: 22), wo es vordringlich darum ging, Präsenz in den Ortschaften zu zeigen, Kontakte zu pflegen und zivile Aufbauaktivitäten abzusichern und zu unterstützen. Zwar können die Konfliktkonstellationen jederzeit schnell wechseln, wie der blutige Angriff auf das Büro der Vereinten Nationen in Mazar-e-Sharif im April 2011 zeigt, dies ändert jedoch generell nichts daran, dass die Risiken für die Soldatinnen und Soldaten zwischen den Operations- und Einsatzgebieten beträchtlich variieren.

Erfahrungsräume und Gefahrenumfeld unterscheiden sich in Afghanistan aber nicht nur von Einsatzort zu Einsatzort, sondern werden zusätzlich durch Aufgabe und Funktion im Einsatz differenziert. Mehr als ein Drittel (41 Prozent) des 22. Kontingents hatte im Einsatz Ausbildungs- und Schutzaufgaben. Fast ebenso viele (40 Prozent) waren mit Unterstützungsaufgaben und etwa jeder Fünfte (21 Prozent) mit Planungs- oder Führungsaufgaben befasst.[8] Die Aufgaben- und Tätigkeitsbereiche sind dabei höchst unterschiedlich über die Dienstgradgruppen verteilt.[9] Mannschaften waren vergleichsweise häufiger in Einsatz- und Schutzkompanien zu finden. Unteroffiziere ohne Portepee hatten hingegen häufiger Unterstützungsaufgaben. Feldwebel und Offiziere waren relativ gleichmäßig über die Aufgabenbereiche verteilt. Stabsoffiziere hatten erwartungsgemäß in der Mehrzahl Planungs- und Führungsaufgaben. Während jedoch ein Fünftel (20 Prozent) der Führungs- und etwa ein Drittel der Unterstützungskräfte (35 Prozent) ihren mehrmonatigen Einsatz ausschließlich in der räumlich abgeschirmten Alltags- und Lebenswelt des Feldlagers verbrachten und nur selten mit Land und Leuten in Kontakt kamen, bewegten sich Ausbildungs- und Schutzkräfte (88 Prozent von ihnen) für gemeinsame Operationen mit afghanischen Sicherheitskräften, Patrouillenfahrten, Außenposten, Kontaktpflege im Rahmen der zivil-

---

8 Die Frage lautete „Welche Aufgaben haben Sie im Einsatz?". Aus einer Palette von 17 Items konnten die Befragten auswählen. Die Antwortkategorien wurden für die Datenanalyse neu gruppiert und zu drei zentralen Aufgaben- und Tätigkeitsbereichen zusammengefasst. Die Anteile Stabskompanie, nationaler Stab, multinationaler Stab, Fernmelder wurden zu „Planung/Führung", die Items Einsatzkompanie, Feldjäger, OMLT, CIMIC, EOD, Sicherungskräfte, QRF, Patrouillendienst zu „Ausbildung/Schutz" und die Antwortkategorien Pioniere, Instandsetzung, Feldlagerbetrieb, Sanitätsdienst zu „Unterstützung" gruppiert.

9 χ^2=208,106; df=8; p$\leq$0,001; Cramer's V=0,30; n=1 131; Datensatz gewichtet nach Dienstgradgruppe.

militärischen Zusammenarbeit oder zur Ausbildung von afghanischer Armee und Polizei überwiegend außerhalb des Lagers.[10] (siehe auch die Beiträge von Langer und Pietsch in diesem Band) Für Soldatinnen und Soldaten der im deutschen Verantwortungsbereich im Norden des Landes gestellten Quick Reaction Force (QRF), die 2010 aufgelöst und im Laufe des Einsatzes des 22. Kontingents sukzessive in das neu aufgestellte deutsche Ausbildungs- und Schutzbataillon (Task Force) Mazar-e-Sharif[11] integriert wurde, galt dies in besonderer Weise. Sie befanden sich oft für mehrere Wochen auf Außenposten oder bei Operationen im Gelände und kehrten häufig nur für wenige Tage zurück in das Feldlager.[12] Nicht nur das Risikopotenzial ist daher zwischen den Soldatinnen und Soldaten im Afghanistaneinsatz ungleich verteilt, sondern auch die Anforderungen und Belastungen können sich deutlich unterscheiden.

Mit komplexen Anforderungen sind vor allem Ausbildungs- und Schutzkräfte konfrontiert worden, die in den Regionen Kunduz und Baghlan eingesetzt waren und dort überwiegend in der Fläche operierten. Dort hatten sie es mit einem Guerilla- und Terrorkrieg zu tun und mussten sich auf asymmetrische Kampfsituationen einstellen, bei denen der Gegner klassische Methoden des Partisanenkrieges anwendet (vgl. Münkler 2006: 292f.). Vor allem dort haben sie gemeinsam mit afghanischen Sicherheitskräften Operationen gegen Aufständische auch mit hoher Konfliktintensität durchgeführt. Das aber bestimmte (und bestimmt) nur eine Seite ihres Aufgabenspektrums. Im Rahmen der Partnering-Strategie von ISAF werden sämtliche Operationen gemeinsam mit afghanischen Sicherheitskräften durchgeführt. Dafür müssen sie sich mit den afghanischen Partnern abstimmen. Das fordert von ihnen Kooperationsbereitschaft und Toleranz; zumal sie mitunter mit Werten und Orientierungen konfrontiert werden, die ihnen selber fremd und problematisch erscheinen. Damit aber nicht genug: Um die von Aufständischen befreiten Gebiete an-

---

10 62 Prozent der Befragten mit Ausbildungs- und Schutzaufgaben gaben an, sich für mehrere Wochen oder Tage hintereinander und weitere 26 Prozent täglich oder mehrmals in der Woche in Wahrnehmung ihres dienstlichen Auftrages außerhalb der Feldlager aufgehalten zu haben. Hingegen gilt dies nur für 29 Prozent derjenigen mit Führungsaufgaben und für 38 Prozent der Unterstützungskräfte.

11 Die beiden deutschen Ausbildungs- und Schutzbataillone Kunduz und Mazar-e-Sharif (Task Forces mit einer Sollstärke von insgesamt etwa 1 400 Soldatinnen und Soldaten) sind Ergebnis der 2010 auf den internationalen Konferenzen in London und Kabul beschlossenen strategischen Neuausrichtung der Afghanistanstrategie zur schrittweisen Übergabe der Sicherheitsverantwortung an die afghanische Regierung. Durch mehr in der Fläche operierende Kräfte sollen Aufständische verdrängt werden. Sämtliche Operationen werden zudem gemeinsam mit afghanischen Sicherheitskräften geplant und durchgeführt („Partnering").

12 So gaben 90 Prozent der befragten Soldatinnen und Soldaten der QRF an, dass sie sich in Wahrnehmung ihres dienstlichen Auftrages für mehrere Wochen hintereinander außerhalb der Feldlager aufgehalten haben.

schließend dauerhaft halten und an afghanische Sicherheitskräfte übergeben zu können, gehört in die Mitte ihres Aufgabenspektrums afghanische Armee auszubilden ebenso wie mit Provokateuren fertig zu werden und die Bevölkerung vor ihnen zu schützen. Zur „weichen" Seite zählen die gleichfalls nicht einfachen bevölkerungsorientierten Aufgaben wie Gesprächsaufklärung, Informationsgewinnung und Kontaktpflege. Die Prioritäten können sich dabei urplötzlich von einer Situation zur nächsten verschieben. Grenzen lassen sich selten ziehen. (vgl. Müller et al. 2010: 12)

Das verlangt besonders den militärischen Vorgesetzten viel ab. Sie müssen operative Gefechtsfähigkeiten ebenso beherrschen wie ein durch politisches und kulturelles Hintergrundwissen fundiertes Verhandlungsgeschick.

Von Soldatinnen und Soldaten, die sich ausschließlich im Feldlager bewegen und etwa für Auswertung, Planung, Instandsetzung oder den reibungslosen Ablauf des Einsatzes verantwortlich sind, werden hingegen ganz andere praktische und militärische, aber auch soziale Fähigkeiten gefordert. Sie müssen vor allem mit der alltäglichen Routine, der ständigen sozialen Kontrolle und den geringen persönlichen Freiräumen im Feldlager klar kommen. Auch das kann belastend sein, verlangt jedoch ganz andere Formen des Stressmanagements.

Die in Afghanistan eingesetzten Soldatinnen und Soldaten handeln demnach zwar in einem gemeinschaftlichen Kontext, sie sind jedoch nicht mit denselben Anforderungen, Belastungen und Gefahren konfrontiert. Auch die Soldatinnen und Soldaten unterscheiden klar zwischen den Bereichen „drinnen" und „draußen", zwischen den so genannten „Drinnis" und den „Draussis", zwischen denjenigen, die ihren mehrmonatigen Einsatz überwiegend im Feldlager verbringen und denjenigen, die sich überwiegend außerhalb des Lagers bewegen. Sie rekurrieren damit jedoch nicht nur auf unterschiedliche Anforderungen, Belastungs- und Gefahrensituationen, sondern geben der Unterscheidung auch eine kulturelle Dimension, die ein wichtiger Bezugspunkt für die Selbstdefinition bilden kann, enge Bindungen und Solidaritäten unter den Einheiten schafft und die Schwierigkeiten und Belastungen des Einsatzes zu überstehen hilft.

3. Die Erfahrungen im Einsatz, zumal die Erfahrungen in Gefechten, führen zu einem gemeinschaftlich geteilten Erfahrungshorizont, der Auswirkungen auf Einstellungen und Orientierungen haben kann.

Erstmalig in ihrer Geschichte stand die Bundeswehr in Afghanistan in andauernden Feuergefechten, in denen Soldatinnen und Soldaten der Bundeswehr getötet oder physisch und seelisch verwundet wurden und ihrerseits töteten und verwundeten. Und in der Unruheprovinz Baghlan befand sich die Bundeswehr 2010 gemeinsam mit afghanischen Sicherheitskräften in den wohl umfangreichsten Kämpfen und Operationen gegen Aufständische.[13] In den Gefechten des 22. Kontingents sind acht Soldaten gefallen, mehrere wurden teilweise schwer verwundet. Während die Folgen von Kampfeinsätzen in der internationalen Forschung bereits seit längerem diskutiert werden[14], muss dieses Forschungsfeld für die Bundeswehr erst noch erschlossen werden.

Einsatzsoldaten sind nicht in gleicher Art und Weise und nicht in gleichem Umfang von Gewalt betroffen. Zwar lebte das gesamte Kontingent im Schatten der asymmetrischen Bedrohung durch Aufständische, doch war nur ein Teil von ihnen auch so in Kämpfe verwickelt oder von Anschlägen bedroht, dass ihr eigenes Leben erfahrbar auf dem Spiel stand, sie töten oder verletzen mussten. Im 22. Kontingent geriet etwa jeder Fünfte (21 Prozent) tatsächlich in Kampfsituationen. Fast die Hälfte hat Erfahrungen mit feindlichem Beschuss (46 Prozent) gemacht, ebenfalls fast die Hälfte (47 Prozent) ist mit Verwundung und mehr als ein Drittel (37 Prozent) mit dem Tod von Kameraden konfrontiert worden.[15] Dass belastende Ereignisse nicht spurlos an den Soldatinnen und Soldaten vorbeigehen, lässt sich an der hohen Anzahl derjenigen ablesen, die angaben, den psychischen oder physischen Zusammenbruch von Kameraden im Einsatz erlebt zu haben. Dies trifft auf 43 Prozent der Befragten zu.

Die Erfahrungen mit direkter und indirekter Gewalt unterschieden sich dabei wie angesprochen deutlich zwischen den Aufgabenbereichen und Einsatzorten (vgl. Tabelle 1). 42 Prozent der Befragten mit Ausbildungs- und Schutzaufgaben haben in Gefechten gestanden. Hingegen gilt dies nur für einen von zehn Befragten mit Führungs- oder mit Unterstützungsaufgaben (6 Prozent bzw. 8 Prozent von ihnen). Soldatinnen und Soldaten, die in den Regionen Kunduz und Baghlan eingesetzt waren, sind fast täglich mit direkter Gewalt konfrontiert worden. Etwa zwei Drittel (65 Prozent) derjenigen,

---

13   Ende September 2010 fanden in der Provinz Baghlan im Norden des Landes um das Dorf Shahabuddin die für die Bundeswehr bisher wohl umfangreichsten Gefechte gegen etwa 60 Aufständische statt, die über vier Tage anhielten. An diesen Gefechten waren maßgeblich Soldatinnen und Soldaten der 5. QRF beteiligt, die im Rahmen der Studie „ISAF 2010" befragt wurden. Vgl. zu den Operationen in diesem Zeitraum Nachtwei (2011).

14   Siehe z. B. zu den Gewalterfahrungen im Vietnamkrieg und ihren Folgen Frey-Wouters/ Laufer (1986).

15   Unterschiedliche Gewaltszenarien, wie Beschuss, Schusswechsel, Anschläge, Tod oder Verwundung treten meist nicht getrennt voneinander auf, sondern werden häufig entweder in einer Gefechtssituation oder im Laufe des Einsatzes nacheinander erlebt. Dies konnte auch in den Daten belegt werden. So haben fast alle derjenigen, die an einem Schusswechsel aktiv teilgenommen haben, auch Beschuss erlebt (99 Prozent) und nehmen dies überwiegend auch als lebensbedrohliche Situation (93 Prozent) wahr. Unter kampferfahrene Soldatinnen und Soldaten werden aber nur diejenigen subsumiert, die aktiv an einem Schusswechsel teilgenommen haben.

die überwiegend in Baghlan von Außenposten aus in der Fläche operierten und fast die Hälfte (48 Prozent) der Soldatinnen und Soldaten des Provincial Reconstruction Teams (PRT) Kunduz gerieten in Kampfsituationen. Soldatinnen und Soldaten, die im PRT Feyzabad, im Camp Marmal in Mazar-e-Sharif oder in der afghanischen Hauptstadt Kabul eingesetzt waren, sind hingegen weitaus seltener in Gefechte involviert worden. Dies trifft für 6 Prozent der Befragten in Mazar-e-Sharif zu und für jeweils 9 Prozent der Soldatinnen und Soldaten, die in Kabul oder Feyzabad eingesetzt waren.

Tabelle 1: Kampferfahrung nach Teilgruppen

Frage: Mit welchen der folgenden Ereignisse waren Sie persönlich während des Einsatzes konfrontiert?		
Item: „Ich habe an einem Schusswechsel aktiv teilgenommen" nach Teilgruppen[1] (Angaben in Prozent)	Ja	Nein
Insgesamt	**21**	**79**
Geschlecht**		
Männer	22	78
Frauen	6	94
Dienstgradgruppe***		
Mannschaften	37	63
Uffz o. P.	9	91
Uffz m. P.	21	79
Offiziere	13	87
Stabsoffiziere	5	95
Einsatzort***		
Kabul	9	91
Mazar-e-Sharif	6	94
Kunduz	48	52
Feyzabad	9	91
Außenposten (im Raum disloziert)	65	35
Aufgabe***		
Planung/Führung	6	94
Ausbildung/Schutz	42	58
Unterstützung	8	92

Anmerkung: 1) * = Signifikanz $\leq$,05; **: Signifikanz $\leq$,01; ***: Signifikanz (Chi-Quadrat) = ,000.
Datenbasis: Befragung des Sozialwissenschaftlichen Instituts der Bundeswehr des 22. Kontingents ISAF. Gewichteter Datensatz nach dem Einsatz.

Auch in Hinsicht auf den Dienstgrad sind präzisierende Bemerkungen zum Ausmaß der Gewalterfahrungen notwendig. Rein quantitativ sind es vor allem Feldwebel und Mannschaften, die von direkter Gewalt betroffen waren (vgl. Tabelle 1). Im Verhältnis zur Zusammensetzung des Kontingents sind dabei Mannschaften weit überproportional mit Kampfsituationen konfrontiert worden. Das statistisch berechnete relative Risiko für Mannschaften, im 22. Kontingent in Gefechte involviert worden zu sein, liegt beispielsweise um fast das Zehnfache über dem der befragten Stabsoffiziere.[16]

Jede Beschäftigung mit den Folgen von Gewalterfahrungen muss die unterschiedlichen Betroffenheiten berücksichtigen. Pauschale Urteile taugen nicht. Und dennoch prägen die Erfahrungen in Gefechten, mit Anschlägen und Beschuss das gesamte Kontingent. Damit soll nun nicht gesagt werden, dass die ungleiche Gewalt- und Gefährdungserfahrung doch unerheblich sei. Der Charakter eines Einsatzes prägt jedoch sowohl die Art der Erfahrungen der unmittelbar als auch der nicht direkt von Gewalt Betroffenen. In jedem Fall unterscheiden sich Einsätze wie in Afghanistan fundamental von konventionellen Kampfeinsätzen. Weder ist der Gegner klar identifizierbar, noch sind aus den afghanischen Sicherheitskräften schon vertraute Partner geworden. Auch in vermeintlich zivilen Kontexten kann jederzeit ein Selbstmordanschlag oder Angriff erfolgen. Die Bedrohung ist damit nicht allein auf die Kampfsituation beschränkt, sondern ein Anschlag kann jederzeit und an jedem Ort stattfinden. Der Einsatzalltag der Soldatinnen und Soldaten war daher geprägt von einer diffusen Bedrohung, die auch von vielen empfunden wurde, die das Lager während ihres Einsatzes nicht oder nur selten verlassen haben und nie in ein Gefecht involviert waren. Diese diffuse Bedrohungswahrnehmung verbindet die verschiedenen Einheiten des Kontingents und schafft einen gemeinsamen übergeordneten Referenzrahmen.

Die Erfahrungen in Gefechten, mit Beschuss und Hinterhalten prägen, sie schweißen die Einheiten zusammen und sie verändern, berichteten auch viele Soldatinnen und Soldaten in den Gesprächen. Das belegen auch Vorgängeruntersuchungen: Soldatinnen und Soldaten müssen sich in die jeweiligen Einsatzgemeinschaften und Einheiten einpassen. Ein Einsatz kann so als „Sozialisationsinstanz" (Seiffert 2005: 296) wirken und zur Entstehung einer kollektiven Identität beitragen. Es können sich eigene sozio-kulturelle Praktiken, Verhaltensmuster und Einsatzidentitäten herausbilden, die von den Erfahrungswelten derjenigen, die noch zu Zeiten des Kalten Krieges, aber auch in den Einsätzen auf dem Balkan, sozialisiert wurden, deutlich differieren. Die verschiedenen Erfahrungswelten zwischen „alter" und „neuer" Bundeswehr greifen auch die Soldatinnen und Soldaten in den Interviews auf, wenn

---

16 Odds Ratio Berechnung: Mannschaften/Unteroffiziere o. P.: OR 6,2; Mannschaften/Unteroffiziere m. P.: OR 2,2; Mannschaften/Offiziere: OR 3,7; Mannschaften/Stabsoffiziere: 10,1.

sie umgangssprachlich eine Unterscheidung treffen zwischen „Kalten Kriegern" und mehrheitlich im ISAF-Einsatz sozialisierten „neuen Kriegern".

4. *Die Frage nach den Erfolgsaussichten bzw. der Wirksamkeit eines Einsatzes trifft den Motivations- und Identitätskern des Selbstverständnisses.*

In den oft unübersichtlichen Situationen im Afghanistaneinsatz sind die Erfolgsaussichten des eigenen Handelns für viele Soldatinnen und Soldaten nur schwer kalkulierbar. Gemeinsam mit afghanischen Sicherheitskräften sollen sie Gewalt eindämmen und Gebiete von Aufständischen befreien, um die Initiative in Schlüsseldistrikten des Landes zurückzugewinnen und die Sicherheitsverantwortung an afghanische Armee und Polizei übergeben zu können. Sie sollen den Schutz der Bevölkerung gewährleisten und für den Aufbau ein sicheres Umfeld schaffen. Das Geschehen stellt sich für viele als höchst kontingent dar, da die eigenen strategischen Ziele nur eine Leitlinie bilden können. Das fordert von ihnen im Interesse einer Vermeidung von Opfern unter einer von Aufständischen zudem nicht klar zu trennenden Zivilbevölkerung eine große persönliche Risikobereitschaft. (Wiesendahl 2010: 23f.)

Diese spannungsträchtigen Anforderungen können nur allzu leicht dazu führen, dass sich der Blick zunehmend auf militärische Operationen fokussiert.[17] Verbunden mit mangelnden Erfolgsaussichten und unklaren Zielen kann sich diese Situation noch komplizieren. Sowohl die strategische Ausrichtung als auch die Wirksamkeit des Einsatzes sind daher für viele Soldatinnen und Soldaten keine Nebensache. Sie erwarten positive Effekte ihres Engagements, gewissermaßen eine „Friedensdividende" in Form von Aufbauerfolgen und einer verbesserten Sicherheit. Sie wollen, dass ihr Einsatz nicht umsonst gewesen ist. In besonderer Weise kann diese Erwartungshaltung bei Soldatinnen und Soldaten vorausgesetzt werden, die tatsächlich in Kampfsituationen gerieten und mit dem Einsatz von Leib und Leben beträchtliche Risiken getragen haben. Wie sehen sie ihren Einsatz? Wie bewerten sie die Wirksamkeit ihres Einsatzes und welche Auswirkungen haben Gewalterfahrungen auf ihre Einstellungen zum Auftrag und zum militärischen Gewalteinsatz?

Bemerkenswert ist zunächst, dass zwischen der Gewaltexposition im Einsatz und der Akzeptanz militärischer Gewalt ein statistisch höchst signifikanter Zusammenhang besteht. So sind Soldatinnen und Soldaten, die im Einsatz aktiv an Gefechten beteiligt waren, die mit Hinterhalten und Be-

---

17 Als Erfolgsmaßstab bliebe dann vor allem die kinetische Wirkung des Einsatzes, unabhängig davon, ob dadurch die politische Unterstützung des Gegners in der Bevölkerung ansteigt (vgl. Hippler 2009).

schuss konfrontiert wurden, signifikant häufiger als diejenigen, die nicht unmittelbar von Gewalt betroffen waren, der Auffassung, die Bundeswehr solle ihren Auftrag in Afghanistan auch durch aktive Kampfhandlungen durchsetzen und öfter auch mit Waffengewalt durchgreifen (vgl. Abbildung 1). Im Vergleich mit den Ergebnissen der Befragung im Einsatz büßt ein robusteres militärisches Vorgehen bei kampferfahrenen Soldatinnen und Soldaten nach dem Einsatz jedoch an Akzeptanz ein, während sich das Antwortverhalten von Befragten, die im Einsatz keine Erfahrung mit direkter Gewalt gemacht haben, nur unwesentlich verändert.

Abbildung 1: Entwicklungen von Einstellungen zum Auftrag nach Kampferfahrungen

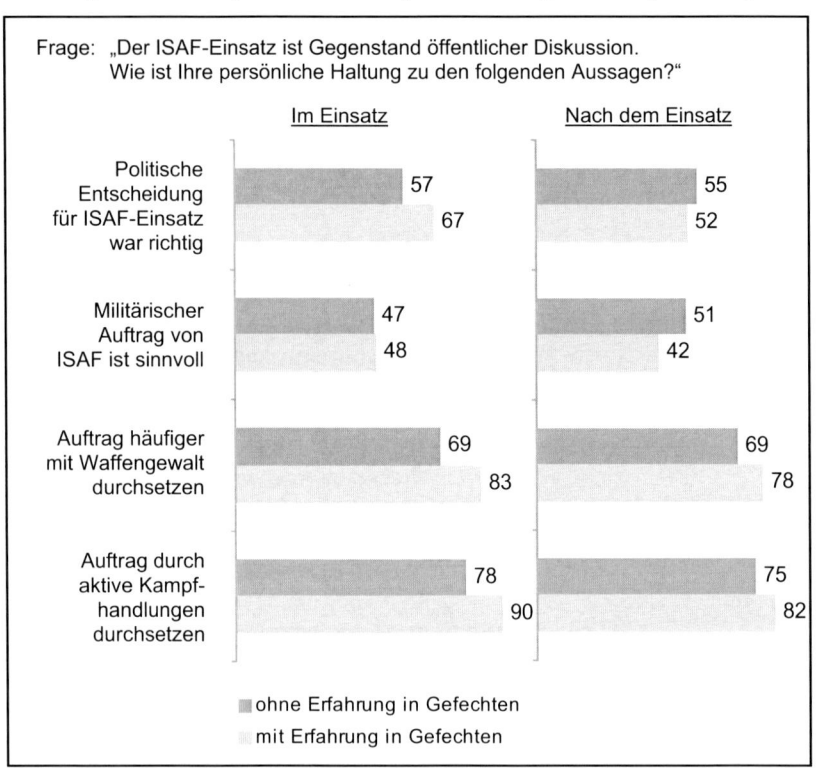

Anmerkungen: Angaben in Prozent. Nur zustimmende Antworten. Die Unterschiede im Antwortverhalten für alle angeführten Items sind in beiden Befragungen auf einem Niveau von $p \leqq ,000$ (Chi-Quadrat) höchst signifikant.
Datenbasis: Befragung des Sozialwissenschaftlichen Instituts der Bundeswehr des 22. Kontingents ISAF. Gewichtete Datensätze der Befragungen im und nach dem Einsatz.

Die Entwicklungen von Einstellungen zur Anwendung militärischer Gewalt können dennoch nicht einfach kausal mit den Gewalterfahrungen im Einsatz erklärt werden. Die Daten weisen vielmehr auf einen Mix verschiedener Einflussfaktoren hin, in dem eine Skepsis gegenüber der Wirksamkeit des Einsatzes zentral sein dürfte. Hinweise darauf lassen sich in den Befragungsergebnissen zur Akzeptanz von Mandat und Auftrag beobachten (vgl. Abbildung 1). So verliert die Entscheidung, die Bundeswehr nach Afghanistan zu entsenden, bei kampferfahrenen Soldatinnen und Soldaten nach ihrer Rückkehr aus dem Einsatz deutlich an Zustimmung. Hingegen sinkt die Akzeptanz des politischen Mandats bei der Vergleichsgruppe nicht gefechtserfahrener Soldatinnen und Soldaten nur unwesentlich. Dieser Befund wiederum steht in engem Zusammenhang mit der Entwicklung der Akzeptanz des militärischen Auftrages. Auch dieser büßt nach dem Einsatz bei kampferfahrenen Soldatinnen und Soldaten an Zustimmung ein, während sich die Zustimmung zum militärischen Auftrag bei Soldatinnen und Soldaten ohne Kampferfahrung nur geringfügig verändert.

Gleichzeitig wünschen sich Soldatinnen und Soldaten, die im Einsatz mit Gefechten, Beschuss und Hinterhalten konfrontiert wurden, überdurchschnittlich oft ein robusteres Vorgehen der Bundeswehr in Afghanistan (vgl. Abbildung 1). Sie aber haben mit dem Einsatz ihres Lebens nicht nur höhere Risikokosten getragen, sondern konnten gewaltsamen Situationen auch nicht einfach ausweichen. Es kann daher schwerlich überraschen, wenn sie wesentlich deutlicher die Auffassung vertreten, die Bundeswehr solle in Afghanistan häufiger mit Waffengewalt durchgreifen und ihren Auftrag auch durch aktive Kampfhandlungen durchsetzen. Sie formulieren vor dem Hintergrund ihrer Erfahrungen, Anforderungen an ein wirksames militärisches Vorgehen.

In dieser Deutung ist die ausgeprägte Akzeptanz militärischer Gewalt bei kampferfahrenen Soldatinnen und Soldaten im Einsatz zunächst das Ergebnis einer akuten Reaktion auf einschneidende Erlebnisse in Gefechten, mit Tod und Verwundung, Töten und Versehrtheit, die jedoch nach dem Einsatz neu bewertet und in eine „nüchternere" Perspektive überführt werden. Folgt man dieser Interpretation, ist der Akzeptanzverlust von Auftrag und Mandat bei kampferfahrenen Soldatinnen und Soldaten nach dem Einsatz weniger auf die erlebte Bedrohungssituation und die Gewalterfahrungen als solche zurückzuführen, sondern resultiert ganz wesentlich aus einer skeptischeren Einschätzung der Wirksamkeit des Einsatzes. In der Tat lassen sich in den Daten höchst signifikante, mittelstarke Korrelationen ($r=.541$ und $r=.451$) zwischen der Akzeptanz des Auftrages und der Bewertung der Wirksamkeit des Einsatzes beobachten.[18] Multivariate Regressionsanalysen zu den Erklärungs-größen der Akzeptanz des Auftrages mit der abhängigen Variable „Der militärische Auftrag von ISAF ist sinnvoll" stützen diese These (vgl. Tabelle 2): Die Zustimmung zum militärischen Auftrag von ISAF hängt ganz wesentlich von der Einschätzung ab, ob der Einsatz als wirksam wahrgenommen wird und dieser einen Beitrag dazu leistet, den Menschen in Afghanistan zu helfen (Beta = -0,370 bzw. 0,391).

Tabelle 2: Determinanten von Akzeptanz des Auftrages

	Beta-Wert	Signifi-kanz[1]	Korrigier-tes r2	Zuwachs r2
Aufgabe	.019	n.s.	.000	.001
Einsatzort	.091	*	.11	.059
Auftrag durch aktive Kampfhand-lungen durchsetzen	.057	*	.037	.038
Häufiger mit Waffengewalt durch-greifen	.007	n.s.	.038	.002
Gefechtserfahrung	-.003	n.s.	.042	.005
Geschlecht	.004	n.s.	.043	.003
Dienstgradgruppe	.020	n.s.	.042	.005
Menschen in Afghanistan wird durch den Einsatz geholfen	.391	***	.355	.309
Einsatz in Afghanistan ist nutzlos, da keine Verbesserung	-.370	***	.454	.099

Anmerkungen: Ausgewiesen sind die standardisierten Koeffizienten Beta, das Zusammenhangsniveau und die erklärte Varianz mit der abhängigen Variable „Der militärische Auftrag von ISAF ist sinnvoll".
1) n.s. = nicht signifikant; * = Signifikanz $\leq$ .05; **: Signifikanz $\leq$ .01; ***: Signifikanz (Chi-Quadrat) = .000.
Datenbasis: Befragung des Sozialwissenschaftlichen Instituts der Bundeswehr des 22. Kontingents ISAF. Gewichteter Datensatz nach dem Einsatz.

Eine gewisse, wenn auch nur mäßige Relevanz erzielen Haltungen zum militärischen Vorgehen sowie die Einsatz- und Operationsgebiete. Die Erfahrungen in Gefechten haben hingegen ebenso wie die Aufgabe und Funktion im

---

18 Akzeptanz von Auftrag und Mandat operationalisiert mittels der Antwortkategorien „Der militärische Auftrag des ISAF-Kontingents ist sinnvoll" und „Die politische Entscheidung, die Bundeswehr nach Afghanistan zu entsenden, war richtig". Die Antwortkategorien „Durch den Einsatz der Bundeswehr wird den Menschen in Afghanistan geholfen" und „Letztendlich ist der Einsatz in Afghanistan nutzlos, da es keine grundlegenden Verbesserungen gibt" bilden die Wirksamkeitsdimension ab.

Einsatz sowie der Dienstgrad oder das Geschlecht der Befragten keinen relevanten Einfluss auf die Akzeptanz des Auftrages.
Der Akzeptanzverlust von Auftrag und Mandat gilt zudem nur für eine
Teilgruppe der kampferfahrenen Soldatinnen und Soldaten. Die Einschätzung
der Wirksamkeit des Einsatzes differenziert sich innerhalb der Gruppe der
kampferfahrenen Soldatinnen und Soldaten nach dem Einsatz deutlich aus
(vgl. Abbildung 2).

Abbildung 2: Bewertung der Wirksamkeit des Einsatzes nach Einsatzgebieten

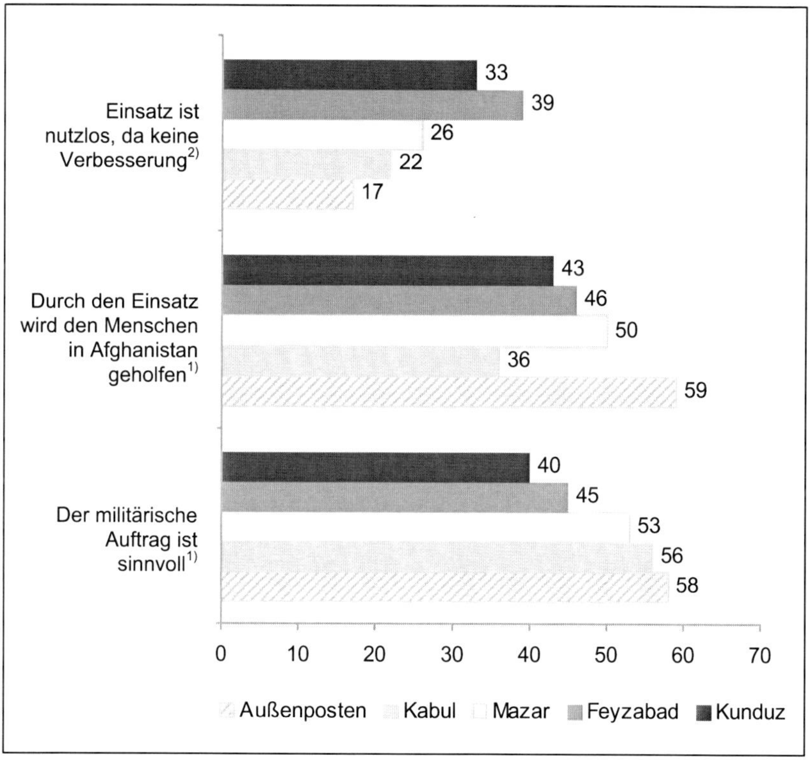

Anmerkungen: Angaben in Prozent. Nur zustimmende Antworten. 1) Signifikanz
** p ≦ ,01; 2) Signifikanz *** p ≦ ,000 (Chi-Quadrat).
Datenbasis: Befragung des Sozialwissenschaftlichen Instituts der Bundeswehr des
22. Kontingents ISAF. Gewichteter Datensatz nach dem Einsatz.

Während Soldatinnen und Soldaten, die im Rahmen des Partnering mit afghanischen Sicherheitskräften offensiv in der Fläche operierten, häufiger
hinter dem militärischen Auftrag von ISAF (58 Prozent) stehen und deutli-

cher auch die Auffassung vertreten, dass durch den Einsatz der Bundeswehr den Menschen in Afghanistan geholfen werde (59 Prozent), sind PRT-Soldatinnen und Soldaten wesentlich skeptischer in Bezug auf die Wirksamkeit ihres Einsatzes. Sie stehen signifikant seltener als die Vergleichsgruppe hinter dem militärischen Auftrag von ISAF (40 Prozent) und geben vergleichsweise häufiger an, dass der Einsatz der Bundeswehr in Afghanistan nutzlos sei, da dieser nicht zu grundlegenden Verbesserungen beitrage. Dies trifft auf immerhin etwa ein Drittel von ihnen zu.

Performanz und Akzeptanz des Einsatzes stehen demnach in einem engen Zusammenhang. Die positive Bewertung der Partnering-Strategie von einer Teilgruppe von Soldatinnen und Soldaten stellt gleichwohl eine Momentaufnahme dar, die sie vor dem Hintergrund ihrer Erfahrungen wenige Wochen nach ihrem Einsatz getroffen haben. Welche Auswirkungen weitere Entwicklungen des Einsatzes auf die Akzeptanz des Auftrages haben, etwa die tödlichen Anschläge auf deutsche Soldatinnen und Soldaten im Februar 2011, kann mit den vorliegenden Befragungsergebnissen nicht erfasst werden.

Die Erfahrungen mit direkter Gewalt prägen und können durchaus auch Einstellungen und Haltungen zum militärischen Gewalteinsatz beeinflussen. Sie müssen jedoch nicht zu einer höheren Gewaltakzeptanz führen. Die betroffenen Soldatinnen und Soldaten sind ganz überwiegend bereit, auch hohe Risiken eines Einsatzes zu tragen. Die Akzeptanz militärischer Gewalt ist jedoch rational an die Wirksamkeit des eigenen Handelns gebunden. Sie erwarten positive Effekte ihres Handelns. Einstellungen und Orientierungen aber sind „beweglich", sie können sich abhängig von den sozialen Lebensbedingungen überformen, verändern und transformieren. Fragen, wie die nach der Verarbeitung von einschneidenden Erlebnissen, die immer auch grundlegende Haltungen und Wertorientierungen tangieren, lassen sich zudem nicht kurzfristig beantworten. Für den nötigen Verarbeitungsprozess braucht es Zeit. Einstellungen wandeln sich nur langsam und Folgen können sich weit später als wenige Wochen nach dem Einsatz manifestieren. Inwiefern die Erfahrungen mit direkter Gewalt das Selbstbild der betroffenen Soldatinnen und Soldaten daher nachhaltig auf lange Sicht transformieren, muss über die Zeit hin beantwortet werden.

5. Die Diskrepanz der Erfahrungswelten zwischen militärischer Führung und Einsatzsoldaten provoziert einen Generationenkonflikt, der sukzessive auch einen Organisationswandel der Bundeswehr anstoßen kann.

Soldatinnen und Soldaten, die in Hinterhalten und Gefechten standen, die Tod und Verwundung erlebt, selber töteten und verwundeten, haben im Einsatz Erfahrungen gemacht, die es zuvor in der Bundeswehr in diesem Ausmaß und Umfang nicht gab. Diese werden zudem nur selten von der höheren militärischen Führung geteilt. Über Kampferfahrungen verfügen eher niedrige Dienstgrade bis zur Ebene Kompaniechef. Dadurch kann zwischen der höheren Führung und den nachrückenden Generationen nicht nur ein „Generationenkonflikt" (Tomforde 2010: 195; Seiffert 2005: 177), sondern auch ein Riss in der Truppe befördert werden.[19] Politik und Gesellschaft, aber auch die Bundeswehr selber werden vor Herausforderungen gestellt, die sie mit den bekannten Routinen und Gewohnheiten nicht bewältigen können.

Die Situation kompliziert sich noch, wenn die betroffenen Soldatinnen und Soldaten auch am Standort und in der Heimat wenig Resonanz für ihre Erlebnisse und Erfahrungen finden. Vielfach sind die Erzählungen in den Interviews, in denen Soldatinnen und Soldaten darüber berichten, dass sie ihre Kampferfahrungen nach ihrer Rückkehr lieber verschweigen oder nur wenig darüber erzählen: „Die Leute zu Hause wissen doch gar nicht, was wir hier tun, wir können mit denen doch gar nicht darüber reden", hieß es. Zwischen Einsatzsoldaten und Bevölkerung, aber auch zwischen Einsatzsoldaten und Truppe zu Hause scheint es etwas Unaussprechliches zu geben, das man ihnen lieber nicht zumutet – die Todesgefahr, die Angst und auch das Töten.

Die unterschiedlichen Erfahrungswelten sowohl innerhalb der Bundeswehr als auch im Verhältnis zur Gesamtgesellschaft können dazu beitragen, dass sich innerhalb der Organisation eigene subkulturelle Milieus entwickeln. Aus der Organisationssoziologie ist bekannt, dass Gemeinsamkeiten und Unterschiede in einer Organisation durchaus nebeneinander bestehen können, ohne sich auszuschließen. (Luhmann 2000: 195) Die Kultur einer Organisation unterteilt sich in verschiedene Subkulturen, die zusammengenommen eine Einheit bilden. (Martin 2003: 45) Jede Subkultur ist dabei verbunden mit eigenen sozio-kulturellen Praktiken und befindet sich in Abgrenzung zu anderen Teilelementen der Organisation. Organisationskulturen aber, in denen Jüngere traditionell von den Älteren lernen, können durchaus unter Belastungsdruck geraten, „wenn die junge Generation Erfahrungen macht, die von der älteren Generation nicht geteilt werden" (Tomforde 2010: 204).

Nach ihrer Rückkehr aus dem Einsatz treffen Soldatinnen und Soldaten zudem auf eine Gesellschaft, die ihrem Einsatz mehrheitlich ablehnend gegenübersteht – und deshalb kaum einen Ort für ihre Erlebnisse im Einsatz.

---

19 Eine „Kluft" zwischen der älteren, diensterfahrenen und der jüngeren, eher einsatzorientierten Generation zeichnete sich bereits im Zusammenhang mit den Einsätzen auf dem Balkan ab (siehe Seiffert 2005: 173). Auch Maren Tomforde beschreibt auf der Datenbasis teilnehmender Beobachtung für den Zeitraum 2003 bis 2007 einen Generationenkonflikt „zwischen der ‚alten' Landesverteidigungsarmee und der etablierten nachrückenden Soldatengeneration", der sich noch durch eine über die Jahre sukzessive herausbildende ‚Subkultur Einsatz'" (Tomforde 2010: 195) verstärke.

Das kann durchaus den Weg für Gefühle der Enttäuschung und Resignation ebnen. In den oft vehementen Klagen von Einsatzsoldaten, dass Politik und Gesellschaft nur unzureichend hinter dem Engagement der Bundeswehr in Afghanistan stehen, werden diese Gefühle symbolisch auf den Punkt gebracht. Es geht ihnen dabei ganz wesentlich um ein Gefühl der Isolation, des auf sich „Zurückgeworfenseins". Die Forderung nach einem größeren gesellschaftlichen und politischen Rückhalt für den Einsatz ist daher nicht einfach rückwärtsgewandte Rhetorik, sondern dahinter steckt die Erwartung, dass der Einsatz nicht nur formal an das Mandat, sondern gleichzeitig an die Gesellschaft, deren Interessen sie im Einsatz vertreten sollen, rückgebunden ist. Ohne ausreichenden Rückhalt, so ihre Befürchtung, sind die hohen Risiken, die sie im Einsatz tragen, nicht zu rechtfertigen.

6. *In den komplexen Einsatzszenarien in Afghanistan werden insbesondere von Vorgesetzten Führungsqualitäten der Verantwortungs- und Risikobereitschaft erwartet, die aber in einer hochgradig bürokratisch verregelten Organisationskultur der Bundeswehr zu wenig Resonanz finden.*

Während die Organisationskultur der Bundeswehr noch immer stark durch bürokratisches Kontroll- und Sanktionsmanagement und ein defensives Kommunikationsverhalten geprägt wird[20], ist in den komplexen Einsatzszenarien in Afghanistan Mikromanagement jedoch kaum möglich. Gefordert ist vielmehr gerade von Vorgesetzten Flexibilität, korrekte Lagebeurteilung auch unter Zeitdruck und Verhaltenssicherheit in unübersichtlichen Konfliktkonstellationen. Selbst in riskanten Situationen die Nerven zu behalten und nicht gleich mit Waffengewalt zu reagieren, weil man nicht weiß woher und von wem die Gefahr ausgeht, ist keine leichte Angelegenheit. Das setzt Selbstständigkeit, Verantwortlichkeit und die Fähigkeit voraus, die Folgen militärischen Handelns auch in ethischen Grenzsituationen angemessen beurteilen zu können. (vgl. Ebeling 2006) Exemplarisch kann dafür ein Zitat aus einem Gespräch angeführt werden, das während eines Einsatznachbereitungsseminars für Soldatinnen und Soldaten des 22. Kontingents mit einem Hauptfeldwebel geführt wurde: „Im Einsatz ist das eine ganz andere Welt. Da tickt man anders. Hier läuft das alles nur mit Bürokratie. Dafür habe ich als Führer im Einsatz aber keine Zeit. Da muss ich entscheiden, schnell und wenn ich falsch entscheide, dann trifft das meine Männer. Damit muss ich klar kommen. Das muss ich hinkriegen. Und da kann ich mich auch nicht wegducken. Da muss ich ganz da sein."

---

20 Siehe zur Organisationskultur der Bundeswehr den Beitrag von Demmer (2011).

In einer formal verregelten Führungskultur am Heimatstandort finden jedoch Werte der Verantwortung und Selbstständigkeit geringere Entsprechung. Kontrollmanagement und Absicherungsdenken behindern leicht eine Kultur der Verantwortung. In der Folge können sich Erfahrungswelten im Einsatz und am Heimatstandort weiter auseinander entwickeln. Nicht selten wird dies in den Interviews mit den Soldatinnen und Soldaten zutreffend auch als „Zweiweltenproblematik" beschrieben. Die Organisationskultur der Bundeswehr gerät auch dadurch unter Anpassungsdruck. Noch ist nicht absehbar, wie sich die Erfahrungen dieser „Generation Einsatz" konkret auf die Organisation Bundeswehr auswirken. Politik und Gesellschaft, stehen aber wie die Bundeswehr selber vor der schwierigen Aufgabe ihr Verhältnis neu zu bestimmen.

Literatur

Apelt, Maja (Hrsg.) (2010): Forschungsthema Militär. Militärische Organisationen im Spannungsfeld von Krieg, Gesellschaft und soldatischen Subjekten. Wiesbaden: VS Verlag für Sozialwissenschaften.

Bredow, Wilfried von/Kümmel, Gerhard (1999): Das Militär und die Herausforderung globaler Sicherheit. Der Spagat zwischen traditionalen und nicht-traditionalen Rollen. (Arbeitspapier Nr. 119) Strausberg: Sozialwissenschaftliches Institut der Bundeswehr.

Brinkmann, Sascha/Hoppe, Joachim (Hrsg.) (2010): Generation Einsatz: Fallschirmjäger berichten ihre Erfahrungen aus Afghanistan. Berlin: Miles-Verlag.

Demmer, Ulrike (2011): Die Ritter der Drachenburg. In: Der Spiegel, Nr. 17, 23. April 2011, 32–35.

Die Zeit (2011): Beruf: Töten, 19. Mai 2011.

Dörfler-Dierken, Angelika/Kümmel, Gerhard (Hrsg.) (2010): Identität, Selbstverständnis, Berufsbild. Implikationen der neuen Einsatzrealität für die Bundeswehr. Wiesbaden: VS Verlag für Sozialwissenschaften.

Ebeling, Klaus (2006): Militär und Ethik. Moral und militärkritische Reflexionen zum Selbstverständnis der Bundeswehr. Stuttgart: Kohlhammer.

Ebeling, Klaus (2010): Afghanistan in der Falle der Kriegslogik? In: Sozialwissenschaftliches Institut der Bundeswehr (Hrsg.) 2010: 51–54.

Frey-Wouters, Ellen/Laufer, Robert S. (1986): Legacy of War. The American Soldier in Vietnam. Armonk, N.Y.: M. E. Sharpe.

Galula, David (1964): Counterinsurgency Warfare: Theory and Practice. London: Praeger Security International.

Gareis, Sven Bernhard/Klein, Paul (Hrsg.) (2006): Handbuch Militär und Sozialwissenschaft. 2. akt. u. erw. Aufl. Wiesbaden: VS Verlag für Sozialwissenschaften.

Glatz, Rainer (2010): Impulsreferat. In: Sozialwissenschaftliches Institut der Bundeswehr (Hrsg.) 2010: 21–29.

Haltiner, Karl (2006): Vom Landesverteidiger zum militärischen Ordnungshüter. In: Gareis/Klein (Hrsg.) 2006: 518–526.

Hippler, Jochen (2009): Wie „Neue Kriege" beenden? In: Aus Politik und Zeitgeschichte, 46, 3–8.

Kompass (2011): Soldat in Welt und Kirche. Interview mit Bundesverteidigungsminister Thomas de Maizière. 04/2011, 8f.

Kümmel, Gerhard (2010): Das soldatische Subjekt zwischen Weltrisikogesellschaft, Politik, Gesellschaft und Streitkräften. Oder: Vom Schlagen einer Schneise durch den Identitäts-Selbstverständnis-Berufsbild-Dschungel. In: Dörfler-Dierken/Kümmel (Hrsg.) 2010: 161–184.

Luhmann, Niklas (2000): Organisation und Entscheidung. Opladen: Westdeutscher Verlag.

Mannitz, Sabine (2007): Weltbürger in Uniform oder dienstbarer Kämpfer? Konsequenzen des Auftragswandels für das Soldatenbild der Bundeswehr. In: Schoch et al. (Hrsg.) 2007: 98–109.

Martin, Joanne (2003): Organizational Culture: Mapping the Terrain, Invited Volume in the Foundations for Organizational Sciences Series. Newbury Park, CA: Sage.

McChrystal, Stanley A./Hall, Michael T. (2009): ISAF Commanders Conterinsurgency Guidance, Kabul. Online: http://www.nato.int/isaf/docu/offic ial_texts/conterinsurgency_guidance.pdf (Letzter Zugriff: 08.06.2011).

Müller, Harald/Fey, Marco/Mannitz, Sabine/Schörnig, Niklas (2010): Demokratie, Streitkräfte und militärische Einsätze: Der „zweite Gesellschaftsvertrag" steht auf dem Spiel. In: HSFK-Report, 10. Frankfurt a. M.

Münkler, Herfried (2006): Der Wandel des Krieges. Von der Asymmetrie zur Symmetrie. Göttingen: Velbrück Wissenschaft.

Nachtwei, Winfried (2011): 13. Afghanistan-Reisebericht: Aufbau im Schatten von Guerillakrieg und Aufstandsbekämpfung, Mazar-e-Sharif, 31. Januar 2011. Online: http://www.nachtwei.de/index.php/articles/1029 (Letzter Zugriff: 08.06.2011).

Naumann, Klaus (2008): Einsatz ohne Ziel? Die Politikbedürftigkeit des Militärischen. Hamburg: Hamburger Edition.

Naumann, Klaus (2011): Die Politik des Militärs der Gesellschaft. Staats- und gesellschaftspolitische Implikationen der Bundeswehrstrukturreform. In: Vorgänge, 50: 193, 4–13.

Schoch, Bruno et al. (Hrsg.) (2007): Friedensgutachten 2007. Münster: LIT-Verlag.

Seiffert, Anja (2005): Soldat der Zukunft. Wirkungen und Folgen von Auslandseinsätzen der Bundeswehr auf das soldatische Selbstverständnis. Berlin: Verlag Dr. Köster.

Seiffert, Anja (2008): Soldatisches Selbstverständnis und Auslandseinsätze. In: Neue Gesellschaft, Frankfurter Hefte, 55: 5, 51–55.

Seiffert, Anja/Langer, Phil C./Pietsch, Carsten/Krause, Bastian (2010): ISAF 2010. Ausgewählte Ergebnisse der sozialwissenschaftlichen Begleitung des 22. Kontingents ISAF im Einsatz. (unveröffentlichter Bericht) Strausberg: Sozialwissenschaftliches Institut der Bundeswehr.

Seiffert, Anja/Langer, Phil C./Pietsch, Carsten/Krause, Bastian (2011): ISAF 2010. Ausgewählte Ergebnisse der sozialwissenschaftlichen Begleitung des 22. Kontingents ISAF nach dem Einsatz. (unveröffentlichter Bericht) Strausberg: Sozialwissenschaftliches Institut der Bundeswehr.

Smith, Rupert (2006): The Utility of Force. The Art of War in the Modern World. London: Penguin Books.

Sozialwissenschaftliches Institut der Bundeswehr (Hrsg.) (2010): Kirchliche Friedensethik und staatliche Sicherheitsvorsorge. Strausberg: Sozialwissenschaftliches Institut der Bundeswehr.

Süddeutsche Zeitung (2011): „Kämpfen gehört zum Soldatenberuf". Interview mit dem Generalinspekteur der Bundeswehr, Volker Wieker, am 04. Februar 2011.

Tomforde, Maren (2010): Neue Militärkultur(en). Wie verändert sich die Bundeswehr durch die Auslandseinsätze? In: Apelt (Hrsg.) 2010: 193–220.

Warburg, Jens (2010): Paradoxe Anforderungen an Soldaten im (Kriegs-)Einsatz. In: Dörfler-Dierken/Kümmel (Hrsg.) 2010: 57–76.

Wiesendahl, Elmar (2010): Athen oder Sparta – die Bundeswehr quo vadis? In: WIFIS-aktuell, 44, Bremen.

Zeit online (2011): Anzeichen von Verrohung, 21. Januar 2011. Online: http://www.zeit.de/politik/deutschland/2011-01/bundeswehr-afghanistan-unfall (Letzter Zugriff: 08.06.2011).

Zur Motivation deutscher Soldatinnen und Soldaten für den Afghanistaneinsatz

Carsten Pietsch

Afghanistan im März 2010: Der Großteil des 22. deutschen ISAF-Kontingents beginnt seinen Einsatz am Hindukusch und löst die Kameradinnen und Kameraden in Kabul, Mazar-e-Sharif, Kunduz und Feyzabad ab. Die Bedrohungslage im von der Bundeswehr verantworteten Regionalbereich Nord oszilliert in der offiziellen Einschätzung je nach Provinz zwischen „niedrig" und „erheblich"; im Verlauf des Vorjahres hatte sich die Sicherheitssituation insgesamt deutlich verschlechtert (Flynn 2009). Während man in Berlin die Auswirkungen einer möglichen massiven Truppenaufstockung der US-Streitkräfte im Regionalbereich Nord diskutiert, stellen sich insbesondere die Soldatinnen und Soldaten der vormaligen Quick Reaction Force des 22. Kontingents in Umsetzung der neuen Afghanistanstrategie[1] auf ihre neue Aufgabe in den zu bildenden Ausbildungs- und Schutzbataillonen ein. Bereits in den ersten Einsatzwochen fallen bei Baghlan und westlich von Kunduz sieben Soldaten.

Was motiviert Soldatinnen und Soldaten für ihren Dienst, der in letzter Konsequenz – und besonders im Auslandseinsatz in Afghanistan – zumindest die Möglichkeit des Tötens und Getötetwerdens einschließt? „Dulce et decorum est pro patria mori", schrieb einst Horaz in einer seiner „Römeroden" – und wurde über die Jahrhunderte gern und vielfach beschworen, um die Vaterlandsliebe als intrinsische Motivation für kriegerisches Wirken zu verankern.[2] Eine andere mögliche Quelle von soldatischer – nämlich extrinsischer, ökonomischer – Motivation spiegelt sich im Ausspruch Wallensteins, welchen Schiller dem kaiserlichen Generalissimus in den Mund legt: „Und sein Sold Muß dem Soldaten werden, darnach heißt er!"[3]

Diese Aspekte soldatischer Motivation werden (neben anderen) bis heute in der Militärsoziologie als zentral verstanden – wie auch soldatische Motivation insgesamt in dieser Forschungsrichtung ein Thema mit ständiger Aktualität darstellt. Ebenso figuriert soldatische Motivation in militärischer Theorie und Praxis fortwährend als eine unstrittige Kerngröße, veranlasst sie doch

---

1   Siehe dazu in diesem Band den Beitrag von Nachtwei.
2   Horaz (Hor.c.3,2.) appellierte – wie auch andere Autoren der Augusteischen Zeit – zwar an seine Leserschaft, vor allem an die römische Jugend, sich der hergebrachten Tugenden der Genügsamkeit, Treue und Tapferkeit und eben des Patriotismus zu erinnern, wollte aber gleichwohl vermutlich keine Aufforderung geben, für das Vaterland in den Tod zu gehen.
3   Schiller, Friedrich (1799), Wallenstein, Die Piccolomini, 2. Aufzug, 7. Auftritt.

den Soldaten, „auch existenzieller Bedrohung standzuhalten oder sogar bewusst in eine (Lebens)Gefahr hineinzuhandeln" (Belec 2006).[4]

Im vorliegenden Beitrag soll der Frage nachgegangen werden, wie es sich mit der Einsatzmotivation der Angehörigen des 22. deutschen ISAF-Kontingents verhält:[5] Inwiefern lassen sich hinsichtlich ihrer Motivation Teilgruppen unterscheiden? Welche Gründe äußern die Soldatinnen und Soldaten für ihre Teilnahme am Einsatz und wie stehen sie einer künftigen Einsatzteilnahme gegenüber? Unterscheidet sich die Motivation für den Einsatz am Hindukusch von anderen Bundeswehreinsätzen? Dazu werden im ersten Schritt kurz die Begrifflichkeit geklärt und ein Überblick über die Theorie soldatischer Motivation gegeben, bevor im Anschluss die Ergebnisse der Befragung der Studie „ISAF 2010" vor dem Einsatz dargestellt und eingeordnet, schließlich die Befragungsergebnisse nach dem Einsatz präsentiert werden. Dabei sollen die Erkenntnisse auch in Beziehung gesetzt werden mit denen früherer Studien des Sozialwissenschaftlichen Instituts der Bundeswehr sowie der internationalen Forschung.

1   Theoretischer Hintergrund und Definition

Frühe, von amerikanischen Wissenschaftlern während des Zweiten Weltkrieges und danach durchgeführte Studien zu soldatischer Motivation unterstreichen die Bedeutung der Primärgruppe, also des Zusammenhalts von Kameraden (*social cohesion*) für die Motivation. Sowohl Untersuchungen unter amerikanischen (Stouffer et al. 1949) wie unter ehemaligen Wehrmachtssoldaten (Shils/Janowitz 1948) belegen, dass die engen Bindungen zwischen den kämpfenden Soldaten, der Wunsch nach Anerkennung, aber auch die Angst vor dem Verlust des Schutzes, den die Gruppe bietet, erheblich motivieren.[6] Auch moderne Studien heben auf die Gruppenkohäsion, also den Zusammenhalt der „Kleinen Kampfgemeinschaft" als vorrangigen Motivator ab, so die unter dem sinnfälligen Titel „Why they fight" veröffentlichte Untersu-

---

4   Sie ist insofern immer auch mit Performanzaspekten verknüpft; vgl. auch Oetting (1988). Denkwürdig ist in diesem Zusammenhang der Napoleon zugeschriebene Satz: „Dans la guerre, la puissance morale est trois fois plus importante que la puissance matérielle."

5   Siehe zur Datengrundlage die Ausführungen in der Einleitung dieses Bandes; die im vorliegenden Beitrag angeführten empirischen Daten sind den Berichten „ISAF 2010" von Seiffert/Langer/Pietsch (2010; 2011) entnommen.

6   Einen instruktiven Überblick über die Entwicklung der militärsoziologischen Motivationsforschung gibt Biehl (2011).

chung zur *combat motivation* von im Rahmen der Operation „Iraqi Freedom" eingesetzter amerikanischer Soldatinnen und Soldaten (Wong et al. 2003).[7]

Dass soldatisches Handeln auch der Motivation durch Sinnstiftung bedarf, zeigt bereits die Studie von Charles Moskos (1970), der durch teilnehmende Beobachtung und Interviews mit amerikanischen Soldaten während des Vietnamkrieges zu der Einsicht gelangte, dass eine gemeinsame, nicht notwendigerweise reflektierte Zielorientierung (*task cohesion*) als „latente Ideologie" eine wichtige Komponente von soldatischer Motivation sei. Er fügt also der Gruppenkohäsion innere Überzeugungen des Soldaten und Werthaltungen als Motivatoren hinzu bzw. stellt sie ihr gegenüber.

Seit den 1990er-Jahren rücken neben diesen – vielfach auch dichotom diskutierten – Motivationsquellen weitere Faktoren ins Blickfeld, die soldatische Motivation beeinflussen, so etwa die Familie und das soziale Umfeld von Soldatinnen und Soldaten (bspw. Albano 1994; Klein/Lippert 1998: 29). Und schließlich geraten neben der Analyse militärischer Einflussfaktoren „[z]unehmend (…) auch die normativen und (organisations)politischen Dimensionen des Forschungsfeldes selbst in den Blick" (Biehl 2011; Seiffert 2005: 287–305).

Was ist nun unter Einsatzmotivation zu verstehen? Teilweise wird der Begriff auch synonym mit *Commitment* oder Kampfmoral verwendet, ist davon aber abzugrenzen: Commitment steht dabei für eine langfristig orientierte, basale Bindung des Individuums an die jeweilige Organisation (Moser 1996; Gupta 1987), während Kampfmoral auf die Bereitschaft zur Teilnahme am konkreten Kampfgeschehen abzielt.[8]

Im Folgenden werden – im Anschluss an Manning (1991) – unter Einsatzmotivation die Haltungen verstanden, nach denen die einzelne Soldatin bzw. der einzelne Soldat sich mit seiner Rolle und den ihm übertragenen Aufgaben im Einsatz identifiziert sowie bereit ist, seine Fähigkeiten zur Erfüllung übertragener Aufgaben zu nutzen und im Sinne der Organisation zu handeln; Motivation kann sich also sowohl in einer Einstellungs- als auch in einer Handlungsdimension ausdrücken. Als Einsatz soll die zeitlich begrenzte Verwendung in dienstlichem Auftrag und in nicht-institutionalisierten Zusammenhängen außerhalb des Heimatlandes gelten (Biehl/Hagen/Mackewitsch 2000: 15).

---

7   Kritisch dazu (methodische Unschärfen oder fehlende Berücksichtigung von gemeinsamer Zielorientierung als Motivationsfaktor monierend) siehe MacCoun/Kier/Belkin (2006) sowie die Replik von Wong (2006) und Kolditz (2006). Zur *group cohesion* siehe auch Siebold (2007); kritisch zur (auch präskriptiv verstandenen) „Kleinen Kampfgemeinschaft" siehe Lippert (1985).

8   Für eine konzise Definition und Abgrenzung der Begriffe siehe Biehl (2011).

Einsatzmotivation kann weiterhin differenziert werden in die Motivation *für* einen Einsatz (als prospektive Einstellung) und die Motivation *im* Einsatz (als situative Haltung). Im vorliegenden Kontext soll die erste Dimension ins Auge gefasst werden, die vor allem die Bereitschaft, in einen Einsatz zu gehen, umfasst.

2 „Heute Chemnitz, morgen Char Darah": Motivation vor dem Einsatz

Als im Mai 2004 die Angehörigen des 5. ISAF-Kontingents gefragt wurden, ob sie stolz seien, Teil des Kontingents zu sein, stimmten 77 Prozent dem zu (Biehl/Keller 2009: 131). Wie sieht es gut sieben Jahres später aus? Und lassen sich Teilgruppen identifizieren, in denen sich die Motivation voneinander unterscheidet?[9] Um soldatische Motivation zu operationalisieren, wurde nach der Freiwilligkeit der Teilnehmerinnen und Teilnehmer gefragt. Daneben wurden in Form der Selbstauskunft ihre Einsatzbereitschaft und ihre persönliche Motivation erhoben. Einsatzbereitschaft adressiert dabei stärker Gesichtspunkte wie etwa abgeschlossene Vorbereitungen im militärischen oder familiären Bereich, während persönliche Motivation die oben definierten Haltungen zum Einsatz (einschließlich Stolz auf die Kontingentzugehörigkeit) umspannt.

2.1 Einstellungs- und Handlungsdimensionen

Die Soldatinnen und Soldaten des 22. ISAF-Kontingents der Bundeswehr haben sich mehrheitlich freiwillig für den Einsatz in Afghanistan gemeldet: Weit über die Hälfte der Befragten (60 Prozent) gab an, sie hätten sich um eine Einplanung bemüht bzw. sich freiwillig gemeldet, hingegen sind 40 Prozent in den Einsatz befohlen worden. Die relativ hohe Anzahl von Soldatinnen und Soldaten, die sich – trotz der Konfliktintensität und der Risiken für Leib und Leben, die der Einsatz in Afghanistan bergen kann – freiwillig gemeldet haben, legt den Schluss nahe, dass das 22. Kontingent insgesamt eine hohe Motivation für den Einsatz mitbringt. Gleichzeitig kann der Befund, dass vier von zehn ihren Dienst in Afghanistan nicht freiwillig versehen bzw. in diesen befohlen wurden, auf eine niedrigere Motivation für eine beachtliche Gruppe von Soldatinnen und Soldaten verweisen. Tatsächlich zeigen die „Befohlenen" gegenüber den „Freiwilligen" eine höchst signifikant

---

9   So berichten Reed/Segal (2000) einen Zusammenhang zwischen mehrfacher Teilnahme an Auslandseinsätzen und in der Folge niedrigerer bekundeter Einsatzmoral.

niedrigere Motivation (68 Prozent vs. 91 Prozent).[10] Dies steht im Kontrast zu der Aussage, die in den vor dem Einsatz und im Einsatzland mit den Soldatinnen und Soldaten geführten Gesprächen vielfach geäußert wurde, dass zum eigenen Selbstverständnis der Auslandseinsatz dazugehöre und es keiner freiwilligen Meldung dazu bedürfe.[11]

Abbildung 1: Einstellungs- und Handlungsdimensionen von Motivation vor dem Einsatz

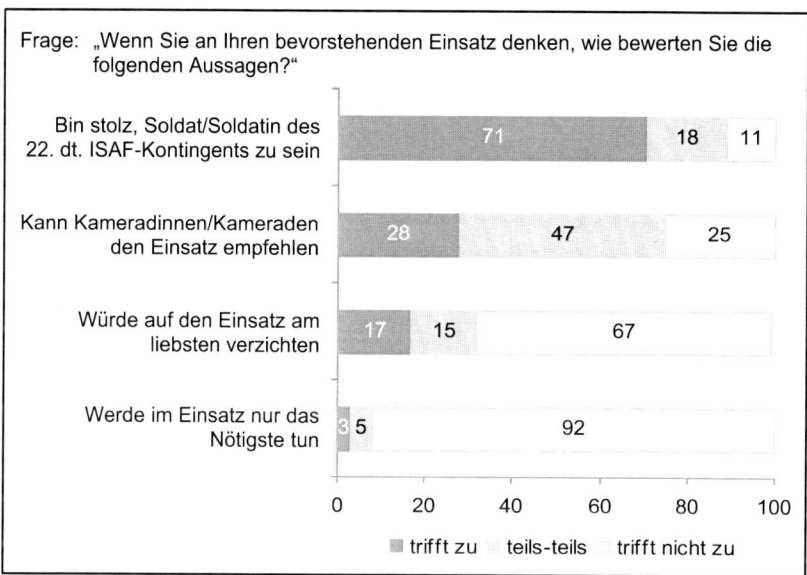

Anmerkungen: Angaben in Prozent. Anteile „trifft voll und ganz zu" und „trifft eher zu" zu „trifft zu" bzw. „trifft eher nicht zu" und „trifft überhaupt nicht zu" zu „trifft nicht zu" zusammengefasst.
Datenbasis: Befragung des Sozialwissenschaftlichen Instituts der Bundeswehr des 22. Kontingents ISAF Februar/März 2010. Datensatz ist nach Dienstgradgruppe gewichtet.

Wie bewerten die Soldatinnen und Soldaten vor dem Einsatz ihre derzeitige Einsatzbereitschaft und Motivation? Beide motivationalen Aspekte fallen in der Selbsteinschätzung hoch aus: 87 Prozent der Kontingentangehörigen bewerten die eigene Einsatzbereitschaft als sehr hoch oder eher hoch, nur

---

10 Hier und im Folgenden beschreibt „höchst signifikant" einen Wert von p≤0,001 (Chi-Quadrat-Test; „hoch signifikant" p≤0,01; „signifikant" p≤0,05).
11 In gegenläufiger Richtung muss bedacht werden, dass auch durch die für den Einsatz eingeplanten Kameradinnen und Kameraden mehr oder minder subtil ausgeübter *peer pressure* zu einer „freiwilligen" Meldung führen kann.

3 Prozent als niedrig; die persönliche Motivation schätzen 82 Prozent der Soldatinnen und Soldaten als hoch ein, nur jeder Zwanzigste hält sie für niedrig. Zieht man empfundenen Stolz über die Zugehörigkeit zum Kontingent als eine weitere Einstellungsdimension sowie entsprechende Handlungsdimensionen von Motivation – also das den eigenen Überzeugungen entsprechende Handeln – hinzu, ergibt sich das oben dargestellte Bild (vgl. Abbbildung 1).

Sieben von zehn Befragten sind stolz, dem Einsatzkontingent anzugehören; lediglich 3 Prozent geben dagegen an, nur das Nötigste im Einsatz tun zu wollen, und 17 Prozent würden eher auf den Einsatz verzichten.[12] Zusammenfassend kann man also davon ausgehen, dass sich ein Großteil der Soldatinnen und Soldaten auch mit der bevorstehenden Aufgabe identifiziert.

Wirft man einen Blick auf die Handlungsdimension, so fällt auf, dass lediglich knapp ein Drittel der Befragten der Aussage zustimmt, den Einsatz auch Kameradinnen und Kameraden empfehlen zu können, während ein Viertel dies nicht tun würde. Hier ist vor allem anzunehmen, dass einer entsprechenden Empfehlung auch das Wissen um die Risiken des Einsatzes (oder deren Antizipation) entgegensteht: In der Tat würden vor allem künftige Einsatzteilnehmer, die sich besonders durch militärische Risiken wie IED (Improvised Explosive Device) oder Angriffe feindlicher Kräfte bedroht fühlen, die ISAF-Mission am Hindukusch signifikant seltener ihren Kameraden empfehlen. Dass auch die Familie der Soldatinnen und Soldaten hinsichtlich deren Motivation eine wesentliche Rolle spielen kann, zeigt sich darin, dass hauptsächlich Soldatinnen und Soldaten lieber nicht in den Einsatz gehen würden, die ihre Familie in ständiger Sorge um sich sehen.[13]

Im Übrigen zeigen sich auch zwischen einsatzunerfahrenen und einsatzerfahrenen Soldatinnen oder Soldaten Unterschiede: Einsatzerfahrene Befragte geben zwar überproportional häufig an, auf den Einsatz lieber verzichten zu wollen, würden ihren Kameradinnen und Kameraden die Einsatzteilnahme aber auch öfter empfehlen. In diesen Differenzen bildet sich offenbar ein Erfahrungsvorsprung ab, infolge dessen sowohl die Anforderungen als auch die mit dem Einsatz verbundenen Belastungen und Beanspruchungen von einsatzerfahrenen Soldaten besser eingeschätzt und bewertet werden können. Während sich beide Gruppen hinsichtlich der persönlichen Motivation nicht unterscheiden, sind jedoch Soldatinnen und Soldaten, die erstmalig am Auslandseinsatz teilnehmen, in signifikantem Maße stolzer, dem 22. Kontingent

---

12 Diese Meinungen vertreten vor allem die Soldatinnen und Soldaten, die angeben, in den Einsatz befohlen worden zu sein; etwa ein Drittel von dieser Teilgruppe würde auf den ISAF-Einsatz am liebsten verzichten.

13 Insofern erscheint auch hier der Grad des *army-family-adjustments* besonders bei jüngeren Soldaten als Einflussfaktor auf die Einsatzmotivation (Segal et al. 1999).

anzugehören. An dieser Stelle mag sich ein mit dem ersten Auslandseinsatz verbundener Bonus des „Neuen", „Unbekannten" in erhöhtem Stolz niederschlagen.

2.2 Gründe für die Teilnahme am ISAF-Einsatz

In jüngster Zeit haben gerade Studien zur Motivation von Soldatinnen und Soldaten im Peacekeeping-Einsatz gezeigt, dass zumeist ein ganzes Bündel an Gründen für die Einsatzteilnahme vorliegt (Hedlund 2011; Juvan/Vuga 2011). Unter Rückgriff auf ein Modell von Fabrizio Battistelli (1997) wird dabei auf eine vorwiegend „postmoderne" Motivation von Soldatinnen und Soldaten verwiesen, die neben „paläomodernen" und „modernen" Faktoren stehe. Während die letztgenannte Kategorie finanzielle Anreize und Karriereaspekte umfasst,[14] beinhaltet die „paläomoderne" Dimension altruistische Orientierungen oder den Wunsch, dem eigenen Land auf internationaler Ebene Geltung zu verschaffen. „Postmodern" schließlich kombiniert die immateriellen Aspekte der paläomodernen Dimension von Motivation mit selbstbezogenen Aspekten der modernen Dimension; hier bilden sich Wünsche nach Selbsterfahrung und Abenteuerlust ab.[15]

Was aber sind die Beweggründe der Soldatinnen und Soldaten des 22. deutschen ISAF-Kontingents für ihre freiwillige Einsatzteilnahme? Abbildung 2 zeigt anschaulich, dass die Befragten aus verschiedenen Gründen in den ISAF-Einsatz gehen, wobei die gute Kameradschaft im Einsatz (88 Prozent) sowie ein sinnvoller Auftrag (78 Prozent) zentrale Motive bilden. Eine herausgehobene Rolle spielt für knapp sieben von zehn Befragten auch die Zusammenarbeit mit anderen Nationen. Dahinter folgen offenbar einer spezifischen soldatischen Berufsauffassung geschuldete Ansichten wie die Einschätzung, dass der Einsatz eine echte Herausforderung und die eigentliche soldatische Aufgabe sei, sowie die bessere Entlohnung und das Interesse an Land und Leuten. Andere aufgeführte Beweggründe werden von weniger als der Hälfte der Soldatinnen und Soldaten als wichtig für ihre freiwillige Teilnahme am Einsatz gewertet.

Besonders bei der Frage, welche Bedeutung finanzielle Gründe für die Einsatzteilnahme haben, wird vermutlich sozial erwünschtes Antwortverhalten eine nicht unerhebliche Rolle spielen. Angesichts der Daten kann aber nicht davon ausgegangen werden, dass die Teilnahme am Auslandseinsatz für die Soldatinnen und Soldaten des 22. Kontingents primär von finanziellen Überlegungen motiviert ist. Darauf deuten auch Äußerungen von Soldatinnen

---

14 Sie ähnelt damit der Moskos'schen *occupational dimension* (Moskos 1977).
15 Eine kurze Zusammenfassung des Modells und Operationalisierung bietet Hedlund (2011: 182f., 186).

und Soldaten hin, die in den Gesprächen im Einsatzland fielen: So betonten viele Befragte, dass der Auslandsverwendungszuschlag gewissermaßen als finanzieller „Risikoausgleich" für die teilweise gefährlichen Aufgaben unerheblich sei und der Dienst in Afghanistan zumal in riskanten Situationen außerhalb des Lagers dadurch kaum abzugelten wäre.[16]

Abbildung 2: Gründe für die Teilnahme am ISAF-Einsatz (Befragung vor dem Einsatz)

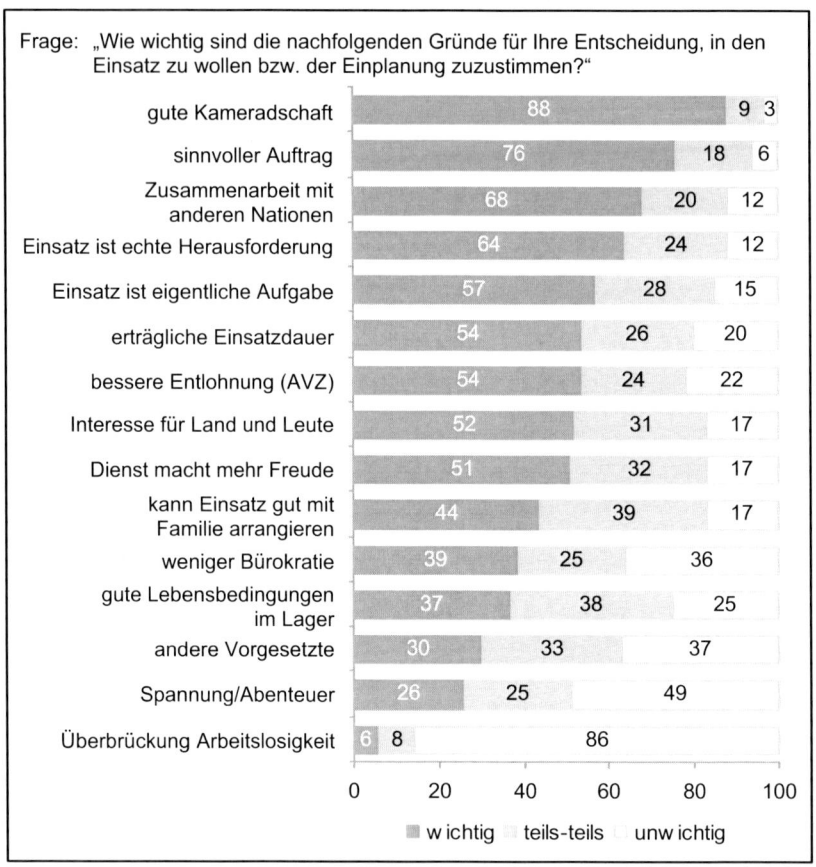

16 Siehe zur Einsatzwirklichkeit in Afghanistan den Beitrag von Seiffert in diesem Band.

108

Auch scheidet „Abenteurertum" als wesentliche Motivationsquelle für die meisten aus. Eine statistisch signifikante Ausnahme bildet dabei im Vergleich mit den übrigen Befragten die Gruppe der jungen Mannschaften, die vielfach als freiwilligen zusätzlichen Wehrdienst Leistende in den Einsatz gegangen sind: Ihnen sind die im Einsatz – in Form des Auslandsverwendungszuschlags – bessere Entlohnung sowie Spannung und Abenteuer im Einsatz zu erleben besonders wichtig. 21 Prozent dieser Gruppe wollen zudem mit der Einsatzteilnahme drohende Arbeitslosigkeit überbrücken.

Versteht man die für wichtig befundene „gute Kameradschaft" als Wunsch nach *social cohesion* und den ebenfalls als wichtig eingeschätzten „sinnvollen Auftrag" als *task cohesion*-Orientierung, so spielten beide Gründe vor dem Einsatz eine gleichermaßen große Rolle.

3 Nach dem Einsatz ist vor dem Einsatz: Motivation nach der ISAF-Teilnahme

Wie steht es um die Motivation der deutschen Soldatinnen und Soldaten nach ihrer Rückkehr aus dem Einsatz am Hindukusch? Würden sie ein weiteres Mal nach Afghanistan gehen und welche Gründe sprechen für und gegen einen etwaigen weiteren Auslandseinsatz? Dabei muss auch der Kontext des Einsatzes bedacht werden: So waren die in Masse von März bis Oktober 2010 in Afghanistan eingesetzten Kräfte gewissermaßen Teil eines Übergangskontingents – zum einen wurde im Zeitraum der Dislozierung die Neuausrichtung der ISAF-Strategie hin zum Partnering-Ansatz vollzogen; zum anderen erreichte 2010 die von Aufständischen ausgehende Gewalt eine neue Intensität.[17] Insgesamt wurde der Jahresverlauf in Afghanistan von einigen Kommentatoren wenig optimistisch bewertet: „[A] decisive victory of government and coalition forces appears more and more uncertain" (Jung 2011: 89). Als die ersten Bundeswehrsoldatinnen und -soldaten des 22. deutschen ISAF-Kontingents heimkehrten, befeuerte gerade die Veröffentlichung amerikanischer Geheimdokumente durch die Enthüllungsplattform Wikileaks die Diskussionen über den Bundeswehreinsatz in Afghanistan und mögliche Abzugsszenarien. Zugleich wussten viele Kontingentsangehörige bereits, wann sie das nächste Mal in den Einsatz gehen, da sie Truppenteilen – bspw. Feldjägern – angehören, die regelmäßig für entsprechende Verwendungen eingeplant werden.

---

17 Nordland (2010) vermerkt, dass im August 2010 doppelt so viele ISAF-Soldaten wie im gleichen Monat des Vorjahres fielen; insgesamt ist das Jahr 2010 mit 711 gefallenen ISAF-Soldaten das verlustreichste Jahr seit Beginn der Afghanistanmission, so Cordesman (2011). Detailreich für den Verlauf der ISAF-Mission im Frühjahr 2010 auch Cordesman (2010).

Neben diesem Kontext können sich gleichzeitig Erfahrungen im Einsatz auf die Motivation für weitere Einsätze auswirken. Amerikanische Studien zeigen, dass Soldatinnen und Soldaten vielfach auch desillusioniert aus ihrem Einsatz zurückkehrten und dort Erlebtes in der Heimat neu bewerten (Miller/ Moskos 1995). Die Erfahrungen im Einsatz können bspw. dazu beitragen, die Einsatzvorbereitung oder Vorgesetzte kritischer zu beurteilen, wie eine Untersuchung slowenischer Soldaten und Polizisten zeigt, die im Rahmen der Stabilisation Force (SFOR) in Bosnien und Herzegowina eingesetzt waren (Jelušič/Garb 2005); schließlich kann auch die Zuversicht abnehmen, durch den eigenen Einsatz zu einer positiven Veränderung beitragen zu können – zugleich bleibe die Motivation im Falle einer neuerlichen Missionsteilnahme aber hoch, so Vegic (2007). Dies belegen auch Vorgängeruntersuchungen des SOWI: So gaben knapp 74 Prozent der Angehörigen des 7. und 8. deutschen SFOR-Kontingents 2003 bzw. 2004 nach ihrem Einsatz in Bosnien und Herzegowina an, neuerlich in den Einsatz gehen zu wollen (Keller/Tomforde 2006).

3.1 Motivation nach der Mission und Bereitschaft zu neuerlichem Einsatz

Fragt man die Soldatinnen und Soldaten des 22. Kontingents nach ihrer Rückkehr aus dem Einsatz in Afghanistan, wie sie ihre persönliche Motivation bewerten, so schätzen gut sieben von zehn (73 Prozent) diese als hoch ein. Knapp ein Fünftel der Befragten (18 Prozent) antwortet mit „teils-teils" und beinahe jeder Zehnte (9 Prozent) empfindet sie als niedrig. Insofern fällt auf, dass die Motivation nach dem Einsatz niedriger, aber immer noch vergleichsweise hoch ist.[18] Wer sich nach dem Einsatz körperlich und psychisch erschöpft fühlt – auf 14 bzw. 19 Prozent des Kontingents trifft dies zu –, ist deutlich weniger motiviert.

Angesichts der beträchtlichen Erfahrungen mit direkter und indirekter Gewalt, die das Kontingent im Einsatz gemacht hat,[19] stellt sich die Frage, ob sich diese Erfahrungen auf die persönliche Motivation niedergeschlagen haben. So könnten etwa das Erleben des Todes einer Kameradin oder eines Kameraden, die Teilnahme an einem Schusswechsel oder das Erleben von Beschuss auch dazu führen, die Mission und ihren Sinn infrage zu stellen und weniger motiviert zu sein. Tatsächlich sind die Soldaten und Soldatinnen, die Gewalterfahrungen gemacht haben, jedoch nicht weniger motiviert als Kameradinnen und Kameraden, die diese Erfahrung im Einsatz nicht gemacht

---

18 Hier muss bedacht werden, dass es sich bei den Befragungsgruppen vor und nach dem Einsatz nicht um identische Stichproben handelt; gleichwohl erscheint die Motivationsentwicklung plausibel; vgl. auch Bennett/Boesch/Haltiner (2005).

19 Siehe dazu auch Seiffert in diesem Band.

haben. Auch zeigen sich keine signifikanten Unterschiede in der bekundeten Motivation, wenn man nach Einsatzort bzw. Operationsgebiet und Aufgabenbereich differenziert.[20] Deutlich wird indes die Bedeutung, die den Erfolgsaussichten der Mission zugesprochen wird: Wer zustimmt, dass den Menschen in Afghanistan mit dem Engagement von ISAF geholfen werde, der ist signifikant motivierter.[21]

Befragt man die Soldatinnen und Soldaten des 22. Kontingents zu ihrer persönlichen Bereitschaft, in einen weiteren Auslandseinsatz zu gehen, so fällt diese hoch aus: Knapp drei Viertel (73 Prozent) bejahen diese Frage, 14 Prozent antworten „teils-teils" und 13 Prozent verneinen diese Möglichkeit. Da Berufs- und Zeitsoldaten von Seiten des Dienstherrn zur Teilnahme an Auslandseinsätzen verpflichtet werden können, ist bei dieser Frage gleichwohl zu berücksichtigen, dass die Perspektive einer möglichen künftigen, auch befohlenen, Einsatzbeteiligung erhoben wird und nicht die tatsächliche Bereitschaft. Ließe man die Befragten ihr nächstes Einsatzland selber auswählen, so würden merklich mehr Soldatinnen und Soldaten Afghanistan einem anderen Auslandseinsatz der Bundeswehr vorziehen: 57 Prozent würden sich für ISAF melden oder einplanen lassen, knapp ein Fünftel (18 Prozent) ist unentschlossen, während ein Viertel keinen weiteren ISAF-Einsatz freiwillig absolvieren würde. Zu einem anderen Einsatz – etwa auf dem Balkan – würden sich hingegen nur 39 Prozent der Befragten freiwillig melden, ebenso viele würden nicht an einem anderen Auslandseinsatz teilnehmen wollen und knapp ein Viertel ist unentschlossen (22 Prozent).[22]

Dass die Bereitschaft stärker ausgeprägt ist, eher nach Afghanistan als in einen anderen Einsatz der Bundeswehr gehen zu wollen, kann vielfältige Gründe haben: Die ISAF-Mission steht – sofern über die Bundeswehr im Auslandseinsatz berichtet wird – regelmäßig im Mittelpunkt des öffentlichen Interesses, wenngleich sie auch durch die mediale Fokussierung auf *bad news*

---

20 Bemerkenswert ist hier aber, dass sich signifikante Unterschiede hinsichtlich des bekundeten Stolzes ausmachen lassen: So geben am deutlichsten Soldatinnen und Soldaten, die überwiegend in der Fläche disloziert oder in Combat Outposts eingesetzt waren (85 Prozent) sowie mit Ausbildungs- und Schutzaufgaben Betraute (78 Prozent) an, stolz zu sein, dem 22. Kontingent angehört zu haben.

21 Dass die Erfolgsaussichten des Einsatzes für Soldatinnen und Soldaten wie für die deutsche Bevölkerung in gleichem Maße wichtig sind, zeigen die Beiträge von Seiffert und Fiebig in diesem Band.

22 Frühere Studien des SOWI zu deutschen KFOR- und SFOR-Kontingenten, die unter deutlich anderen Bedingungen ihren Auslandseinsatz erlebt haben, belegen eine etwas höhere freiwillige Teilnahmewilligkeit von rund 74 Prozent (Tomforde 2005: 581f.).

wie Anschläge vielfach negativ konnotiert ist.[23] Wer will als Soldatin oder Soldat schon teilnehmen an einer der „vergessenen Missionen" auf dem Balkan, die von einigen Kameraden aufgrund der vergleichsweise geringeren Bedrohungslage, weniger intensiven klimatischen Bedingungen sowie der über die bereits längere Standzeit der Bundeswehr aufgewachsene Infrastruktur mit pejorativem Unterton als „Urlaub" etikettiert werden? ISAF ist mithin „der" Einsatz, über den sich auch die Bundeswehr im Einsatz definiert, in dessen Kontext nicht nur Ausbildungs- und Ausrüstungsfragen, sondern auch das Selbstverständnis verhandelt werden. Eine Teilnahme wird von vielen, so eine zentrale Erkenntnis aus vor Ort geführten Gesprächen, zugleich als informelles „Muss" für jeden Soldaten gesehen, da sie Aufstiegs- bzw. Beförderungskriterium sei, wichtiges Praxiswissen vermittele und in der jeweiligen *peer group* Ansehen verschaffe.[24] Insofern kann der Afghanistanaufenthalt auch als Distinktionsmerkmal gegenüber anderen Soldatinnen und Soldaten wirken bzw. bewusst verwendet werden, um sich von anderen, nicht ISAF-erfahrenen Soldatinnen und Soldaten abzugrenzen.[25]

3.2 Gründe für und gegen eine weitere Auslandseinsatzteilnahme

Die drei wichtigsten Gründe, die für viele Befragte für eine weitere Einsatzverwendung sprechen, sind die gute Kameradschaft, die man im Einsatz erlebt (92 Prozent), ein sinnvoller Auftrag (85 Prozent) sowie der Umstand, dass der Dienst im Auslandseinsatz mehr Freude bereite als der Dienst am Heimatstandort (68 Prozent; vgl. Abbildung 3). Keine Rolle spielt indes für gut acht von zehn Befragten (85 Prozent) die Überbrückung von Arbeitslosigkeit, jedem Zweiten gilt das Erleben von Spannung und Abenteuer nicht als ausschlaggebend, und 43 Prozent geben an, dass ihnen eine geringe Bedrohungslage hinsichtlich einer neuerlichen Teilnahme nicht wichtig sei.

Dass hingegen ein sinnvoller Auftrag wichtig sei, darin sind sich alle Befragten einig. Das gilt unabhängig vom Dienstgrad, dem Alter und auch den Aufgabenbereichen für das gesamte Kontingent. Indes fällt auf, dass gute Kameradschaft von Offizieren und Stabsoffizieren seltener als zentraler Motivationsfaktor angegeben wird. Dies impliziert jedoch mitnichten, dass Kameradschaft ein Phänomen der Mannschaften und Feldwebel sei, wenngleich sie von ihnen für wichtiger gehalten (und wohl auch intensiver erlebt) wird.

---

23 Diese besondere Stellung des Einsatzes am Hindukusch schlägt sich auch nieder in der Wahrnehmung durch die deutsche Bevölkerung, die zu kaum einem anderen Engagement der Bundeswehr im Ausland angibt, so viel zu wissen wie über den Afghanistaneinsatz (Fiebig 2011: 30).
24 Zu letzterem Aspekt siehe auch Keller/Tomforde (2005: 453), die so die Teilnahme deutscher Soldatinnen und Soldaten als eine *rite de passage* beschreiben.
25 Vgl. in diesem Sinne Tomforde (2008: 37).

Abbildung 3: Gründe für eine weitere Auslandseinsatzteilnahme (Befragung nach dem Einsatz)

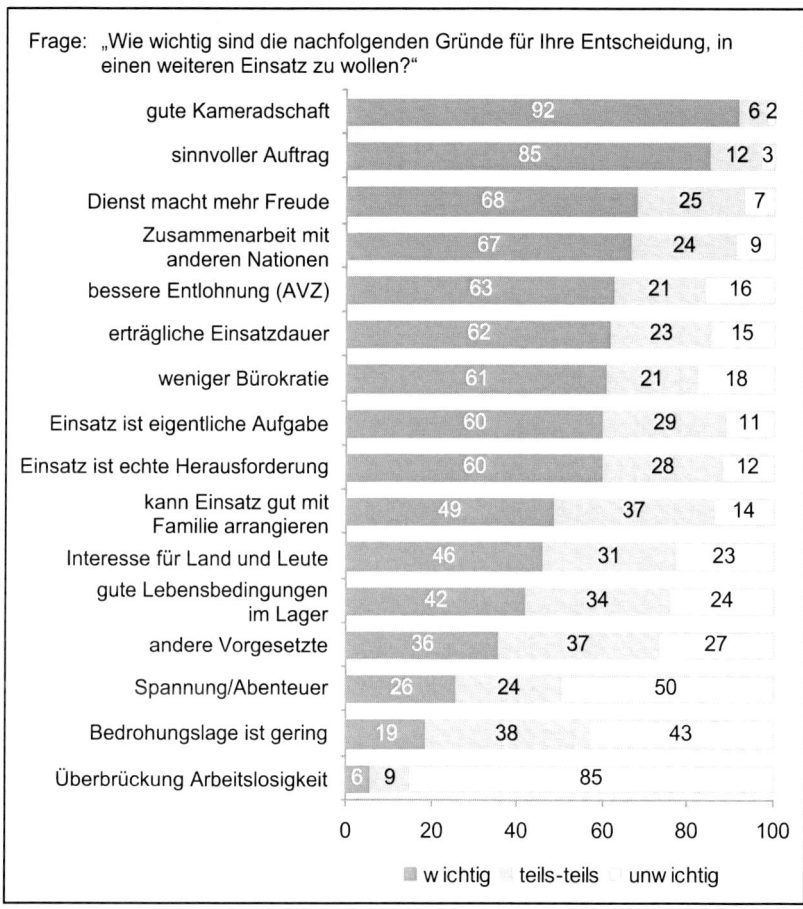

Frage: „Wie wichtig sind die nachfolgenden Gründe für Ihre Entscheidung, in einen weiteren Einsatz zu wollen?"

	wichtig	teils-teils	unwichtig
gute Kameradschaft	92	6	2
sinnvoller Auftrag	85	12	3
Dienst macht mehr Freude	68	25	7
Zusammenarbeit mit anderen Nationen	67	24	9
bessere Entlohnung (AVZ)	63	21	16
erträgliche Einsatzdauer	62	23	15
weniger Bürokratie	61	21	18
Einsatz ist eigentliche Aufgabe	60	29	11
Einsatz ist echte Herausforderung	60	28	12
kann Einsatz gut mit Familie arrangieren	49	37	14
Interesse für Land und Leute	46	31	23
gute Lebensbedingungen im Lager	42	34	24
andere Vorgesetzte	36	37	27
Spannung/Abenteuer	26	24	50
Bedrohungslage ist gering	19	38	43
Überbrückung Arbeitslosigkeit	6	9	85

Anmerkungen: Angaben in Prozent. Anteile „wichtig" und „eher wichtig" zu „wichtig" bzw. „eher unwichtig" und „unwichtig" zu „unwichtig" zusammengefasst.
Datenbasis: Befragung des Sozialwissenschaftlichen Instituts der Bundeswehr des 22. Kontingents ISAF August/September/November 2010. Datensatz ist nach Dienstgradgruppe gewichtet.

Mit zunehmender Anzahl von Auslandseinsätzen wird Kameradschaft geringfügig weniger wichtig eingeschätzt, sie ist aber unabhängig von der perzipierten Wirksamkeit des Einsatzes an sich: Wer etwa nicht zustimmt, dass die Mission am Hindukusch den Menschen helfe und der militärische Auftrag sowie das politische Mandat richtig seien, der hält Kameradschaft nicht für wichtiger als andere Befragte. Kameradschaft bildet im speziellen Fall des 22. Kontingents also keine Kategorie, auf die man sich zurückzieht, wenn *task cohesion* keine hinreichende Motivation für den Einsatz generiert.

Dass der Dienst im Auslandeinsatz mehr Freude bereite, ist besonders für Mannschaften und Unteroffiziere ohne Portepee von zentraler Bedeutung; Stabsoffiziere stimmen in diesem Punkt deutlich weniger zu. Daraus lässt sich schließen, dass der Auslandseinsatz für eine Teilgruppe, die sich auch durch eine im Verhältnis kürzere Gesamtdienstzeit auszeichnet, durchaus auch eine Art „Eventcharakter" besitzt, der ihn vom Alltagsdienst am Heimatstandort deutlich abhebt. Stabsoffiziere äußern sich hier vergleichsweise zurückhaltender, wohl auch, weil sich Stabstätigkeiten im Einsatzland von denen im Heimatland im Zweifelsfall nicht erheblich unterscheiden, zumindest aber offensichtlich nicht in höherem Maß Freude vermitteln.

Die am seltensten geäußerten Gründe, mit dem Auslandseinsatz Arbeitslosigkeit zu überbrücken sowie Spannung und Abenteuer zu erleben, werden schließlich in statistisch höchst signifikanter Weise von jungen Soldatinnen und Soldaten vorgebracht, die im Einsatz Schutz- und Ausbildungsaufgaben wahrnehmen.

Die für eine neuerliche Einsatzteilnahme sprechenden Gründe sind insgesamt nicht ISAF-spezifisch: Ähnliche Motivstrukturen finden sich auch bei Einsatzteilnehmerinnen und -teilnehmern anderer deutscher Missionen, etwa in Bosnien und Herzegowina (Tomforde 2005: 582f.). Hier wie dort reflektieren die von den Soldatinnen und Soldaten geäußerten Gründe deutlich eine Orientierung an der im Einsatz erlebten guten Kameradschaft (*social cohesion*) und an der Sinnhaftigkeit des Einsatzes (*task cohesion*). Es ist außerdem bemerkenswert, dass sich die vor dem Einsatz angegebenen Gründe nicht wesentlich von den nach dem Einsatz angeführten unterscheiden; einzig der Grund, dass der Dienst im Einsatz mehr Freude bereite, wird nach dem Einsatz deutlich wichtiger.[26]

Gegen eine nochmalige Einsatzteilnahme sprechen für die Soldatinnen und Soldaten des 22. deutschen ISAF-Kontingents hingegen vor allem Probleme, die aus der Trennung von Familie oder Partner bzw. Partnerin resultieren (60 Prozent), eine als überbordend empfundene Bürokratie im Einsatz (59 Prozent) sowie für die Hälfte des Kontingents eine empfundene Rechtsunsicherheit (vgl. Abbildung 4). Deutlich nachrangige Gründe, die einem neuerlichen Einsatz entgegenstehen, stellen die hohe Arbeitsbelastung sowie die durch den Aufenthalt im Einsatzland erlebten Belastungen dar; beide Aspekte werden mehrheitlich (68 bzw. 51 Prozent) für unwichtig gehalten.

---

26 Der Befund von Jelušič (2009), dass sich die Motive für eine Einsatzteilnahme im Verlauf und nach einer Mission verändern, kann hier also nicht eindeutig bestätigt werden.

Für beinahe jeden zweiten Befragten sind zudem Konflikte mit Kameradinnen oder Kameraden im Einsatz zu vernachlässigende Gründe.

Abbildung 4: Gründe gegen eine weitere Auslandseinsatzteilnahme (Befragung nach dem Einsatz)

Frage: „Wie wichtig sind die nachfolgenden Gründe für Ihre Entscheidung, nicht wieder in den Einsatz zu wollen?"

	wichtig	teils-teils	unwichtig
Probleme wegen Trennung von Partner/-in/Familie	60	23	17
zu viel Bürokratie	59	24	17
Rechtsunsicherheit	50	29	21
zu geringe Entlohnung	49	25	26
Zweifel am Sinn der Tätigkeit	46	23	31
zu kurzer Abstand zwischen den Einsätzen	44	27	29
Bedrohungen im Einsatzland	42	27	31
zu lange Einsatzdauer	41	27	33
extrem belastende Situationen	36	35	29
schlechte Lebensbedingungen im Lager	32	33	35
Konflikte mit Vorgesetzten	28	29	43
Konflikte mit Kameradinnen/ Kameraden	24	30	46
Belastung durch Aufenthalt im Einsatzland	20	29	51
hohe Arbeitsbelastung	11	21	68

Anmerkungen: Angaben in Prozent. Anteile „wichtig" und „eher wichtig" zu „wichtig" bzw. „eher unwichtig" und „unwichtig" zu „unwichtig" zusammengefasst.
Datenbasis: Befragung des Sozialwissenschaftlichen Instituts der Bundeswehr des 22. Kontingents ISAF August/September/November 2010. Datensatz ist nach Dienstgradgruppe gewichtet.

Im Ganzen entsprechen auch die in den Selbstaussagen formulierten Gründe, die einem weiteren Auslandseinsatz entgegenstehen, denen anderer deutscher Kontingentteilnehmer, die Anfang bis Mitte der 2000er-Jahre auf dem Balkan eingesetzt waren (Tomforde 2005: 583). Sie korrespondieren hinsichtlich der aus der Trennung von Familie und Freunden resultierenden Probleme zudem mit Erkenntnissen aus internationalen Studien, welche den Faktor Familie als wirkmächtig für die soldatische Motivation identifizieren (Segal et al. 1999).

An dieser Stelle zeigt sich, dass die Bundeswehr – als militärische Organisation eine „greedy institution" (Segal 1986) – insbesondere in Form der Auslandseinsätze Ansprüche an ihr Personal stellt, die es vielen schwer machen, eine Balance zwischen den Anforderungen des Dienstes und denen der Familie und Partner zu finden. Die Motivation hängt im Falle des 22. Kontingents zwar nicht vom Alter oder Geschlecht, deutlich aber vom Beziehungsstatus ab: Verheiratete oder in einer Partnerschaft lebende Soldatinnen und Soldaten sehen in der einsatzbedingten Trennung den entscheidenden Grund, der gegen eine erneute Einsatzverwendung spricht.[27]

Dass beinahe sechs von zehn Befragten zu viel Bürokratie im Einsatzland kritisieren, kann sich aus zwei Perspektiven erklären lassen: Zum einen kann sich in dieser Wertung eine soldatische Narrative widerspiegeln, die auf die Betonung einer eigenen „Einsatzidentität" abhebt und auch abgrenzend gegen die Anwendung einer „Friedens-STAN" konstruiert wird – kritisiert wird also, dass eine zunehmende Verregelung den Anforderungen nach effizienter Auftragserfüllung nicht gerecht wird. Zum anderen ließe sich vermuten, dass die Bundeswehr auch im zehnten Jahr in Afghanistan nicht zu einer genuinen „Armee im Einsatz" geworden ist, sondern zahlreiche Aspekte – etwa im Bereich der Logistik, der Administration oder der Bekleidungsvorschriften – noch immer einer Logik unterworfen sind, die dem Management eines Standorts im Heimatland entspricht, nicht aber den Bedingungen des Auslandseinsatzes. Dafür spräche auch, dass vor allem diensterfahrene Unteroffiziere und Feldwebel – als „Rückgrat des Auslandseinsatzes" – so empfinden.

Für die Hälfte der Soldatinnen und Soldaten steht Rechtsunsicherheit im Einsatz einer neuerlichen Missionsteilnahme entgegen, was nicht nur auf Ambivalenzen in Bezug auf die *rules of engagment* zurückzuführen sein mag, sondern auch auf die Diskussionen und juristische Aufbereitung des vom damaligen Kommandeur des Provincial Reconstruction Teams (PRT) Kunduz befohlenen Luftschlags auf zwei von Aufständischen entführte Tanklas-

---

27 Auch für die „Daheimgebliebenen" kann die Trennung indes vielfach ein Problem darstellen; vgl. Tomforde (2006).

ter, bei dem im September 2009 auch zahlreiche Zivilisten getötet wurden.[28] Zwar wurde die im April 2010 vom damaligen Verteidigungsminister zu Guttenberg umgangssprachliche Etikettierung des Einsatzes als „Krieg" von einer Vielzahl von Bundeswehrangehörigen goutiert, aber die später vorgenommene Qualifizierung des Konflikts als „nichtinternationaler bewaffneter Konflikt im Sinne des Völkerstrafrechts" kann dennoch zu Verunsicherungen über etwaige Implikationen auf der taktischen Ebene bei den Soldatinnen und Soldaten geführt haben.[29]

4   Fazit

Der Afghanistaneinsatz der Bundeswehr ist aufgrund vieler Umstände ein besonderer: Noch kein anderes Engagement war so teuer, bei keiner anderen Mission sind deutsche Streitkräfte mit teilweise kriegsähnlichen Zuständen konfrontiert, noch nie waren so viele Gefallene zu beklagen.

Gleichwohl ist der Großteil der Soldatinnen und Soldaten des 22. deutschen ISAF-Kontingents vor der Dislozierung hochmotiviert, die Mehrheit würde – könnte sie ihr nächstes Einsatzland selbst bestimmen – wieder nach Afghanistan gehen. Begründet wird diese Absicht mit Aspekten, die auf eine gleichermaßen hohe Bedeutung von Gruppenkohäsion und Sinnhaftigkeit des Auftrages hindeuten. Einer neuerlichen Einsatzverwendung entgegensteht vor allem die Trennung vom Partner bzw. der Partnerin und der Familie. Diese Einstellungen sind indes nicht spezifisch für die deutsche ISAF-Mission: Zu ganz ähnlichen Ergebnissen kommen auch andere Studien, allen voran die Befragungen von deutschen Einsatzkontingenten auf dem Balkan, die als „Peacekeeper", mithin unter deutlich anderen Umständen eingesetzt waren. Bemerkenswert ist, dass sich die soldatische Motivation für Stabilisierungseinsätze von der Motivation für Aufstandsbekämpfungseinsätze offenbar nicht wesentlich unterscheidet. Insofern wäre zu fragen, ob strukturelle Aspekte eines Einsatzes stärker wirken als dessen konkrete Bedingungen und Gefahren.

Wenn sich auch in den präsentierten Daten zur Motivation nur eingeschränkt das „Besondere" des Afghanistaneinsatzes spiegelt, so spricht dies nicht gegen die Annahme, dass die Erfahrungen des Einsatzes auf die Motivation und das Selbstverständnis von Soldatinnen und Soldaten wirken. Motivationen werden von grundlegenden Einstellungen des Berufsverständnisses

---

28 Die Bundesanwaltschaft stellte schließlich im April 2010 das Verfahren ein, in dessen Rahmen wegen des Verdachts auf ein Kriegsverbrechen ermittelt wurde.

29 Hier fällt zugleich auf, dass Rechtsunsicherheit als Grund unabhängig von Dienstgradgruppe oder Aufgabenbereich angeführt und vermutlich auf breiter Linie empfunden wird.

und des *Commitments* geprägt; diese verändern sich jedoch meist erst langfristig und müssen daher auch über die Zeit hin betrachtet werden.

Literatur

Albano, Sondra (1994): Military Recognition of Family Concerns. Revolutionary War To 1993. In: Armed Forces & Society, 20: 2, 283–302.

Battistelli, Fabrizio (1997): Peacekeeping and the Postmodern Soldier. In: Armed Forces & Society, 23: 3, 467–484.

Belec, Thomas (2006): Motivation und Gefechtswert. In: Truppendienst. Zeitschrift für Ausbildung, Führung und Einsatz im Österreichischen Bundesheer, Folge 289, Ausgabe 1/2006.

Bennett, Jonathan/Boesch, Rolf P./Haltiner, Karl W. (2005): Motivation and job satisfaction in the Swiss Support Company in Kosovo. In: International Peacekeeping, 12: 4, 562–575.

Biehl, Heiko (2011): Einsatzmotivation und Kampfmoral. In: Leonhard/ Werkner (Hrsg.) 2011 (i. E.).

Biehl, Heiko/vom Hagen, Ulrich/Mackewitsch, Reinhard (2000): Motivation von Soldaten im Auslandseinsatz. (Arbeitspapier Nr. 125) Strausberg: Sozialwissenschaftliches Institut der Bundeswehr.

Biehl, Heiko/Keller, Jörg (2009): Hohe Identifikation und nüchterner Blick. Die Sicht der Bundeswehrsoldaten auf ihre Einsätze. In: Jaberg et al. (Hrsg.) 2009: 121–141.

Bulmahn, Thomas/Fiebig, Rüdiger/Hilpert, Carolin (2011): Sicherheits- und verteidigungspolitisches Meinungsklima in der Bundesrepublik Deutschland. Ergebnisse der Bevölkerungsbefragung 2010 des Sozialwissenschaftlichen Instituts der Bundeswehr. (Forschungsbericht 94) Strausberg: Sozialwissenschaftliches Institut der Bundeswehr.

Caforio, Giuseppe/Kümmel, Gerhard (Hrsg.) (2006): Military Missions and their Implications Reconsidered. The Aftermath of September 11th. (Contributions to Conflict Management, Peace Economics and Development, Vol. 2) Amsterdam: Elsevier.

Cordesman, Anthony H. (2010): The Afghan War: The Campaign in the Spring of 2010. Washington, D.C.: Center for Strategic Studies.

Cordesman, Anthony H. (2011): Afghanistan and the Uncertain Metrics of Progress. Part Three: Key Ongoing Challenges. Washington, D.C.: Center for Strategic Studies.

Fiebig, Rüdiger (2011): Kenntnisse über die Auslandseinsätze der Bundeswehr. In Bulmahn/Fiebig/Hilpert 2011: 29–35.

Flynn, Michael (2009): State of the Insurgency. Trends, Intentions and Objectives. Briefing of the Director of Intelligence, International Security Assistance Force, Afghanistan, U.S. Forces, Afghanistan, as of 22 DEC, 2009. Online: http://www.defensestudies.org/wp-content/uploads/2010/01/isaf-state-of-the-insurgency-231000-dec.pdf (Letzter Zugriff: 13.07.2011).

Gal, Reuven/Mangelsdorff, David. A. (Hrsg.) (1991): Handbook of Military Psychology. Chichester: Wiley.

Gupta, Dinesh Kumar (1987): Job Commitment of Indian Soldiers. (FORUM International 7) Strausberg: Sozialwissenschaftliches Institut der Bundeswehr, 91–119.

Hedlund, Eric (2011): What Motivates Swedish Soldiers to Participate in Peacekeeping-Missions. Research Note. In: Armed Forces & Society, 37: 1, 180–190.

Jaberg, Sabine/Biehl, Heiko/Mohrmann, Günter/Tomforde, Maren (Hrsg.) (2009): Auslandseinsätze der Bundeswehr. Berlin: Duncker & Humblot.

Jelušič, Ljubica (2009): Motivation for Participation in Peace Support Operations. Initial Finding among Slovenian Soldiers. In: The Quarterly Journal, 3: 4, 35–42.

Jelušič, Ljubica/Garb, Maja (2005): Motivation and Job Satisfaction of Slovenian Soldiers and Policemen in Peace Operations. In: Caforio/Kümmel (Hrsg.) 2005: 457–466.

Jung, Karsten (2011): On keeping one's commitments. Or: why an eventful year ended inconclusively in Afghanistan. In: Internationale Politik und Gesellschaft, 1, 80–95.

Juvan, Jelena/Vuga, Janja (2011): What Motivates Slovenian ‚Peacekeepers'? In: International Peacekeeping, 18: 1, 96–109.

Keller, Jörg/Tomforde, Maren (2006): ‚Who wants to go Again?' Motivation of German Soldiers for and During Peacekeeping Missions. In: Caforio/Kümmel (Hrsg.) 2006: 443–456.

Klein, Paul/Lippert, Ekkehard (1998): Morale and its Components in the German Bundeswehr. In: Klein/Prüfert/Wachtler (Hrsg.) 1998: 21–31.

Klein, Paul/Prüfert, Andreas/Wachtler, Günther (Hrsg.) (1998): Das Militär im Mittelpunkt sozialwissenschaftlicher Forschung. Baden-Baden: Nomos.

Kolditz, Thomas A. (2006): Research in In Extremis Settings. Expanding the Critique of ‚Why They Fight'. In: Armed Forces & Society, 32: 4, 655–658.

Kümmel, Gerhard/Caforio, Giuseppe/Dandeker, Christopher (Hrsg.) (2008): Armed Forces, Soldiers and Civil-Military Relations. Essays in Honor of Jürgen Kuhlmann. Wiesbaden: VS Verlag für Sozialwissenschaften.

Leonhard, Nina (2008): The German Contingent of the MNTF SE in Bosnia and Herzegovina. In: Leonhard et al. (Hrsg.) 2008: 61–82.

Leonhard, Nina/Aubry, Giulia/Casas Santero, Manuel/Jankowski, Barbara (Hrsg.) (2008): Military Co-operation in Multinational Missions: The Case of EUFOR in Bosnia and Herzegovina. (FORUM International 28) Strausberg: Sozialwissenschaftliches Institut der Bundeswehr.

Leonhard, Nina/Werkner, Ines-Jacqueline (Hrsg.) (2011 i. E.): Militärsoziologie. Eine Einführung. 2. Aufl. Wiesbaden: VS Verlag für Sozialwissenschaften.

Lippert, Ekkehard (1985): Die kleine Kampfgemeinschaft in der Grauzone. (SOWI-Berichte 39) München: Sozialwissenschaftliches Institut der Bundeswehr.

MacCoun, Robert J./Kier, Elizabeth/Belkin, Aaron (2006): Does Social Cohesion Determine Motivation in Combat? An Old Question with an Old Answer. In: Armed Forces & Society, 32: 4, 646–654.

Manning, Frederick J. (1991): Morale, Cohesion and Esprit de Corps. In: Gal/Mangelsdorff (Hrsg.) 1991: 453–470.

Miller, Laura L./Moskos, Charles (1995): Humanitarians or Warriors? Race, Gender, and Combat Status in Operation Restore Hope. In: Armed Forces and Society, 21: 41, 615–637.

Moser, Klaus (1996): Commitment in Organisationen. Bern et al.: Huber.

Moskos, C. Charles (1970): The American Enlisted Man. New York: Russell Sage Foundation.

Moskos, Charles (1977): From Institutions to Occupation. Trends in Military Organization. In: Armed Forces & Society, 4: 1, 41–50.

Nordland, Rod (2010): Security in Afghanistan Is Deteriorating, Aid Groups Say. In: The New York Times, 11. September 2010. Online: http://pre view.tinyurl.com/5tzb68k (Letzter Zugriff: 13.07.2011).

Oetting, Dirk (1988): Motivation und Gefechtswert. Vom Verhalten des Soldaten im Krieg. Frankfurt a. M./Bonn: Report Verlag.

Reed, Brian J./Segal, David R. (2000): The Impact of Multiple Deployments on Soldiers' Peacekeeping Attitudes, Morale and Retention. In: Armed Forces and Society, 27: 1, 57–78.

Segal, Mady Wechsler (1986): The Military and the Familiy as Greedy Institutions. In: Armed Forces & Society, 13: 1, 9–38.

Segal, David R./Jones, Joseph C./Rohall, David E./Manos, Angela M. (1999): Meeting the Missions of the 1990s with a Downsized Force. Human Resource Management Lessons From the Deployment of PATRIOT Missile Units to Korea. In: Military Psychology, 11: 2, 149–167.

Seiffert, Anja (2005): Soldat der Zukunft. Wirkungen und Folgen von Auslandseinsätzen auf das soldatische Selbstverständnis. Berlin: Verlag Dr. Köster.

Seiffert, Anja/Langer, Phil C./Pietsch, Carsten (2010): ISAF 2010. Ausgewählte Ergebnisse der sozialwissenschaftlichen Begleitung des 22. Kontingents ISAF vor dem Einsatz. (unveröffentlicher Bericht) Strausberg: Sozialwissenschaftliches Institut der Bundeswehr.

Seiffert, Anja/Langer, Phil C./Pietsch, Carsten (2010): ISAF 2010. Ausgewählte Ergebnisse der sozialwissenschaftlichen Begleitung des 22. Kontingents ISAF im Einsatz. (unveröffentlicher Bericht) Strausberg: Sozialwissenschaftliches Institut der Bundeswehr.

Seiffert, Anja/Langer, Phil C./Pietsch, Carsten (2011): ISAF 2010. Ausgewählte Ergebnisse der sozialwissenschaftlichen Begleitung des 22. Kontingents ISAF nach dem Einsatz. (unveröffentlicher Bericht) Strausberg: Sozialwissenschaftliches Institut der Bundeswehr.

Shils, Edward/Janowitz, Morris (1948): Cohesion and Disintegration in the Wehrmacht in World War II. In: Public Opinion Quarterly, 12: 2, 280–315.

Siebold, Guy L. (2007): The Essence of Military Group Cohesion. In: Armed Forces & Society, 33: 2, 286–295.

Stouffer, Samuel A. et al. (1949): The American Soldier. Studies In Social Psychology in World War II. 4 Bände. Princeton: Princeton University Press.

Tomforde, Maren (2005): Motivation and Self-Image among German Peacekeepers. In: International Peacekeeping, 12: 4, 576–585.

Tomforde, Maren (2006): Einsatzbedingte Trennung. Erfahrungen und Bewältigungsstrategien. (Forschungsbericht 78) Strausberg: Sozialwissenschaftliches Institut der Bundeswehr.

Tomforde, Maren (2008): „My Pink Uniform Shows I am One of Them." Socio-Cultural Dimensions of German Peacekeeping. In: Kümmel/ Caforio/Dandeker (Hrsg.) 2008: 37–57.

Vegič, Vinko (2007): The Effects of Previous Deployment on Soldiers' Attitudes to Peace Operations. In: International Peacekeeping, 14: 2, 298–313.

Wong, Leonard 2006: Combat Motivation in Today's Soldiers. In: Armed Forces & Society, 32: 4, 659–663.

Wong, Leonard et al. (2003): Why They Fight. Combat Motivation in the Iraq War. Carlisle Barracks, PA: Strategic Studies Institute, U.S. Army War College.

Erfahrungen von „Fremdheit" als Ressource verstehen – Herausforderungen interkultureller Kompetenz im Einsatz

Phil C. Langer

1   Die Entstehung eines Dispositivs

Im Jahr 2006 war von „Exzessen am Hindukusch" die Rede (Welt), von gefährlichen Traditionsanbindungen an nationalsozialistische SS-Einheiten (Focus) und einer Desavouierung der Hoffnung auf deutsche Soldaten als „Botschafter der Demokratie" (Spiegel, FAZ), gar von einem dauerhaften Schaden für die Afghanistanmission (Spiegel).[1] Als die Bild-Zeitung im Oktober 2006 Fotos deutscher Soldaten in Afghanistan veröffentlichte, auf denen sich diese mit menschlichen Knochen inszenierten, war die mediale Entrüstung und das politische Entsetzen groß. Unter Verweis auf die Wirkung der Bilder aus Abu Ghraib und Guantánamo wurde auf die möglichen Folgen dieses „Totenschädel-Skandals" (Bild, Merkur, Deutschlandradio, Spiegel et al.) hingewiesen und eine fatale Dynamik der Konflikteskalation vor Ort befürchtet. Die Darstellungen, so etwa von Randow (2006) in einem Kommentar für *Die Zeit*, gäben dem „heiligen Zorn des islamistischen Terrorismus (...) neue Nahrung". Und der Spiegel zitiert einen ehemaligen Militärarzt mit den warnenden Worten: „So ein Obergefreiter kann einen kleinen Krieg auslösen." (zit. nach Demmer et al. 2006). Selbst der den Vorfall untersuchende General Munzlinger sprach von einer „Gefährdung unserer Truppen in Afghanistan" (zit. nach Spiegel Online 2006). In diesem Sinn etablierte sich schnell eine Narration, der zufolge es sich bei den Bildern um eine Verletzung der religiösen Gefühle der einheimischen Bevölkerung ginge, die den Erfolg des Einsatzes sowie das Leben der eingesetzten Soldatinnen und Soldaten gefährde. Diese Narration, die ein fehlendes kulturspezifisches Wissen und eine mangelnde Sensibilität gegenüber den besonderen Anforderungen in einem als in hohem Maße „fremd" wahrgenommenen Einsatzkontext konstatierte, implizierte zugleich ein Lösungsangebot, um eine Wiederholung des Geschehenen zu verhindern: Das Zauberwort hieß „Interkulturelle Kompetenz". In der Ausbildung und Einsatzvorbereitung, so der Tenor von Verteidigungspolitikern und hohen Bundeswehroffizieren, müsse auf interkulturell kompetentes Handeln im Einsatz nun besonderer Wert gelegt werden, um der programmatischen Forderung nach einem *winning the hearts and minds of the people* als Fundament eines nachhaltigen Einsatzerfolges Rech-

---

1   Siehe dazu Welt Online (2007); Euler/Löwenstein (2006); Focus Online (2006), Demmer et al. (2006); Randow (2006); Spiegel Online (2006).

nung zu tragen.[2] Es müssten, gab etwa der damalige Wehrbeauftragte des Bundestages Robbe zu Protokoll „mehr interkulturelle Kompetenz und moralische Werte vermittelt werden" (zit. nach Demmer et al. 2006). Damit avancierte interkulturelle Kompetenz explizit zu einer „Querschnittsaufgabe in der politischen Bildung, im Unterricht zu den Themen der Inneren Führung, aber auch im Lebenskundlichen Unterricht", wie der katholische Militärgeneralvikar Wakenhut (2007) kurz darauf vermerkte.

Nun haben sich die Befürchtungen einer gewaltsamen Reaktion auf die Bilder nicht bewahrheitet, die Verletzung der religiösen Gefühle der Menschen vor Ort hielt sich offenbar in Grenzen oder war zumindest nicht zu instrumentalisieren.[3] Indes: Der durch die Debatte um die veröffentlichten Fotos forcierte Diskurs über die Bedeutung interkultureller Kompetenz in der Bundeswehr hält weiter an.

Natürlich hatte es schon vor der Debatte um die Bild-Zeitungsfotos Ansätze einer Thematisierung interkultureller Aspekte in der Bundeswehr gegeben.[4] Wesentlich neu ist seit 2006 jedoch die Vervielfältigung des Sprechens über das Thema und der dafür als Expertinnen und Experten autorisierten Sprecher, das gleichzeitige Bemühen um dessen Institutionalisierung und deren Vernetzung sowie die daraus resultierende Wirkung auf die militärischen Subjektivierungspraktiken und das soldatische Selbstverständnis.[5] Die Bilder lassen sich als Auslöser und Katalysator einer bemerkenswerten Konjunktur sehen, die sich auf der Ebene des institutionellen Diskurses, dessen Formalisierung in Konzepten sowie dessen Manifestation in der Schaffung von neuen Handlungsakteuren zeigt.

---

2   Die im Kontext der Irak- und Afghanistaneinsätze stark gemachte Forderung geht auf eine 1965 gehaltene Rede des US-Präsidenten Johnson zum Vietnamkrieg zurück, in der er sagte: „So we must be ready to fight in Vietnam, but the ultimate victory will depend upon the hearts and the minds of the people who actually live out there." (zit. nach Bibby 1996: 1)

3   Dabei muss jedoch auch eine Vielzahl von Vermittlungsaktionen mit der afghanischen Seite in Rechnung gestellt werden, die vermutlich einen wichtigen Beitrag dazu geleistet hat, dass es zu keinen größeren Konflikten gekommen ist.

4   So haben Berns und Wöhrle-Chon (2004a; b) auf die politisch-strategischen und ethischen Aspekte von Interkulturalität im Einsatzkontext hingewiesen und versucht, diese für die Arbeit der Akademie für Information und Kommunikation der Bundeswehr fruchtbar zu machen. Auch die im Auftrag des Wehrpsychologischen Dienstes der Bundeswehr (Thomas/ Kammhuber/Layes 1997; Thomas et al. 1998) erstellten Beiträge zu interkultureller Kompetenz zeugen von einer Einsicht in die Bedeutung des Themas für die Streitkräfte bereits vor dem deutschen Afghanistan-Engagement. Interkulturelle Aspekte waren zudem Bestandteil der SOWI-Studien zum Bosnien- und Kosovoeinsatz, nicht zuletzt im Hinblick auf das Bemühen deutscher Soldatinnen und Soldaten, nicht als Besatzer wahrgenommen zu werden.

5   In diesem Sinn fordern etwa Keller und Tomforde (2007: 190), dass der Soldat oder die Soldatin „eine neue soldatische Identität herausbilden muss, welche die militärischen, politischen, psychologischen und interkulturellen Erfahrungen der Auslandseinsätze mit beinhaltet und während des Friedenseinsatzes generierte Normen und Werte aufweist".

Paradigmatisch kommt die diskursive Bedeutung des Themas in den öffentlichen Äußerungen der politischen Leitung und militärischen Führung zum Ausdruck, die das institutionelle *Agenda Setting* der Bundeswehr maßgeblich beeinflussen. So vermerkte der damalige Verteidigungsminister Jung in seiner Rede zum Jahresempfang der Evangelischen Militärseelsorge 2006 programmatisch, die Bundeswehr werde in Zukunft „auf die interkulturelle Bildung ein noch höheres Gewicht legen". Interkulturelle Kompetenz sei „wichtig für die Legitimation soldatischen Dienens im Allgemeinen und militärischer Einsätze im Besonderen" und „überlebenswichtig für das konkrete Handeln vor Ort im Einsatzgebiet" (zit. nach Willner 2007: 14). In diesem Sinn bezeichnete der auf ihn folgende Minister zu Guttenberg interkulturelle Kompetenz als „ein echtes Schlüsselelement für die Zukunft" (zit. nach Rhein-Zeitung 2010). Die so begründete Bedeutung interkultureller Kompetenz für die Bundeswehr spiegelt sich in der 2008 in Kraft getretenen Neufassung der für das Selbstverständnis der Bundeswehr wesentlichen *Zentralen Dienstvorschrift 10/1 Innere Führung* wider. In ihr wird die Rolle interkultureller Kompetenz für die „Menschenführung" skizziert und – verstanden als konstitutiver Bestandteil der politischen Bildung – in das Leitbild des „Staatsbürgers in Uniform" eingeschrieben: „Der richtige Umgang mit Menschen, die einen anderen kulturellen Hintergrund haben, die **interkulturelle Kompetenz**, erhöht die Handlungs- und Verhaltenssicherheit der Soldatinnen und Soldaten und sichert die Akzeptanz von Minderheiten in der Bundeswehr. Im Auslandseinsatz ist interkulturelle Kompetenz zudem eine wesentliche Voraussetzung für die Auftragserfüllung und den Eigenschutz." (BMVg 2008: 27; Hervorhebung im Original)

Auch in dem in zweiter Fassung Anfang 2010 erlassenen *Konzept für die Einsatzvorbereitende Ausbildung für Konfliktverhütung und Krisenbewältigung* (EAKK) nimmt das Thema „Interkulturelle Kompetenz" eine wichtige Rolle ein: „Die Vermittlung von Grundlagen der Interkulturellen Kompetenz (IkK), die für eine konfliktfreie Begegnung bei Einsätzen in Ländern mit anderen Kulturen und Religionen zur Erfüllung des Auftrages und zum Eigenschutz unabdingbar sind", heißt es bereits zu Beginn, „sind (sic!) in alle Bausteine des Konzepts EAKK zielgruppengerecht zu integrieren." (BMVg 2010a: 3) Im November 2010 wurde schließlich das *Vorläufige Konzept zur Vermittlung und Stärkung von Interkultureller Kompetenz in der Bundeswehr* erlassen, mit dem erstmals ein grundlegendes Dokument für die bundeswehrweite begriffliche Erfassung, Weiterentwicklung und Ausbildung interkultureller Kompetenz vorliegt (BMVg 2010b). Es begreift diese als „eine für die Auftragserfüllung notwendige querschnittliche Basisqualifikation" (ebd.: 5), welche „(…) die individuelle Fähigkeit und Bereitschaft der Angehörigen der Bundeswehr [umfasst; d. Verf.], sich im Grundbetrieb und im

Einsatz im Bewusstsein der eigenen kulturellen Prägung mit anderen Kulturen, Religionen, Lebenswelten und deren Besonderheiten angemessen auseinanderzusetzen, entsprechende Kenntnisse und Fertigkeiten zu erwerben, sowie Verständnis und Sensibilität für fremde Werte, Ansichten und Handlungsweisen zu entwickeln." (ebd.: 10)

Wie bildet sich die so formalisierte Bedeutung des Themas auf der Strukturebene der Organisation Bundeswehr ab? Zum einen wurde am *Zentrum Operative Information* in Mayen die Ausbildung interkultureller Einsatzberater und deren Koordination institutionalisiert, deren Schwerpunkte in der Beratung von militärischen Entscheidungsträgerinnen und -trägern bei Vorbereitung und Durchführung von Einsätzen der Bundeswehr in den Einsatzgebieten, der Pflege und Erschließung von Kontakten zu einflussreichen Personen im Zielgebiet sowie der bedarfsgerechten Gewinnung und Aufarbeitung von Informationen über gesellschaftliche, kulturelle, soziale, ethnische, religiöse und historische Umstände und Bedingungen liegen (vgl. BMVg 2009). Zum anderen zielt die 2008 erfolgte Einrichtung einer *Zentralen Koordinierungsstelle Interkulturelle Kompetenz* am *Zentrum Innere Führung* in Koblenz darauf ab, „bei allen Bundeswehrangehörigen die grundsätzliche Fähigkeit und Bereitschaft zu stärken, sich mit interkulturellen Fragen auseinanderzusetzen und eine adäquate einsatzunabhängige Basisqualifizierung zu gewährleisten, die auf konfliktfreie interkulturelle Begegnungen im Einsatz und Grundbetrieb vorbereitet" (BMVg 2010b: 7f.). Die dafür sinnvolle Standardisierung der Ausbildung wird etwa durch die Multiplikatorenfortbildungen, die Erstellung einer onlinegestützten Lernplattform sowie einer institutionalisierten Vernetzung der zu interkulturellen Themen arbeitenden Expertinnen und Experten in und außerhalb der Bundeswehr angegangen.

Mit dem französischen Philosophen Michel Foucault (2003) lässt sich die skizzierte Entwicklung diskursiver Vervielfältigung und institutionalisierender Vernetzung als Entstehung eines neuen Dispositivs der interkulturellen Kompetenz fassen und analysieren (vgl. Bührmann/Schneider 2009). Unter Dispositiv versteht dieser „eine entschieden heterogene Gesamtheit, bestehend aus Diskursen, Institutionen, architektonischen Einrichtungen, reglementierenden Entscheidungen, Gesetzen, administrativen Maßnahmen, wissenschaftlichen Aussagen, philosophischen, moralischen und philanthropischen Lehrsätzen" mit der Funktion, „einer dringenden Anforderung nachzukommen" (Foucault 2003: 392).

Worin aber besteht diese dringende Anforderung? Sie rekurriert auf die Bedeutungszunahme von „Kultur" in sicherheits- und verteidigungspolitischen Diskursen und den daraus für das Militär entstehenden Herausforderungen: forcierte Globalisierung und Migration, die unter dem Schlagwort der „neuen Kriege" firmierenden Konfliktlagen und die Internationalisierung von Frieden schaffenden und erhaltenden Einsätzen nach 1989/90 können hier angeführt werden. In diesem Sinn lässt sich der Mehrwert des Diskurses zu interkultureller Kompetenz in der Zusammenführung unterschiedlicher Handlungsfelder und der synergetischen Schaffung einheitlicher Lösungsoptionen für diese Herausforderungen erkennen. Er umfasst die zunehmende kulturelle und ethnische Pluralisierung der Bundeswehr im Inneren, die unter dem Begriff des *Diversity Management* verhandelt wird, ebenso wie die multinationale Zusammenarbeit und die kulturellen Handlungskontexte im Einsatz.

2 Interkulturelle Handlungskontexte im Einsatz

Gleichwohl ist eine starke Fokussierung auf interkulturelle Kompetenz in den Auslandseinsätzen der Bundeswehr festzustellen. Sie bildet das aktuelle Paradigma einer „Armee im Einsatz" ab, ermöglicht einen Einbezug der anderen Handlungsfelder (der kulturellen und ethnischen Diversität sowie der Multinationalität) und begründet legitimatorisch die Bedeutung interkulturell kompetenten Handelns im Extremfall: „Interkulturelle Kompetenz spart Blut!" (vgl. Schmidt-Thrö/Novotny 2010) Dass sich der Diskurs zudem in besonderem Maße am ISAF-Einsatz in Afghanistan festmacht, ist sicherlich kein Zufall, wird dieser doch vielfach als Signum der derzeitigen Auslandseinsätze der Bundeswehr gesehen und findet zugleich in einer Region statt, die in hohem Maße als „fremd" wahrgenommen wird: Aufgrund der vergleichsweise weiten Entfernung zur „Heimat", der islamischen „Prägung" der Region und der mitunter traditionellen Vergemeinschaftung im Land, aber auch der starken Multinationalität des Einsatzes stellt er den Referenzpunkt oder „Prüfstein" (Keller/Tomforde 2007: 161) interkulturellen Handelns für die Bundeswehr dar.

Zu fragen ist, inwieweit die Realität des Einsatzes den skizzierten diskursiven Zuschreibungen und Bedeutungen entspricht: In welchen interkulturellen Handlungskontexten bewegen sich die Soldatinnen und Soldaten in Afghanistan? Und wie gut sind sie auf diese vorbereitet? In der Studie „ISAF 2010" wurden diese Fragen mit untersucht (vgl. Seiffert et al. 2010; 2011). Die in diesem und dem folgenden Abschnitt dargestellten empirischen Befunde beziehen sich auf diese Studie.

Rein quantitativ lassen sich zum einen häufige Kontakte zur einheimischen Bevölkerung außerhalb des Feldlagers konstatieren. Fast die Hälfte des Kontingents (45 Prozent) berichtet von regelmäßigen (d. h. täglichen oder mindestens wöchentlichen) Kontakten. Lediglich ein knappes Viertel der Befragten (24 Prozent) hatte im Einsatz keinen Umgang mit der Zivilbevölkerung außerhalb des Lagers. Die Häufigkeit des Umgangs mit der Zivilbevölkerung in Afghanistan ist dabei ungleich über das Kontingent verteilt. Er war insbesondere für Ausbildungs- und Schutzkräfte in Kunduz, die sich ständig oder oft außerhalb des Lagers bewegten, wesentlicher Bestandteil der Einsatzrealität, betraf folglich vor allem Mannschaften unter 25 Jahren: 71 Prozent der Mannschaften und 67 Prozent der unter 25-Jährigen gaben regelmäßige Kontakte an. In absoluten Zahlen hatte die Gruppe der Feldwebel zugleich am häufigsten regelmäßigen Umgang mit der Zivilbevölkerung (50 Prozent der Dienstgradgruppe).

Diese grobe quantitative Differenzierung beinhaltet zugleich qualitativ höchst unterschiedliche Handlungskontexte. So hatten sowohl die Quick Reaction Force (QRF) als auch die Objektschützer in Mazar-e-Sharif überdurchschnittlich oft Kontakt zur afghanischen Bevölkerung. Die einen hielten sich dabei zum Teil wochenlang außerhalb des Lagers auf und hatten im Zuge ihrer Auftragserfüllung mit Konflikt- und Eskalationsdynamiken zu tun, in denen mitunter aus kulturbezogenen Missverständnissen mit der Zivilbevölkerung verbale und gewaltsame Auseinandersetzungen folgten, so dass sich interkulturell sensibles Handeln in besonderem Maße auf die „richtige" Einschätzung von Handlungssituationen beziehen musste, in denen die Unterscheidung wesentlich war, wer als Zivilist und wer als Aufständischer anzusehen sei. Bei den anderen, die in der Regel „nur" tageweise innerhalb der vergleichweise sicheren *Blue Box* um das Camp Marmal herum etwa Gesprächsaufklärung betrieben und an der Konzeption und Umsetzung zivilmilitärischer Projekte beteiligt waren, ging es eher um die Pflege bestehender Kontakte zu Dorfältesten und Bürgermeistern, um die angemessene Einschätzung der Glaubwürdigkeit des jeweiligen Gesprächspartners, die Fähigkeit, langfristiges Vertrauen zu gewinnen, und die dazu notwendige kompetente Nutzung von Sprachmittlern. (siehe zur Einsatzrealität auch Seiffert in diesem Band) Diese wenigen Beispiele zeigen, dass interkulturelle Kompetenz kein bloßes *nice to have* ist, wie es im Bundeswehrjargon heißt, sondern ein wesentliches Element einer erfolgreichen Auftragserfüllung darstellt.

Zum anderen muss multinationale Zusammenarbeit im ISAF-Einsatz auch *on the ground* als Regelfall betrachtet werden. Fast drei Viertel der Befragten (71 Prozent) hatten im Einsatz regelmäßig mit Kameradinnen und Kameraden anderer Nationalität dienstlich zu tun. Nur 6 Prozent der Befragten hat im Einsatz keine Erfahrung mit Soldatinnen und Soldaten anderer Nationalität gesammelt. Auch hier differiert die Verteilung der Kontakte über das Kontingent hinweg deutlich. Von regelmäßiger Arbeit in multinationalen Zusammenhängen berichteten erwartungsgemäß eher Stabsoffiziere (82 Prozent der Dienstgradgruppe) und Offiziere (76 Prozent), die mit Planungs- und Führungsaufgaben betraut und in Kabul oder Mazar-e-Sharif stationiert waren. Dabei liegt auch hier eine große Bandbreite von Handlungszusammen-hängen vor: Zwischen dem Alltag internationaler Stabsarbeit bei Stabsoffi-zieren in Kabul, in der eine ähnliche militärische Sozialisation von Soldatin-nen und Soldaten unterschiedlicher Nationalität bestehende kulturelle Unter-schiede tendenziell überformen kann, der aufgaben- und operationsbezoge-nen Abstimmung mit den US-Streitkräften, die aufgrund verstärkter Präsenz im Regional Command North seit 2010 wesentlich intensiviert geworden ist, der Ausbildung von afghanischen Sicherheitskräften im Rahmen von Mento-ring-Programmen durch OMLT (Operational Mentoring and Liaison Team) und Feldjäger und der gemeinsamen Durchführung von Offensivaktionen mit der Afghan National Army im Zuge der *Partnering*-Strategie als Vorausset-zung der viel zitierten „Übergabe in Verantwortung" liegen im interkulturel-len Sinn Welten. Von einer Mehrzahl der Befragten wird einer gelingenden multinationalen Zusammenarbeit zugleich eine große Bedeutung für die Auf-tragserfüllung zugewiesen; bei Vorliegen von Gefechtserfahrung ist der An-teil derjenigen, die darin einen Mehrwert erkennen, sogar leicht größer.[6]

3 Interkulturelle Sensibilität von Soldatinnen und Soldaten

Der für ein Verständnis des Afghanistaneinsatzes grundlegende Befund einer Differenzierung unterschiedlicher „Welten" im Einsatz (vgl. dazu die Beiträ-ge von Seiffert und Pietsch in diesem Band) spiegelt sich folglich auch bei der Analyse der interkulturellen Handlungskontexte wider. Die Feststellung häufiger regelmäßiger Kontakte umfasst letztlich ganz unterschiedliche Er-fahrungen, damit aber auch Anforderungen in Bezug etwa auf landeskundli-ches Wissen, sprachliche und Handlungsfähigkeiten der Soldatinnen und Soldaten, die nur schwer auf einen Nenner zu bringen scheinen.

Das wissenschaftliche Konstrukt „Interkulturelle Kompetenz" behauptet jedoch genau dieses. Möglich ist die Zusammenführung der unterschiedli-chen auftrags- und kontextbezogenen Anforderungen unter der Annahme, dass es grundsätzliche Eigenschaften und Fähigkeiten gibt, die eine angemes-sene, kompetente Reaktion auf diese ermöglichen. In all den diversen Hand-lungskontexten, so konstatiert die internationale Forschung, gehe es etwa um Offenheit, Empathie, Ambiguitätstoleranz und Selbstwirksamkeitserwartung – die Liste variiert in Abhängigkeit von den theoretischen Vorannahmen und Forschungsfragen mehr oder weniger stark (vgl. dazu Ross/Thornson 2008a; b). Dieses Set von gemeinsamen Merkmalen beschreibt interkulturelle Sensi-

---

6   54 Prozent stimmten der Aussage zu, die multinationale Zusammenarbeit habe die Auftrags-
     erfüllung erleichtert, weitere 34 Prozent stimmen ihr teilweise zu; mit Gefechtserfahrung
     sind es 59 bzw. 31 Prozent.

bilität als affektive Voraussetzung interkultureller Kompetenz, die aufgabenspezifischer Erweiterung auf der kognitiven Ebene (des landeskundlichen, sprachlichen, religionsbezogenen Wissens) erfordert und sich in sozialer Interaktion im Einsatz bewähren muss.

Die Herausforderung quantitativer Forschung besteht darin, diese Eigenschaften soweit zu operationalisieren, dass sie in Form von standardisierten Fragen oder zu bewertenden Aussagen „messbar" gemacht werden. Die Grenzen dieser Vorgehensweise liegen auf der Hand: In der Regel handelt es sich um Selbsteinschätzungen der Befragten, was aufgrund der zu erwartenden sozialen Erwünschtheit im Antwortverhalten zu Verzerrungen führt; die entwickelten Befragungsinstrumente sind angesichts der vielen Eigenschaften, die das Konstrukt „Interkulturelle Kompetenz" ausmachen, oftmals unpraktikabel lang; „Interkulturelle Kompetenz" ist kaum *in toto* abzubilden, in der Regel wird versucht, ein Bewusstsein kultureller Unterschiede und nicht dessen Umsetzung in die Handlungspraxis zu untersuchen. Nichtsdestotrotz ist für eine Feststellung der Güte interkultureller Einsatzvorausbildung und der Ermittlung von Verbesserungsbedarf das Bemühen um quantifizierende Messung nützlich, sofern es gelingt, ein handhabbares Instrument zu gewinnen, das – eingedenk der Limitierungen – zumindest jene interkulturelle Sensibilität bestimmt, die eine wesentliche Grundlage für die interkulturelle Handlungsfähigkeit ausmacht.

In diesem Sinn wurde zur Erfassung interkultureller Sensibilität in der Studie „ISAF 2010" eine Skala mit sieben Items entwickelt, die in allen drei Befragungen Verwendung fand.[7] Durch Zusammenfassung der Einzelitems zu einem einheitlichen Index konnte ein Wert berechnet werden, der als Hinweis auf die Höhe interkultureller Sensibilität zu verstehen ist: Je höher der Wert auf einer Skala von 0 bis 100 ausfällt, desto stärker ist demnach interkulturelle Sensibilität ausgeprägt. Wie gut sind die Soldatinnen und Soldaten für ihren Einsatz in Afghanistan interkulturell ausgebildet? Folgende Abbildung zeigt die Ausprägung interkultureller Sensibilität in den einzelnen Dienstgradgruppen über den Verlauf des Einsatzes hinweg.

---

7   Die Operationalisierung interkultureller Sensibilität erfolgte unter Bezug auf die etablierte *Intercultural Sensitivity Scale* (Chen/Starosta 2000), die Selbstaussagen zu den Dimensionen *Interaction Engagement, Respect for Cultural Differences, Interaction Confidence, Interaction Enjoyment* und *Interaction Attentiveness* beinhaltet. Die Auswahl der sieben Items wurde nach Faktorladung und Relevanz für die vorliegende Fragestellung vorgenommen. Die Skala weist über die Befragungen hinweg eine gute Verlässlichkeit auf: Cronbach's Alpha als statistische Kennzahl zur Bewertung der Reliabilität der Skala variiert zwischen 0,72 und 0,75 in den drei Befragungen.

Abbildung 1: Entwicklung interkultureller Sensibilität über den Einsatz hinweg, differenziert nach Dienstgradgruppen

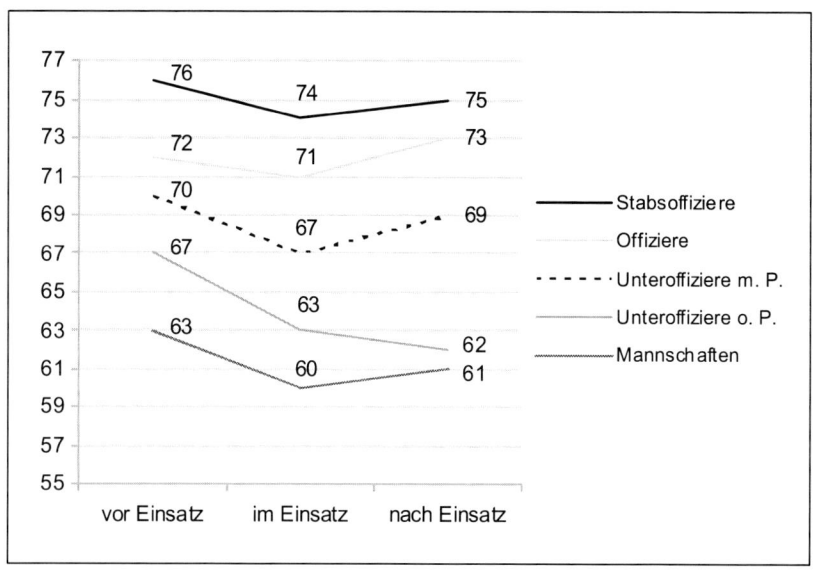

Datenbasis: Befragungen des Sozialwissenschaftlichen Instituts der Bundeswehr des 22. Kontingents ISAF 2010. Nach Dienstgradgruppe gewichteter Datensatz.

Sehr deutlich – und statistisch höchst signifikant in allen drei Befragungen – lassen sich dienstgradgruppenspezifische Unterschiede in der Ausprägung interkultureller Sensibilität erkennen. Mit steigender Dienstgradgruppe nimmt auch der Indexwert zu.[8] Dieser Befund weist auf einen Handlungsbedarf in der Ausbildung interkultureller Sensibilität in der Gruppe der Mannschaften hin. Angesichts der überdurchschnittlichen Häufigkeit von Kontakten zur lokalen Bevölkerung, die immer wieder auch zu gewaltsamen Auseinandersetzungen führen, ist der vergleichsweise geringe Ausprägungsgrad bedenklich. Die seit Beginn des Jahres 2011 großflächig vorgenommene Einführung des *Trainingsboards*, einer Methode der selbstständigen Aneignung von kulturspezifischen Hintergrundinformationen und Verhaltensregeln in Afghanistan, die besonders in der Einsatzvorbereitung mit Mannschaften Verwendung findet, ist in dieser Hinsicht ein erster wichtiger Schritt. Inwie-

---

8   Anzunehmen ist hier, dass das Antwortverhalten gerade bei Offizieren und Stabsoffizieren durch die bessere Kenntnis des Diskurses zu interkultureller Kompetenz in der Bundeswehr, der größeren Vertrautheit mit dem Thema, dem Grad der bildungs- und erfahrungsbezogenen Reflexivität und einer sozialen Erwünschtheit der Antworten beeinflusst worden sein dürfte.

fern das *Trainingsboard* erfolgreich zur Verbesserung interkultureller Kompetenz in komplexen Einsatzszenarien beizutragen vermag, kann jedoch noch nicht beurteilt werden.

Sichtbar wird zudem eine Entwicklung im Laufe des Einsatzes: Die Indexwerte der zweiten Befragung liegen für die einzelnen Dienstgradgruppen auf einem etwas niedrigeren Niveau als in der ersten Befragung. Dies ist als Folge der Konfrontation mit der vorher lediglich antizipierten „fremden" Kultur verständlich. Ein in der Literatur vielfach angenommener „Kulturschock" lässt sich jedoch anhand der vorliegenden Daten (zumindest auf Ebene der Dienstgradgruppen) *nicht* nachweisen. Zugleich ist in der Befragung nach dem Einsatz – mit Ausnahme der Unteroffiziere ohne Portepee – ein Wiederanstieg interkultureller Sensibilität zu verzeichnen, der bei der Gruppe der Offiziere den Ausgangswert sogar leicht überschreitet.

Wie geht diese Entwicklung nach dem Einsatz weiter? Drei empirische Hinweise legen nahe, dass der Einsatz einen schleichenden, aber nachhaltigen Lernprozess zeitigt, der sich vor allem zurück in Deutschland manifestiert: Erstens lässt sich der abweichende Kurvenverlauf für Unteroffiziere ohne Portepee mitunter dadurch erklären, dass diese über die geringste Häufigkeit interkultureller Kontakte berichten, also auch am wenigsten Lernerfahrung im Einsatz machen können. Zweitens lässt sich eine Verringerung interkultureller Sensibilität im Einsatz bei Soldatinnen und Soldaten mit mehrfacher Einsatzerfahrung kaum feststellen. Drittens kommt es zu einer signifikanten Zunahme interkultureller Sensibilität mit der Zahl der berichteten Auslandseinsätze.[9]

Der Einsatz selbst lässt sich demnach als Lernort für die Aneignung interkultureller Sensibilität, die zentrale Voraussetzung kulturkompetenten Handelns vor Ort ist, verstehen.[10] Diese Perspektive bringt zwei Herausforderungen mit sich. Erstens: Wie kann verhindert werden, dass negative Erfahrungen im Einsatz zu negativen Lerneffekten, also einer Verringerung interkultureller Sensibilität führen? So berichten 5 Prozent der Befragten von häufigen und weitere 43 Prozent von gelegentlichen verbalen sowie ebenfalls

---

9   Bemerkenswert ist, dass die Einsatzregion dabei vermutlich keine entscheidende Rolle spielt, also interkulturelle Erfahrungen, die in Afghanistan gemacht worden sind, auch auf andere Einsätze übertragen werden können.

10 Dabei ist insbesondere die Bedeutung multinationaler Zusammenarbeit hervorzuheben. Es besteht ein positiver Zusammenhang zwischen der Häufigkeit multinationaler Zusammenarbeit und der Ausprägung interkultureller Sensibilität. Diejenigen, die tägliche Kontakte angeben, weisen einen überzufällig höheren Indexwert als alle anderen Gruppen auf, die von wöchentlichen, selteneren oder überhaupt keinen Kontakten berichten. Dies gilt nicht in gleicher Weise für den Umgang mit der Zivilbevölkerung, der von den Soldatinnen und Soldaten häufiger mit problematischen Erfahrungen (verbalen Auseinandersetzungen, gewaltsamen Zwischenfällen) zusammengebracht wird.

5 Prozent von häufigen und weitere 30 Prozent von gelegentlichen gewaltsamen Auseinandersetzungen, die aufgrund kultureller Überschneidungssituationen im Einsatz entstanden seien. Damit sich diese interkulturellen Eskalationsdynamiken nicht als maßgebliche Wahrnehmungs- und Bewertungsfolie festschreiben, besteht die Notwendigkeit der Reflexion dieser negativen Erfahrungen sowohl im Zusammenhang mit einem auftragsbezogenen *Debriefing* im Einsatz als auch im Kontext der Einsatznachbereitungsseminare. In beiden hat das Thema Interkulturalität bislang jedoch keinen systematischen Ort. Zweitens: Wie lassen sich die positiven Lerneffekte nachhaltig über den konkreten Einsatz nutzbar machen? Die damit implizierte Forderung nach der institutionellen Weitergabe und Zusammenführung individueller Erfahrungen betrifft das Verständnis der Bundeswehr als „lernende Organisation". Als *Best Practice*-Beispiel kann in diesem Zusammenhang das Konzept der Dorffeldwebel in Mazar-e-Sharif hervorgehoben werden (siehe dazu z. B. Münch 2007; Koelbl 2007): Es beinhaltet, dass Feldwebel der Objektschützer „ihr" Dorf in der *Blue Box* um das Camp Marmal haben, das sie in der Regel über mehrere Einsätze hindurch immer wieder „betreuen", also mittels intensiver „Vor-Ort-Arbeit" eine Vertrauensbeziehung aufbauen und als Gesprächs- und Verhandlungspartner anerkannt werden. Die dabei gewonnenen Erkenntnisse und gemachten Erfahrungen werden schriftlich festgehalten und am Heimatstandort systematisch weitergeschrieben, so dass es zu jedem Ort eine Art Archiv gibt, das alle einsatzrelevanten Daten enthält. Neue Feldwebel können darauf zugreifen und werden im Einsatz von den erfahrenen im Dorf vorgestellt, eingearbeitet und begleitet. Über die so möglich gewordene kontinuierliche Erfassung der Lage und Lageentwicklung, der offenen Gesprächsaufklärung und der Unterstützung im zivil-militärischen Bereich durch Kenntnis der Bedürfnisse des Dorfes trägt das Konzept der Dorffeldwebel zur vergleichsweise guten Sicherheitslage am Standort Mazar-e-Sharif bei.

4   Ambivalenzen des Diskurses

Bei aller Bedeutung, die interkulturelle Kompetenz im Einsatz für eine erfolgreiche Auftragserfüllung innehat, müssen immer auch die damit einhergehenden Herausforderungen mitgedacht werden. Erstens ist auf ein grundsätzliches Spannungsfeld zwischen der Beurteilung interkultureller Kompetenz als ethische Selbstverständlichkeit der Anerkennung des Anderen auf der einen und ihrer rein instrumentellen Einübung sowie situativen Nutzung im Dienste der Counterinsurgency-Strategie auf der anderen Seite hinzuweisen. Dieses wird deutlich in der kontroversen Diskussion um den Einsatz von Human Terrain Teams, in denen ethnologische, anthropologische und sozialwissenschaftliche Expertise zur Aufstandsbekämpfung herangezogen werden (vgl. dazu AAA 2007). Überspitzt ausgedrückt drückt sich das Spannungsfeld folgendermaßen aus: Interkulturelle Kompetenz hat Abu Ghraib überhaupt erst möglich gemacht, da kultur- und religionsspezifisches Wissen die effektivsten Demütigungs- und Folterpraktiken begründet haben.

Zweitens läuft eine auf einen konkreten Einsatzkontext bezogene Ausbildung interkultureller Kompetenz Gefahr, die Wahrnehmung und damit Handlung eher starr zu präfigurieren als situationsbezogen und flexibel zu entwickeln. Man könnte von einem „Dilemma der Differenz" sprechen (vgl. Kühner/Langer 2010): Jede Thematisierung kultureller Fremdheit produziert diese „Fremdheit" – und damit immer auch den „Fremden" – diskursiv mit. Dabei werden Stereotype aufgenommen und tradiert, kann „Kultur" mitunter zu einer Art Master-Folie der Deutung von Situationen avancieren. Brown (2008: 446) vermerkt dazu ironisch: „A skeptic might ask whether one really needs intermediary concepts of ‚honor', ‚shame', ‚face', or ‚fervent religious belief' to understand why a householder might be offended or provoked by having a boot placed on his neck. One effect of introducing such a concept is to portray as alien – read ‚culturally driven' – some Iraqi reactions that a soldier or Marine might otherwise find intelligible or normal."

Basierend auf qualitativen Interviews mit Bundeswehrsoldatinnen und – soldaten beschreibt auch Dittmer (2009: 239) eine ähnliche Dynamik in Bezug auf *Gender*-Vorstellungen im Einsatz. In der interkulturellen Einsatzvorbereitung und den „Taschenkarten" würde die Geschlechterordnung der lokalen Bevölkerung „für alle Einsatzländer als traditionell beschrieben, die Frauen gelten meist als unterdrückt, die Familienstrukturen als patriarchal". Beobachtete soziale Phänomene geraten dann in Gefahr, als Ausdruck dieser Geschlechterordnung interpretiert zu werden, andere *Gender*-Praktiken und familiäre Realitäten und die Zusammenhänge von Geschlecht, sozioökonomischem Status, ethnischer Zugehörigkeit, die in der Forschung als Intersektionalität diskutiert werden, können nicht wahrgenommen werden.

Drittens lässt sich der Diskurs über interkulturelle Kompetenz auch als politisch korrekte Möglichkeit einer Aktualisierung nationaler Identität verstehen. Er bietet – metaphorisch (oder: psychoanalytisch) gesprochen – einen Blick in den Spiegel des Anderen: Um diesen zu verstehen, so das Credo der interkulturellen Ausbildung in der Bundeswehr, muss ich „meiner Selbst" sicher sein; mitunter wird dies als Aufforderung interpretiert, zu „meiner" Verortung in der christlich-abendländisch-deutschen Geschichte und Kultur affirmativ zu stehen. Im Kontext der aktuellen Integrationsdebatte hat Soboczynski (2010) darauf hingewiesen, dass bei der Anrufung dieses Topos Projektionen im Spiel sind und der Ort dieser Anrufung höchst problematisch ist: „Jenes christlich-jüdische Deutschland, auf das man sich geschichtsvergessen beruft, ist – nur so zur Erinnerung – von antisemitischen Pogromen, von Vertreibungen, von Enteignungen, von der Massenvernichtung geprägt gewesen. (...) Man hat sich wieder in guter alter Tradition auf die Suche nach einer ‚tieferen' Begründung dieser Nation gemacht."

Viertens wird, folgt man der Argumentation von Foucault (1999: 276–305) und Butler (1999), im Diskurs zu interkultureller Kompetenz eine Kompensationsfunktion erkennbar. Jedem modernen Staat, so etwa Foucault, sei ein gewisser Rassismus konstitutiv eingeschrieben, der notwendig sei, um überhaupt Kriege zu führen. Eine moderne Bio-Macht, der es in erster Linie um die produktive Organisation, Kontrolle und Disziplinierung von Leben als Einsatzressource in strategischen Kräfteverhältnissen und Machtspielen gehe, benötige die politisch legitimierte und gesellschaftlich getragene Konstruktion von die eigene (kollektive) Existenz gefährdenden Fremden und Feinden, um begründen zu können, Staatsbürger potenziell in den Tod zu schicken. Aus dieser Perspektive kommt interkultureller Kompetenz die Funktion zu, mögliche Auswüchse und Exzesse, die derartige Zuschreibungen und potenziell dehumanisierende Abwertungen mit sich bringen können, zu verhindern, den „Anderen" also trotz dessen Bekämpfung noch als Subjekt anzuerkennen.

Fünftens forciert die Forderung nach Stärkung und Ausbildung interkultureller Kompetenz mitunter eine Überforderung des Einzelnen bei gleichzeitiger Ausblendung von Herausforderungen auf der Ebene der Organisation. Der Kompetenzbegriff beschreibt zunächst einmal eine individuelle Fähigkeit der Soldatin oder des Soldaten. Die institutionellen Rahmenbedingungen ihres oder seines Handelns, die zur Aneignung und Umsetzung der Fähigkeit benötigten Ressourcen bleiben dabei vielfach unthematisiert. Dies kann als Bestandteil eines gesamtgesellschaftlichen Trends hin zur Verantwortungszuschreibung an das Individuum gesehen werden (vgl. z. B. Bröckling/Krassmann/Lemke 2000). Vor diesem Hintergrund fordert Tomforde (2009: 87), „dass Kultur als dynamisches Bedeutungs-Orientierungssystem in die Planung und Durchführung zukünftiger Einsätze inkorporiert wird und dass eine Kontinuität zwischen der politisch-strategischen Ebene und der Mikroebene des individuellen Einsatzsoldaten erreicht wird".

5   Was bleibt?

Trotz dieser Herausforderungen bleibt festzuhalten: Im weiteren Afghanistaneinsatz und in den antizipierten, künftigen Einsätzen der Bundeswehr wird der Grad multinationaler Zusammenarbeit und die Komplexität der Einsatzszenarien, die einen gelingenden Umgang mit der Zivilbevölkerung erfordert, sicher nicht weniger. Darauf verweist die programmatische Rede des Bundesverteidigungsministers zur Neuausrichtung der Bundeswehr eindrücklich, in der er die Notwendigkeit von Einsätzen aufgrund internationaler Verantwortung jenseits konkreter deutscher Sicherheitsinteressen begründet (de Maizière 2011). Damit wird auch die Bedeutung interkulturell kompetenten Handelns auf allen Ebenen weiter zunehmen. Gerade in hochkomplexen Einsatzszenarios wie Afghanistan, die gern als *Three* oder *Four Block War* gefasst werden (vgl. Krulak 1999; Mattis/Hoffman 2004), in denen also an jeden Häuserblock andere Anforderungen an soldatisches Handeln gestellt werden, ist interkulturelle Kompetenz nur im Zusammenhang mit eher „klassischen" militärischen, insbesondere infanteristischen Fähigkeiten und Fertigkeiten als eine Schlüsselqualifikation zu verstehen (vgl. Kümmel 2010; siehe auch Seiffert in diesem Band). Ihr Mehrwert liegt nicht zuletzt in der Schaffung von zusätzlichen Wahrnehmungs- und Handlungsoptionen, der Möglichkeit der Interpretation von Situationen ohne einen Automatismus der Reaktion und der durch die Kenntnis des kulturbezogenen Verhaltens des Anderen begründete Vertrauen in den Anderen in multinationaler Zusammenarbeit. Die Vermittlung interkultureller Kompetenz ist Teil des Bemühens um Planbarkeit und Handhabbarmachung von komplexen Einsatzsituationen, indem die Komplexität der Anforderungen auf einzelne Fähigkeiten „heruntergebrochen" wird.

Jenseits dieses Verständnisses von interkultureller Kompetenz als militärische Schlüsselqualifikation lässt sich der Diskurs zugleich selbst als privilegiertes Medium der Thematisierung unterschiedlicher, einsatzbezogener Aspekte begreifen, ist also für die politische Bildung in der Bundeswehr von zentraler Bedeutung. Dabei kann an die eingangs beschriebene „Totenschädel-Affaire" erinnert werden. Denn inwieweit sich hier tatsächlich ein kulturunsensibles Verhalten zeigte, das durch die Ausbildung interkultureller Kompetenz „abgestellt" werden kann, ist zunächst fraglich. Möglicherweise bildete sich hier etwas ganz anderes ab oder verschaffte sich ein psychohygienisches Ventil: Sozialpsychologisch liegt es nahe, von einem Ausagieren eines Unbehagens auszugehen, das sich aus der Gleichzeitigkeit der (gefühlten, imaginierten, an der Allgegenwärtigkeit der afghanischen Kriegsgeschichte der letzten Jahrzehnte sich festmachenden) Präsenz von Gewalt und Tod auf der einen und der institutionellen Abwehr und Verdrängung dieses Themas auf der anderen Seite speiste – weit vor der Verschärfung der Sicherheitslage seit 2009 und der realen Konfrontation von Soldatinnen und Soldaten mit lebensbedrohlichen Situationen im Gefecht. Damit handelte es sich nicht primär um ein zu kriminalisierendes Verhalten einzelner Soldaten, sondern eine nichtintendierte Nebenfolge eines Versäumnisses politischer und militärischer Akteure im Umgang mit den besonderen, „existenziellen" Belastungen im Einsatz.

Doch auch wenn – oder gerade weil – sich die eingangs über deren mediale Aufnahme beschriebenen Ereignisse nicht als Sinnbild für die Notwendigkeit interkultureller Kompetenz verstehen lassen, so machen diese deutlich, dass sie als Ausgangspunkt für eine Thematisierung vielfältiger Herausforderungen im Einsatz fungieren können. Interkulturelle Kompetenz avanciert so zu einem Schlüsselkonzept für die einsatzbezogene politische Bildung. Dieses erlaubt es, vielfältige und unterschiedliche Themen zu adressieren und – unter Einbezug der eigenen Erfahrungen – kontrovers zu diskutieren: die Frage der universellen Geltung der Menschenrechte etwa oder unterschiedliche Demokratieverständnisse und Vorstellungen von Zivilgesellschaft, *Gender*-Aspekte, die Chancen multinationaler Zusammenarbeit oder auch das jenseits formelhafter Phrasen vielleicht doch nicht ganz unkomplizierte Selbstverständnis von Soldatinnen und Soldaten als „Staatsbürger in Uniform" einer „Armee im Einsatz" in einer globalisierten Welt.

Literatur

American Anthropological Association (AAA) (2007): Final Report der Commission on the Enagement of Anthropology with the US Security and Intelligence Communities. Online: http://www.aaanet.org/pdf/upload /FINAL_Report_Complete.pdf (Letzter Zugriff: 28.04.2011).

Berns, Andreas/Wöhrle-Cohn, Roland (2004a): Interkulturelle Kompetenz im Einsatz. In: Gareis/Klein (Hrsg.) 2004: 322–330.

Berns, Andreas/Wöhrle-Chon, Roland (2004b): Von der Zivilisierung der interkulturellen Beziehungen. Interkulturelle Kompetenz als angewandtes Konfliktmanagement. In: Österreichische Militärische Zeitschrift, 42: 1, 23–30.

Bibby, Michael (1996): Hearts and Minds. Bodies, Poetry, and Resistance in the Vietnam Era. New Brunswick: Rutgers University Press.

Bröckling, Ulrich/Krasmann, Susanne/Lemke, Thomas (2000): Gouvernementalität der Gegenwart. Frankfurt a. M.: Suhrkamp.

Brown, Keith (2008): „All They Understand Is Force": Debating Culture in Operation Iraqi Freedom. In: American Anthropologist, 110: 4, 443–453.

Bührmann, Andrea D./Schneider, Werner (2009): Vom Diskurs zum Dispositiv. Eine Einführung in die Dispositivanalyse. Bielefeld: Transcript.

Bundesministerium der Verteidigung (2008): ZDv 10/1. Innere Führung. Selbstverständnis und Führungskultur der Bundeswehr. Bonn.

Bundesministerium der Verteidigung (2009): Konzept zur Wahrnehmung der Interkulturellen Einsatzberatung in der Bundeswehr. (Internes Dokument) Bonn: Bundesministerium der Verteidigung – Fü S II 2.

Bundesministerium der Verteidigung (2010a): Konzept für die Einsatzvorbereitende Ausbildung für Konfliktverhütung und Krisenbewältigung. (Internes Dokument) Bonn: Bundesministerium der Verteidigung – Fü S I 5.

Bundesministerium der Verteidigung (2010b): Vorläufiges Konzept zur Stärkung und Vermittlung Interkultureller Kompetenz in der Bundeswehr. (Internes Dokument) Bonn: Bundesministerium der Verteidigung – Fü S I 4.

Butler, Judith (1999): Frames of War. When Is Life Grievable? London/New York: Verso.

Chen, Guo-Ming/Starosta, William J. (2000): The Development and Validation of the Intercultural Sensitivity Scale. Präsentation auf der Jahrestagung der National Communication Association. Seattle.

de Maizière, Thomas (2011): Neuausrichtung der Bundeswehr. Rede vom 18. Mai 2011. Berlin. Online: http://www.bundeswehr.de (Letzter Zugriff: 11.06.2011).

Demmer, Ulrike et al. (2006): Exzess am Hindukusch. In: Der Spiegel, Nr. 44, 30. Oktober 2006. Online: http://www.spiegel.de/spiegel/print/d-4937 8746.html (Letzter Zugriff: 10.03.2011).

Dittmer, Cordula (2009): Gender Trouble in der Bundeswehr. Eine Studie zu Identitätskonstruktionen und Geschlechterordnungen unter besonderer Berücksichtigung von Auslandseinsätzen. Bielefeld: Transcript.

Dörfler-Dierken, Angelika/Kümmel, Gerhard (Hrsg.) (2010): Identität, Selbstverständnis, Berufsbild. Implikationen der neuen Einsatzrealität für die Bundeswehr. Wiesbaden: VS Verlag für Sozialwissenschaften.

Euler, Ralf/Löwenstein, Stephan (2006): Erste Geständnisse im Skandal um Totenschädel-Fotos. In: Frankfurter Allgemeine Zeitung, 31. Oktober 2006. Online: http://www.faz.net/s/Rub594835B672714A1DB1A121534 F010EE1/Doc~E2284771776904B6DAF5D8201BACC372A~ATpl~Eco mmon~Scontent.html (Letzter Zugriff: 06.05.2011).

Focus Online (2006): Der Bundeswehrskandal, 28. Oktober 2006. Online: http://www.focus.de/politik/deutschland/schaedel-fotos-nazi-emblem_did _13807.html (Letzter Zugriff: 06.05.2011).

Foucault, Michel (1999): In Verteidigung der Gesellschaft. Frankfurt a. M.: Suhrkamp.

Foucault, Michel (2003): Dits et Ecrits. Schriften in vier Bänden. Band 3: 1976–1979. Frankfurt a. M.: Suhrkamp.

Gareis, Sven Bernhard/Klein, Paul (Hrsg.) (2004): Handbuch Militär und Sozialwissenschaft. Wiesbaden: VS Verlag für Sozialwissenschaften.

Hanfeld, Michael/Erös, Reinhard (2006): Sowas hätte man den Deutschen nicht zugetraut. In: Frankfurter Allgemeine Zeitung, 27. Oktober 2006. Online: http://www.faz.net/s/Rub475F682E3FC24868A8A5276D4FB916 D7/Doc~E1C2290E2687F455B9234EF9714D1DEAB~ATpl~Ecommon ~Scontent.html (Letzter Zugriff: 06.05.2011).

Jaberg, Sabine et al. (Hrsg.) (2009): Auslandseinsätze der Bundeswehr. Sozialwissenschaftliche Analyse, Diagnosen und Perspektive. Berlin: Duncker & Humblot.

Keller, Jörg/Tomforde, Maren (2007): Interkulturelle Kompetenz auf dem Prüfstein: Die Auslandseinsätze der Bundeswehr. In: Krysl (Hrsg.) 2007: 161–194.

Koelbl, Susanne (2007): Zum Dorfkick mit Splitterschutzweste. In: Spiegel Online, 16. Oktober 2007. Online: http://www.spiegel.de/politik/ausland/ 0,1518,511168,00.html (Letzter Zugriff: 07.05.2011).

Krulak, Charles C. (1999): The Strategic Corporal: Leadership in the Three Block War. In: Marines Magazine, Januar 1999. Online: http://www. au.af.mil/au/awc/awcgate/usmc/strategic_corporal.htm (Letzter Zugriff: 04.02.2010).

Krysl, Ludwig (Hrsg.) (2007): Interkulturelle Kompetenz – Voraussetzung für erfolgreiche Aufgabenerfüllung postmoderner Streitkräfte. Wien: Österreichische Landesverteidigungsakademie.

Kühner, Angela/Langer, Phil. C. (2010): Dealing With Dilemmas of Difference. Ethical and Psychological Considerations of „Othering" and „Peer Dialogues" in the Research Encounter. In: Migration Letters, 7: 1, 69–78.

Kümmel, Gerhard (2010): Das soldatische Subjekt zwischen Weltrisikogesellschaft, Politik, Gesellschaft und Streitkräften. In: Dörfler-Dierken/ Kümmel (Hrsg.) 2010: 161–184.

Mattis, James N./Hoffman, Frank G. (2005): Future Warfare. The Rise of Hybrid Wars. Proceedings des Naval Institutes, November 2005, 18f. Online: http://milnewstbay.pbworks.com/f/future+warfare+hybrid+warriors. pdf (Letzter Zugriff: 04.02.2010).

Münch, Peter (2007): Einsatz anno 1428. In: Süddeutsche Zeitung, 08. Oktober 2007. Online: http://www.sueddeutsche.de/politik/die-bundeswehr-am -hindukusch-einsatz-anno-1.794462 (Letzter Zugriff: 07.05.2011).

Randow, Gero von (2006): Deutsche Soldaten mit Totenkopf. In: Zeit Online, 25. Oktober 2006. Online: http://www.zeit.de/online/2006/44/afgha nistan-bundeswehr-totenschaedel (Letzter Zugriff: 06.05.2011).

Rhein-Zeitung (2010): Guttenberg in Koblenz, 14. Juli 2010. Online: http:// www.rhein-zeitung.de/regionales_artikel,-Guttenberg-in-Koblenz-Umsetz en-der-Strukturreform-dauert-Jahre-_arid,111404.html (Letzter Zugriff: 20.08.2010).

Ross, Karol G./Thornson, Carol A. (2008a): Identification of Measures Related to Cross-cultural Competence. Interner Bericht des Defense Equal Opportunity Management Institute CCC-08-2.

Ross, Karol G./Thornson, Carol A. (2008b): Toward an Operation Definition of Cross-Cultural Competence from the Literature. Interner Bericht des Defense Equal Opportunity Management Institute CCC-08-3.

Schmidt-Thrö, Silke/Novotny, Rudolf (2010): Was soll das bedeuten? In: Frankfurter Rundschau, 23. Februar 2010. Online: http://www.fr-online. de/home/was-soll-das-bedeuten-/-/1472778/2822306/-/index.html (Letzter Zugriff: 10.03.2011).

Seiffert, Anja et al. (2010): ISAF 2010. Ausgewählte Ergebnisse der sozialwissenschaftlichen Begleitung des 22. Kontingents ISAF vor dem Einsatz. (unveröffentlichter Bericht) Strausberg: Sozialwissenschaftliches Institut der Bundeswehr.

Seiffert, Anja et al. (2011): ISAF 2010. Ausgewählte Ergebnisse der sozialwissenschaftlichen Begleitung des 22. Kontingents nach dem Einsatz. (unveröffentlichter Bericht) Strausberg: Sozialwissenschaftliches Institut der Bundeswehr.

Soboczynski, Adam (2010): Unser Kulturkampf. In: Die Zeit, Nr. 42, 14. Oktober 2010. Online: http://www.zeit.de/2010/42/Christlich-Juedische-Tradition (Letzter Zugriff: 15.10.2010).

Spiegel Online (2006): Erste Geständnisse. 31. Oktober 2006. Online: http://www.spiegel.de/politik/deutschland/0,1518,445561,00.html (Letzter Zugriff: 06.05.2011).

Thomas, Alexander/Kammhuber, Stefan/Layes, Gabriel (1997): Interkulturelle Kompetenz – Ein Handbuch für internationale Einsätze der Bundeswehr. (Untersuchungen des Psychologischen Dienstes der Bundeswehr, Bd. 32) München: Verlag für Wehrwissenschaften.

Thomas, Alexander et al. (1998): Sensibilisierungs- und Orientierungstraining für die kulturallgemeine und die kulturspezifische Vorbereitung von Soldaten auf internationale Einsätze. (Untersuchungen des psychologischen Dienstes der Bundeswehr, Bd. 33) München: Verlag für Wehrwissenschaften.

Tomforde, Maren (2009): „Bereit für drei Tassen Tee?". Die Rolle von Kultur für Auslandseinsätze der Bundeswehr. In: Jaberg et al. (Hrsg.) 2009: 71–92.

Wakenhut, Walter (2007): Ethik, Werte und Normen für die Sicherheitspolitik. In: Militärseelsorge, 45, 73–79.

Welt Online (2007): Soldat spricht über Leichenschändung, 27. Oktober 2007. Online: http://www.welt.de/politik/article90380/Soldat_spricht_ueb er_Leichenschaendung.html (Letzter Zugriff: 30.06.2011).

Willner, Oliver (2007): Möglichkeiten der Messbarkeit interkulturell kompetenten Handelns. (unveröffentlichte Lehrgangsarbeit LGAN 05) Hamburg: Führungsakademie der Bundeswehr.

ISAF und die Seele – Zwischen Schädigung und Wachstum

Peter Zimmermann, Herbert Jacobs & Jens T. Kowalski

1 Einführung

Seit 2002 befindet sich die Bundeswehr im Rahmen der International Security Assistance Force (ISAF) in Afghanistan im Auslandseinsatz. Es handelt sich dabei um ein Einsatzgeschehen mit sehr wechselhaftem Charakter im Verlauf der letzten Jahre. Während in der Anfangszeit eher ein friedenserhaltendes Mandat im Vordergrund stand, sind nun, besonders deutlich seit etwa 2008, zunehmend auch aktive Kampfhandlungen Teil des militärischen Auftrages. Für die betroffenen Soldatinnen und Soldaten, aber auch für deren nur mittelbar beteiligte Kameradinnen und Kameraden sowie Angehörige im In- und Ausland hat dies ein größeres Maß an psychophysischer Bedrohung und reaktiver Belastung mit sich gebracht.

Für die Jahre 2000 und 2006 wurden kürzlich die zentral archivierten ambulanten und stationären psychiatrischen Erkrankungsstatistiken der Bundeswehr ausgewertet.[1] Im Jahr 2000 begaben sich 1,5 Prozent der Soldaten und 1,4 Prozent der Soldatinnen, im Jahr 2006 1,7 Prozent resp. 3,2 Prozent wegen einer psychiatrischen Symptomatik in *ambulante* allgemeinärztliche Behandlung. Der Versorgungsbedarf insbesondere weiblicher psychisch kranker Bundeswehrsoldaten im allgemeinärztlichen Sektor ist also offenbar angestiegen. In der Zusammenfassung der Einzelergebnisse beruhten die Veränderungen der Erkrankungszahlen unabhängig vom Geschlecht vor allem auf einer signifikanten Zunahme des Anteils psychoreaktiver Erkrankungen, deren Stellenwert sich damit gegenüber den anderen Diagnosegruppen erhöhte. Im Vergleich mit den anderen in Bundeswehrkrankenhäusern *stationär* behandelten Krankheitsbildern ergaben sich Hinweise, dass psychiatrische, insbesondere auch belastungsreaktive Erkrankungen, zwischen 2000 und 2006 deutlich zugenommen haben. Gleichzeitig benötigten diese einen überproportional hohen Anteil an Behandlungstagen. Dadurch ist ihre Bedeutung auch im Hinblick auf den stationären Ressourcenverbrauch und als Kostenfaktor gestiegen (Zimmermann/Hahne/Ströhle 2009).

Diese Erhebungen wiesen auf einen kausalen Zusammenhang zwischen den Behandlungsprävalenzen psychischer Störungen in der Bundeswehr und dem zeitgleich veränderten Einsatzgeschehen hin. Dieser war jedoch nicht klar zu belegen, da die ausgewerteten Statistiken keine Angaben zu Erkrankungsursachen beinhalten. Aus diesem Grund führt die Bundeswehr seit

---

1 Die ambulante Erkrankungsstatistik umfasst die truppenärztliche Versorgung, die stationäre bezieht sich auf die psychiatrischen Fachabteilungen in Bundeswehrkrankenhäusern.

mehreren Jahren eine zusätzliche Erfassung einsatzbedingter psychischer Störungen durch, die in den Bundeswehrkrankenhäusern und Fachsanitätszentren ambulant und stationär diagnostiziert und/oder behandelt werden.

2 Statistik einsatzbedingter psychischer Erkrankungen in der Bundeswehr

Abbildung 1 gibt die häufigsten fachpsychiatrischen Diagnosen wieder, die im Jahr 2010 im Zusammenhang mit einem ISAF-Einsatz ambulant und stationär bei Erstkontakt in einem Bundeswehrkrankenhaus gestellt wurden. Maßgeblich für die Einordnung war die für die Bundeswehr gültige Diagnoseklassifikation *International Classification of Diseases* der Weltgesundheitsorganisation WHO in ihrer 10. Überarbeitung (ICD-10; vgl. WHO 1993). Bei einer Gesamtzahl von 1 097 diagnostizierten Fällen sind 464 psychiatrische Neuerkrankungen (vs. 536 Wiedervorstellungen, bei 97 unklaren Zuordnungen) für alle Einsatzgebiete, davon 353 für den ISAF-Einsatz erfasst.

Abbildung 1: Häufigste im Jahr 2010 gestellte Hauptdiagnosen aus dem psychiatrischen Fachgebiet nach ISAF-Einsatz

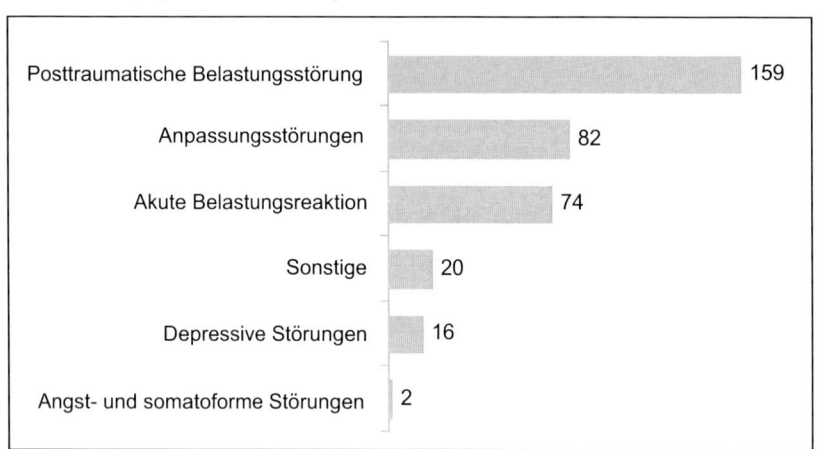

Datenbasis: Psychotraumazentrum Berlin 2010.

Erwartungsgemäß stellt die Posttraumatische Belastungsstörung (Kodierung: F43.1) mit einer ISAF-bezogenen Fallzahl von 159 einen wesentlichen Anteil der gestellten Hauptdiagnosen (45 Prozent) dar. Voraussetzung ist gemäß ICD-10 das Erlebnis eines katastrophalen Ereignisses mit außergewöhnlicher

Bedrohung für den Betroffenen (so genanntes A-Kriterium), das zu Symptomen wie belastenden szenischen Erinnerungen oder Alpträumen führt, aber auch mit einer allgemeinen vegetativen Erregbarkeit (Herzklopfen, Schweißneigung, Schlafstörungen, Nervosität, Reizbarkeit) einhergehen kann („Hyperarousal"). Nicht selten kommt ein Rückzugsverhalten aus den familiären und dienstlichen Bezugssystemen hinzu, das zum Beispiel zu Ehescheidungen bis hin zu einer völligen sozialen Isolation führen kann (WHO 1993).

Ebenfalls häufig traten akute Belastungsreaktionen (F43.0) (n=74, 21 Prozent) und Anpassungsstörungen (F43.2) (n=82, 23 Prozent) auf. Die akute Belastungsreaktion ähnelt der Posttraumatischen Belastungsstörung (PTBS) im Hinblick auf ihre Symptomatik und ihre Verursachung, tritt aber nach dem akuten Stressor nur über einen Zeitraum von ca. drei Tagen (in der amerikanischen Klassifikation DSM-IV über 1 Monat) in Erscheinung und klingt dann spontan ab oder geht in andere psychische Krankheitsbilder über. Hier finden sich zum Beispiel vorzeitig ins Heimatland zurückgeführte (repatriierte) Soldaten wieder, die aber zum Untersuchungszeitpunkt bereits deutliche Zeichen einer spontanen Symptomremission zeigten.

Anpassungsstörungen (F43.2) entstehen zwar ebenfalls als Folge äußerer Belastungen, diese erreichen jedoch nicht die klinische Wertigkeit eines traumatischen Geschehens. Dazu gehören beispielsweise Beziehungsprobleme im Zusammenhang mit dem Auslandseinsatz oder Konflikte mit Kameraden oder Vorgesetzten in der Einheit nach Rückkehr. Symptomatologisch stehen meist reaktive Depressionen mit einer Störung des Antriebs, ausgeprägtem Herabgestimmtsein oder einer Verminderung der Lebensfreude im Vordergrund. Alternativ werden aber immer wieder auch Veränderungen der sozialen Anpassungs- und Integrationsfähigkeit gesehen, die sich in nonkonformen Verhaltensmustern darstellen können.

Weniger häufig treten ausgeprägte depressive Störungen (F30–F39) (n=16, 4,5 Prozent) auf, die sich von den o. g. reaktiven Depressionen vor allem in ihrem stärkeren Ausmaß sowie in der individuellen Disposition unterscheiden. Hier spielen prämorbide Vulnerabilitäten wie zum Beispiel biografische Belastungen aus Kindheit oder Jugend eine größere Rolle, so dass der Auslandseinsatz im Regelfall nur einen von mehreren gewichtigen Faktoren in der Krankheitsentstehung darstellt.

Ein ähnlich komplexes Zusammenspiel liegt bei den Angst- und somatoformen Störungen (F40–49, ohne F43) vor, die mit n=2 (0,5 Prozent) selten scheinen, aber häufiger als Nebendiagnose vertreten sind. Bei den letzteren steht eine körperliche Symptomatik im Vordergrund, die psychischer Ursache ist und prinzipiell jedes Organsystem des Menschen betreffen kann. Bei Einsatzsoldaten werden häufig hartnäckige und chronifizierte Schmerzsyndrome (Rückenschmerz, Kopfschmerz) oder auch Symptome des Magen-Darm-Traktes (Durchfälle, Oberbauchbeschwerden) beobachtet.

Bei den Angststörungen steht die Agoraphobie[2] im Vordergrund, die es in einem nicht selten schleichenden Krankheitsverlauf immer mehr erschwert, öffentliche Räume wie Supermärkte oder U-Bahnen aufzusuchen, ohne dass eine panikartige Angst auftritt. In einigen Fällen werden diese von den Soldaten mit Bedrohungssituationen aus dem Einsatzgeschehen assoziativ in Verbindung gebracht, wie beispielsweise Anschläge oder Feuergefechte außerhalb der Sicherheit bietenden Lagersituation.

Um eine weitere wissenschaftliche Annäherung an die Prävalenzen psychischer Erkrankungen nach Auslandseinsätzen zu erreichen, hat das Psychotraumazentrum der Bundeswehr in Zusammenarbeit mit dem Fachbereich Psychologie der TU Dresden von 2009 bis 2010 eine epidemiologische Feldstudie durchgeführt, im Rahmen derer 1 488 Soldaten nach einem ISAF-Einsatz standardisiert interviewt und mit einer Kontrollgruppe (882 Soldaten) ohne einen Auslandseinsatz verglichen wurden. 2 Prozent der befragten ISAF-Soldaten, jedoch nur 0,3 Prozent der Kontrollgruppe berichteten über die Symptome einer Posttraumatischen Belastungsstörung. (TU Dresden/Psychotraumazentrum 2011, Publikation in Vorbereitung)

3 Entstehungsbedingungen und Symptomwahl

Die Vielfalt möglicher psychiatrischer Erkrankungen nach Belastungen in den Auslandseinsätzen gibt Überlegungen zu den Bedingungen und Hintergründen der Symptomentstehung eine besondere Bedeutung.

Die wissenschaftliche Auseinandersetzung mit verschiedenen psychiatrischen Syndromen, die als Begleiterscheinung militärischer Auseinandersetzungen bei Soldaten auftreten, hat bereits eine lange Tradition. Während des amerikanischen Bürgerkrieges (1861–1865) tauchten Fallbeschreibungen aus den Lazaretten auf, die im Zusammenhang mit Kampfhandlungen von Herzstolpern, Kurzatmigkeit, Schwindel, Schweißneigung und intrathorakalen Druck-Engegefühlen berichteten. Dieses „Soldiers Heart" wurde zunächst auf Überdehnungen von Brustkorb und Herz während des militärischen Dienstes zurückgeführt (Da Costa 1871).

Eng verbunden mit den Schützengräben des Ersten Weltkrieges ist der Begriff des „Kriegszitterers". Insbesondere nach länger anhaltendem Granatfeuer beobachtete man bei exponierten Soldaten aller Dienstgradgruppen ein anhaltendes Zittern einzelner Gliedmaßen oder auch des gesamten Körpers, das sich häufig auch nach einem Rücktransport ins Heimatland nicht besser-

---

2   Von griech. *agorá*: der Marktplatz und *phóbos*: die Furcht.

te. Pathogenetisch zog man initial direkte Hirnschädigungen durch Druckeinwirkungen in Betracht, erst später wurde eine mögliche Psychogenese der Symptomatik erkannt (Zimmermann/Hahne/Biesold/Lanczik 2005). Im Zweiten Weltkrieg kam es zu einem Wandel in der psychogenen Symptomausprägung. Kriegszitterer wurden nur noch vereinzelt oder regional begrenzt beobachtet. Statt dessen standen somatoforme Störungen vor allem des Gastrointestinaltraktes im Vordergrund, die so zahlreich auftraten, dass die Betroffenen in „Magenbataillonen" zusammengefasst wurden, die einen eingeschränkten militärischen Dienst verrichten konnten.

Durch den Vietnamkrieg und seine in der amerikanischen Öffentlichkeit deutlich präsenten psychischen Folgen („Post-Vietnam-Syndrom") wurde erstmals eine systematische psychotraumatologische Forschung angestoßen, die 1980 in der Aufnahme der „Posttraumatischen Belastungsstörung" in das damals im amerikanischen Sprachraum maßgebliche *Diagnostic and Statistical Manual of Mental Disorders* (DSM-III) mündete.

Im Zusammenhang mit dem Zweiten Golfkrieg (1990–1991) kam es dann erneut zu einer Veränderung. Mehr als 100 000 amerikanische und britische Soldaten berichteten über vegetative Labilität, Schlaf- und Konzentrationsstörungen, Gelenk- und Muskelschmerzen und Depression. Über die Ursachen dieses „Golfkriegssyndroms" herrschte lange Unklarheit. Letztendlich wurde jedoch auch hier eine Psychogenese als eine der wahrscheinlichsten Ursachen akzeptiert (Lee/Jones 2007).

Ursachen für den skizzierten erheblichen Wandel psychiatrischer Symptombildung im historischen Kontext wurden immer wieder diskutiert. Offenbar handelt es sich dabei um ein multifaktorielles Geschehen. Dabei müssen verschiedene Größen berücksichtigt werden: individuelle Dispositionen interagieren mit protektiven Einflüssen. Beispielsweise wurden im Zweiten Weltkrieg in der deutschen Wehrmacht Großverbände in Teilen landsmannschaftlich kongruent zusammengestellt; so gab es eine „Schwabendivision". Dadurch konnte eine verstärkte Gruppenkohäsion der Soldaten erreicht werden (Zimmermann et al. 2005). Der spezifische Charakter des militärischen Geschehens (z. B. ein statischer Frontlinienverlauf im Ersten Weltkrieg gegenüber dem Zweiten Weltkrieg als Bewegungskrieg) spielte ebenso eine Rolle wie die Rezeption des Krieges, aber auch psychischer Erkrankungen von Soldaten in dem jeweiligen gesellschaftlichen Umfeld (Zimmermann et al. 2005).

Vergleichbar damit kann das im Hinblick auf den aktuellen Afghanistaneinsatz zu beobachtende hohe Interesse von Medien, Politik und Gesellschaft an den psychischen Einsatzfolgen bei Bundeswehrsoldaten, insbesondere der Posttraumatischen Belastungsstörung, partiell mit den erheblichen Anstiegen dieser Diagnosegruppe in den letzten Jahren in Verbindung gebracht werden

(Zimmermann et al. 2009). Dies ist u. a. damit erklärbar, dass die allgemein-
und fachärztlichen diagnostischen Gewohnheiten in einem begrenzten Er-
messensrahmen von Blickwinkeln und Sichtweisen der Diagnostiker abhängen können.

In der Bundeswehr wurden in jüngster Zeit wissenschaftliche Untersuchungen zu Vulnerabilitäts- und Schutzfaktoren psychischer Erkrankungen
durchgeführt. Beispielsweise wurden stationär psychiatrisch behandelte Bundeswehrsoldatinnen und -soldaten mit akuter Suizidalität im Vorfeld der Aufnahme im Hinblick auf soziodemografische und klinische Charakteristika mit
einer nicht suizidalen, jedoch ebenfalls behandlungsbedürftigen Kontrollgruppe verglichen. Signifikante Prädiktoren von Suizidgedanken waren eine
Alkoholerkrankung in der Primärfamilie und pathologisch erhöhte Skalen in
einem etablierten psychologischen Persönlichkeitstest, dem *Minnesota Mul-
tiphasic Personality Inventory* (MMPI). Bezüglich des Auftretens von Sui-
zidhandlungen waren es pathologische Skalen im MMPI, eine nicht abgeschlossene Lehre sowie Suizidversuche in der Familie, zusätzlich schienen
auch Soldaten in der Grundausbildung gefährdet. Ein absolvierter Auslandseinsatz konnte hingegen nicht als signifikanter Prädiktor identifiziert werden.

4   Normative Veränderungen durch Auslandseinsätze

Bei einem Überblick über seelische Veränderungen, die die Teilnahme an
einem Auslandseinsatz nach sich ziehen kann, sollten Wandlungsprozesse auf
der Ebene von individuellen Wert- und Normsystemen, letztendlich also
ethisch-moralischen Vorstellungen, nicht unerwähnt bleiben.

In der Psychologie werden moralische Urteile als Teil moralischer Kognitionen betrachtet. Sie werden in ihrer Beziehung zu moralischen Gefühlen
und letztlich moralischem Verhalten untersucht. So entwickelte z. B. schon
Freud (1967) in „Das Unbehagen in der Kultur" eine psychologische Modell-
vorstellung von der Entstehung des Schuldbewusstseins und der Schuldge-
fühle im Menschen.

Aufbauend auf Piagets Arbeit zur kognitiven Entwicklung des Kindes
beschrieb Kohlberg (2000) eine Stufenentwicklung moralischer Urteilsfähig-
keit: Zum einen wirken moralische Kognitionen direkt auf das Verhalten
einer Person, indem sie vorgeben, welche Handlungen gut sind, wie man sich
also verhalten sollte, und welche Handlungen schlecht sind, was man also auf
gar keinen Fall tun sollte. Nicht-Beachtung dieser inneren Ideale kann zu
erheblicher kognitiver Dissonanz, Selbstzweifeln und Selbstwertverlust führen (Siegel/Zimmermann 2010).

Zum anderen sind solche Prozesse oft mit starken emotionalen Zuständen
verbunden und wirken damit indirekt verhaltensformend. Im negativen Be-

reich spielen hier insbesondere Schuld- und Schamgefühle eine Rolle. Schuld wird dabei aus psychotherapeutischer Sicht als das weniger destruktive Gefühl angesehen. Denn sie ist im Allgemeinen nur auf ein bestimmtes Fehlverhalten und nicht auf die Person als Ganzes bezogen („ich habe etwas Böses getan"), provoziert eher einen Wunsch nach Beichte, nach Wiedergutmachung und ist damit sozial integrierend (Siegel/Zimmermann 2010).

Dagegen bedingt ein starkes Schamgefühl eher eine negative Gesamtbeurteilung einer Person („ich bin böse") im Sinne einer Veränderung des Selbst, provoziert den Wunsch nach Verschweigen und sozialem Rückzug und ist damit eher sozial desintegrierend. Diese Verhaltenstendenz hat bei Traumafolgestörungen eine besondere Brisanz, da soziale Unterstützung als einer der wichtigsten prognostischen Einflussgrößen gilt (Brewin/Andrews/Valentine 2000).

In jedem Fall kann man von der Entstehung von moralischem Stress (*moral distress*) ausgehen, wenn eine Person ein moralisches Urteil über richtige und falsche Handlungsoptionen in einer bestimmten Situation gefällt hat, jedoch in dieser Situation entgegen ihrer Beurteilung handelt bzw. handeln soll (MacCarthy/Deady 2008). Dadurch kann eine enge Verbindung zu der Entwicklung psychiatrisch krankheitswertiger Symptomatik bestehen: Untersuchungen US-amerikanischer Militärangehöriger lassen beispielsweise einen Zusammenhang von Tötungen und einsatzbedingten psychischen Störungen vermuten. Etwa 32 Prozent der 2003 in Irak und Afghanistan stationierten Soldaten berichteten, direkt für den Tod eines feindlichen Kombattanten verantwortlich zu sein (Hoge et al. 2004).

Tötung in Kampfhandlungen war auch nach Bereinigung in Bezug auf die Schwere der Kämpfe bei Veteranen des Ersten Irakkrieges ein Prädiktor für die Entwicklung einer posttraumatischen Belastungsstörung, für Alkoholmissbrauch und für Wut und Beziehungsprobleme.

Seit Verstärkung der Kampfhandlungen im Rahmen der ISAF-Mission spielt moralischer Stress eine zunehmend wichtige Rolle bei der klinischen Behandlung traumatisierter Bundeswehrsoldaten (Siegel/Zimmermann 2010). Der Umgang mit Schuld und Scham wird dadurch zwangsläufig im therapeutischen Alltag vermehrt thematisiert. Nach ersten Erfahrungswerten eignet sich das Gruppensetting besonders gut als Plattform für einen Austausch von Patienten über moralische Problemstellungen, weil hier *Peer-Group*-Effekte nutzbar gemacht werden können (Alliger-Horn/Zimmermann 2010).

5 Posttraumatic Growth – Ist seelische Weiterentwicklung nach Traumatisierungen möglich?

Die Gedanken zur ethisch-moralischen Dimension in der Verarbeitung von Erlebnissen im Auslandseinsatz machen deutlich, dass es zu kurz gegriffen wäre, die Veränderungen, die sich in den Einsatzsoldaten abspielen, auf die Kategorisierungen psychiatrischer Erkrankungen zu reduzieren. Zu intensiv werden auch andere Ebenen der menschlichen Existenz und des menschlichen Erlebens durch einen Einsatz berührt.

Teil dieses Geschehens ist aber auch, dass seelische Reifungs- und Wachstumsprozesse durch die innere Auseinandersetzung mit den gesammelten Grenzerfahrungen angestoßen werden können. In der klinischen Praxis der Bundeswehrkrankenhäuser kommen derartige Entwicklungen meist in der dritten und letzten Phase der Traumatherapie, der Neuorientierungsphase, zur Sprache. Dieser psychotherapeutische Zugang ist allerdings *keine* zwingende Voraussetzung für den Ablauf und die individuelle Wahrnehmung seelischer Umstrukturierungen und Heilungsprozesse. Beispielhaft wäre die vertiefte Wertschätzung von Sicherheit, materiellem Wohlstand und transparenten und verlässlichen gesellschaftlichen Regeln und Zusammenhängen nach einem Auslandseinsatz zu nennen, die damit zu einem Gegenentwurf gerade gegenüber dem bei ISAF nicht selten Erfahrenen werden.

Im negativen Fall kann eine solche innere Weiterentwicklung zu psychischem Leid führen, denn die Einsatz-Rückkehrer können dadurch ein Entfremdungsgefühl in ihrem sozialen Umfeld entwickeln, welches mit dem Verständnis und der Akzeptanz der abgelaufenen seelischen Prozesse nicht selten Schwierigkeiten hat.

Im positiven Fall kann ein einsatzbedingter Wertewandel zum Motor für soziales Engagement und ein intensiviertes Selbst- und Umwelterleben werden und damit für den Betroffenen eine erhebliche Bereicherung sein.

Phänomene, die mit dem „Posttraumatic Growth" vergleichbar sind, wurden bereits in frühen hebräischen, griechischen und christlichen Quellen beschrieben, in der Neuzeit wurden Studien mit dieser Thematik zu verschiedenen traumatogenen Konstellationen durchgeführt, u. a. zu Missbrauch, Kriegsfolgen, Tod von Angehörigen oder schweren Organerkrankungen. Posttraumatisches Wachstum war dabei in unterschiedlichen Erscheinungsformen zu beobachten, zum Beispiel als gesteigerte Wertschätzung gegenüber dem Leben, intensivere zwischenmenschliche Beziehungsgestaltung, als verbessertes Gefühl für eigene Stärken oder als Impuls für die spirituelle Entwicklung (Tedeschi/Calhoun 1995).

6   Zusammenfassung und Schlussfolgerungen

Seelische Veränderungen bis hin zu psychischen Erkrankungen sind ein zunehmend häufiges Problem, das bei Bundeswehrsoldaten nach Auslandseinsätzen, insbesondere im Kontext des ISAF-Einsatzes in Afghanistan, auftritt. Das Spektrum reicht von inneren Wachstums- und Reifungsprozessen bis hin zu schwerwiegenden psychiatrischen Erkrankungen mit chronifizierten Verläufen.

Von entscheidender prognostischer Bedeutung ist eine differenzierte Einschätzung und Bewertung der Veränderungen sowohl durch die Betroffenen selbst, als auch durch ihr dienstliches und privates soziales Umfeld. Die Gratwanderung besteht zwischen einer fundierten Früherkennung und angemessenen Unterstützung bei problematischen Verläufen auf der einen und einem unter- oder überversorgenden Verhalten mit letztendlich resultierender Stigmatisierung und Ausgrenzung Traumatisierter auf der anderen Seite.

Neben der kontinuierlichen Weiterentwicklung und Anpassung präventiver und therapeutischer Strategien in der Bundeswehr ist dabei eine umfassende Aufklärungsarbeit von großer Wichtigkeit. Diese sollte sowohl auf allen militärischen Ebenen (mit einem Schwerpunkt auf Ebene der Vorgesetzten) erfolgen, als auch mit gesellschaftlicher Breitenwirkung, um das Phänomen des Auslandseinsatzes und seiner seelischen Folgen noch mehr als bisher zu einer Selbstverständlichkeit in der Selbstwahrnehmung und Entwicklung der deutschen Gesellschaft werden zu lassen.

Literatur

Alliger-Horn, C./Zimmermann, P. (2010): Komorbidität einsatzbedingter psychischer Traumastörungen und ihre Behandlung durch kognitiv-behaviorale Gruppentherapie im Bundeswehrkrankenhaus Berlin. In: Wehrmedizinische Monatsschrift, 54: 6-7, 5–9.
Brewin, C. R./Andrews, B./Valentine, J. D. (2000): Meta-analysis of risk factors for posttraumatic stress disorder in trauma-exposed adults. In: Journal of Consulting Clinical Psychology, 68: 5, 748–766.
Da Costa, J. M. (1871): On irritable heart; a clinical study of a form of functional cardiac disorder and its consequences. In: The American Journal of the Medical Sciences, 61, 18–52.
Freud, S. (1967): Das Unbehagen in der Kultur. In: Ders.: Gesammelte Werke. Band XIV. Frankfurt a. M.: Fischer, 419–506.

Hoge, C. W./Castro, C. A./Messer, S. C./McGurk, D./Cotting, D. I./Koffmann, R. L. (2004): Combat duty in Iraq and Afghanistan, mental health problems, and barriers to care. In: The New England Journal of Medicine, 351, 13–22.

Kohlberg, L. (2000): Die Psychologie der Lebensspanne. Frankfurt a. M.: Fischer.

Lee, H. et al. (Hrsg.) (2007): War and Health – Lessons from the Gulf War. New York: Wiley & Sons.

Lee, H./Jones, E. (2007): Introduction. In: Lee et al. (Hrsg.) 2007: 1–4.

MacCarthy, J./Deady, R. (2008): Moral Distress Reconsidered. In: Nursing Ethics, 15, 254–262.

Siegel, S./Zimmermann, P. (2010): Moralische Verletzungen von Soldaten im Auslandseinsatz. In: Wehrmedizinische Monatsschrift, 54: 6-7, 1–4.

Tedeschi, R. G./Calhoun, L. G. (1995): Trauma and Transformation: Growing in the Aftermath of Suffering. Thousand Oaks, CA: Sage.

World Health Organization (WHO) (1993): ICD-10. Classification of mental and behavioural disorders: Diagnostic criteria for research. Geneva: WHO.

Zimmermann, P./Hahne, H. H./Biesold, K. H./Lanczik, M. (2005): Psychogene Störungen bei deutschen Soldaten des Ersten und Zweiten Weltkrieges. In: Fortschritte der Neurologie und Psychiatrie, 73: 2, 91–102.

Zimmermann, P./Hahne, H. H./Ströhle, A. (2009): Psychiatrische Erkrankungen bei Bundeswehrsoldaten – Veränderungen in der Inanspruchnahme psychiatrischer Versorgungssysteme im Vergleich der Jahre 2000 und 2006. In: Trauma und Gewalt, 3: 4, 316–327.

Staatsbeamte in Flecktarn – Zum Soldatenstatus in der zivilen Wehrverwaltung im Militäreinsatz

Thomas Krampe

1 Militärische Streitkräfte und zivile Wehrverwaltung

Bildlich gesehen steht die Organisation Bundeswehr auf zwei Säulen: den Streitkräften und der Bundeswehrverwaltung (BWV). Die Streitkräfte stellen aufgrund ihrer Organisationsstruktur und ihrer Funktion als Waffenträger die bewaffnete Macht dar (vgl. Sturm 1996: 7). Die BWV hingegen ist Teil des „organisatorischen Makrosystems der öffentlichen Verwaltung" (Mayntz 1997: 82) und besteht unabhängig von den Streitkräften neben ihnen. Nur zusammengenommen bilden Streitkräfte und BWV die Bundeswehr.

Den Zweck der Streitkräfte stellen die militärischen Aufgaben für die Bundesrepublik Deutschland dar – Landesverteidigung seit 1955, bewaffnete Militäreinsätze im Ausland seit den 90er-Jahren – während dabei der Zweck der BWV in den Aufgaben der öffentlichen Verwaltung für die Streitkräfte liegt. Diese umfassen die unmittelbaren Aufgaben bei der Truppe sowie die hoheitlichen Aufgaben der Eingriffsverwaltung und des Wehrersatzwesens. Grundsätzlich gibt es keine gegenseitige Weisungs- und Befehlsbefugnis, so dass die Streitkräfte und die BWV nicht übereinander bestimmen können. Daher kann der Bedarf der Streitkräfte nur in gegenseitiger Absprache, Kooperation und Koordination zwischen BWV und Streitkräften gestellt werden.

Die organisatorische Trennung von Streitkräften und Wehrverwaltung liegt in dem Bestreben Ernst Wirmers (1910–1981) in den 50er-Jahren begründet, den Streitkräften eine de-militarisierte Wehrverwaltung zur Seite zu stellen, anstatt sie in die Militärstruktur einzufügen. Wirmers Anliegen sei es gewesen, das Prinzip der Gewaltenteilung, auf dem ein Rechtsstaat beruhe, auf die Teilung von militärischer Macht und ziviler Verwaltung zu übertragen (vgl. Schustereit 2000: 140–150, 369–378; Blasius 2006).

Die Regierungserklärung vom 27. Juni 1955 führt hingegen funktionale Gründe für die Teilung auf: Verwaltungsspezialisierung, Umsetzung allgemeiner Verwaltungsgrundsätze, Entlastung der Streitkräfte, Einordnung des Beschaffungswesens in die allgemeine Wirtschaftsordnung, eindeutige Statusfrage des Verwaltungspersonals und Einheitlichkeit der Wehrverwaltung anstatt Vielfältigkeit in den Teilstreitkräften (vgl. Reinfried 1978: 50f.; Voigt/Seybold 2003: 40f.).

Ein weiteres Argument wird darin gesehen, dass die Aufstellung der Streitkräfte in der Bundesrepublik an eine maximale Anzahl von 500 000

Soldaten gebunden war. Mit der Herausnahme der Dienstposten für die Verwaltungsaufgaben aus den Streitkräften war dann die Verwendung von mehr Soldaten für militärische Aufgaben ermöglicht worden (vgl. Walz 2000b: 228; Voigt/Seybold 2004: 146).

Vom letzten Argument ausgehend wird hier die These vertreten, dass die Vorteilhaftigkeit der Trennung von Streitkräften und BWV nur dann in der einsatzorientierten Bundeswehr zur Geltung kommen kann, wenn die Trennung im Einsatz beibehalten wird.

Zur Stützung dieser These wird zuerst das System der Territorialen Wehrverwaltung skizziert. Sodann wird die Ausrichtung der TerrWV auf die Aufgaben der Einsatzwehrverwaltung beschrieben. Anschließend wird die Vergabe des Soldatenstatus für das zivile Verwaltungspersonal diskutiert. Abschließend wird der Blick auf weitere Aspekte der Trennung von Streitkräften und Wehrverwaltung gerichtet.

2 Die Territoriale Wehrverwaltung im Geschäftsbereich des BMVg

Die BWV ist in verschiedene eigenständige Behördenorganisationen aufgegliedert, die ausschließlich der Aufsicht und der Weisungsgewalt des Bundesministeriums der Verteidigung (BMVg) unterworfen sind (Abbildung 1). Diese sind die TerrWV, der Rüstungsbereich und besondere Aufgabenbereiche, zu denen z. B. das Bundessprachenamt zählt. Von diesen drei Organisationsbereichen umfasst die TerrWV „alle Organe, die sich mit den vielschichtigen Aufgaben des Personalwesens und der Bedarfsdeckung befassen" (Reinfried/Steinebach 1983: 109).

Die Struktur der BWV im Allgemeinen sowie der TerrWV im Besonderen entspricht einer reinen Zentralverwaltung[1] und ist dreistufig gegliedert. An der Spitze steht das BMVg als oberste Bundesbehörde. Es leitet die Gesamtverwaltung der Bundeswehr und führt die oberste Aufsicht. In allen Aufgabengebieten ist es für die Gesamtplanung verantwortlich (vgl. Reinfried et al. 1983: 111). Die Dienst- und Fachaufsicht über die TerrWV wird in der Abteilung „Wehrverwaltung, Infrastruktur und Umweltschutz" geführt.

---

[1] Der Strukturtyp der reinen Zentralverwaltung ist für die Verwaltung der Bundesrepublik nicht die Norm. Prinzip des föderalistischen Systems ist die Dezentralisierung von Verwaltungsaufgaben (vgl. Bogumil/Jann 2005: 60f., 70; Mayntz 1997: 90ff.).

Abbildung 1: BWV als bundeseigene Verwaltung mit eigenem Unterbau

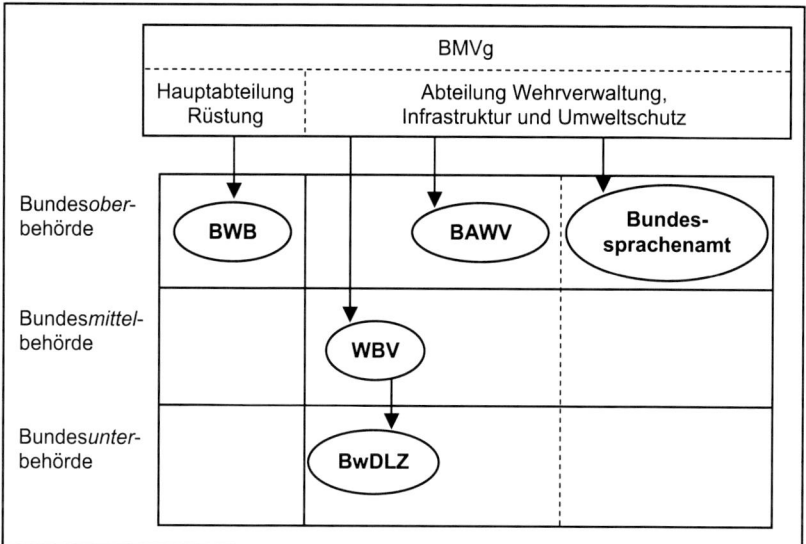

Anmerkung: Ausgewählte Dienststellen, nur Darstellung von gemeinsamer Dienst- und Fachaufsicht.
Quelle: In Anlehnung an Reinfried (1978: Abbildung 5).

Das Bundesamt für Wehrverwaltung (BAWV) steht auf der Ebene einer Bundesoberbehörde, ist aber nicht in den dreistufigen Instanzenzug der Zentralverwaltung eingebunden. Es nimmt Fach-, Querschnitts- und Steuerungsaufgaben wahr, die oberhalb der Bundesmittelbehörden einer zentralen Koordinierung bedürfen, ohne dass sie ministerieller Natur sind (vgl. BAWV 2009: 5; Reinfried et al. 1983: 135). Für einige Aufgabenbereiche in der TerrWV wurde dem BAWV die Fachaufsicht übertragen, zum Beispiel über die Sofortbeschaffung von Material für die im Ausland stationierten Truppen. Weitere Aufgaben sind internationale Vertragsangelegenheiten, Vergabe von speditionellen Dienstleistungen für die Bundeswehr und die Schaffung von Infrastruktur für Auslandseinsätze (vgl. BAWV 2009: 5).

Die Aufgaben, die in der Fläche anfallen und auf der Ebene der Mittelbehörden gelenkt und kontrolliert werden, sind die „truppenunmittelbaren Aufgaben" des Haushalts-, Kassen- und Rechnungswesens in den Streitkräften. Weitere Aufgaben, die dem Bereich der Standortverteilung zugehören, sind die Verwaltung der Liegenschaften, die Beschaffung und Materialbetreuung für die Streitkräfte und die Versorgung der Truppe mit Verpflegung und Bekleidung (vgl. Hartenstein 2004: 146; Reinfried et al. 1983: 142).

155

Aufgaben des Personalwesens für die Streitkräfte sind z. B. die Berechnung und Auszahlung der Bezüge. Diese hier genannten Aufgaben werden in der TerrWV von den Wehrbereichsverwaltungen (WBV) und den Bundeswehr-Dienstleistungszentren (BwDLZ) wahrgenommen. Die vier WBVen sind dem Ministerium unmittelbar nachgeordnet. Eine WBV ist prinzipiell für alle Aufgaben der TerrWV in ihrem Wehrbereich zuständig und lenkt und kontrolliert die Durchführung der Verwaltungsaufgaben der Ortsbehörden (vgl. Reinfried et al. 1983: 110). Die BwDLZ sind die Ortsbehörden, in denen zahlreiche Aufgaben des Personalwesens und der örtlichen Sachbedarfsdeckung für die Streitkräfte zusammengefasst sind (vgl. Martini 2007).

3   Wehrverwaltung im militärischen Einsatz

3.1   Planung und Steuerung der Einsatzwehrverwaltung

Die Befehlsgebung über die Streitkräfte in den Auslandseinsätzen erfolgt über drei Ebenen: Die oberste Ebene ist die strategische, auf der der Verteidigungsminister und der Generalinspekteur der Bundeswehr stehen. Der Generalinspekteur ist dem Minister unterstellt, der die politische Leitung innehat. Auf der strategischen Ebene wird der Regierungsauftrag strategisch formuliert, auf der operativen Ebene werden dann die strategischen Vorgaben operationalisiert. Hier ist das Einsatzführungskommando der Bundeswehr (EinsFüKdoBw) verortet, das die Vorgaben der politischen Leitung in Aufträge, Befehle und Weisungen umsetzt.[2] Auf der taktischen Ebene werden die operativen Vorgaben von der Truppe in den Einsatzkontingenten ausgeführt (vgl. EinsFüKdoBw 2009: 7f.).

---

2   Für die ministerielle Steuerung der zivilen Einsatzaufgaben siehe BMVg (2010: 10f.); CPM (2010: 13) und Dreist (2004b: 441ff.).

Abbildung 2: Truppendienstliche Unterstellung in einem Einsatzkontingent
(schematische Darstellung)

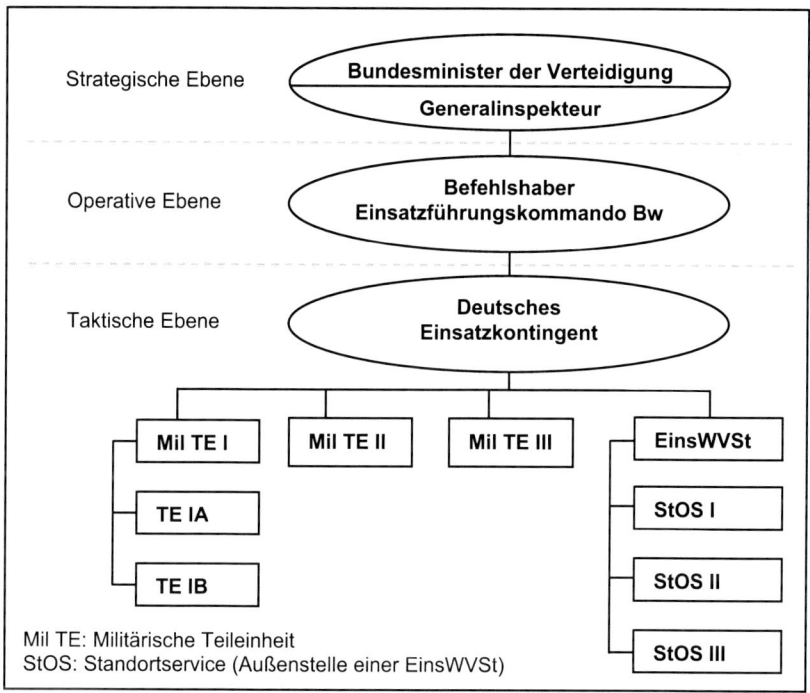

Quelle: Eigene Darstellung.

3.1.1 Einsatzführungskommando der Bundeswehr

Beim EinsFüKdoBw handelt es sich um einen gemischten und übergreifenden Stab aus den fünf Teilstreitkräften (TSK) und der TerrWV (vgl. EinsFüKdoBw 2009: 9). Es plant – in Abstimmung mit den TSK und anderen Organisationsbereichen der Bundeswehr – die Auslandseinsätze für die Truppe und bereitet sie vor. Für einen reibungslosen Informationsaustausch zwischen dem BAWV und EinsFüKdoBw wurde beim EinsFüKdoBw eigens die „Verbindungsstelle BAWV" geschaffen (vgl. BAWV 2009: 8). Durch die Einrichtung dieser Verbindungsstelle stellt sich die Steuerung der TerrWV-Aufgaben im Auslandseinsatz als „ganz enorm erleichtert" dar (vgl. Dreist 2004b: 450).[3]

---

3 Die Ausgestaltung des Informations- und Führungssystems für die Steuerung der Einsatzaufgaben ist eingehend beschrieben bei Dreist (2004b: 448f.).

3.1.2 Schnittstelle: Einsatzführungszentrum TerrWV

Seit dem SFOR-Einsatz im Jahr 1996 wurde von Beginn an ein Verwaltungsanteil im deutschen Heereskontingent eingeplant, was auf Erfahrungen aus den ersten Balkanmissionen zurückgeht. Die Einsatzsteuerung für die Mitarbeiter der TerrWV wurde ursprünglich vom „Koordinator Ausland" im BAWV wahrgenommen. Doch weil dieses Steuerungselement mit Zunahme der Auslandseinsätze zusehends überlastet war, wurde das Einsatzführungszentrum Territoriale Wehrverwaltung (EinsFüZ TerrWV) im BAWV mit einer größeren Anzahl von Dienstposten und einer ausgegliederten Organisationsstruktur Anfang 2002 eingerichtet (vgl. Dreist 2004b: 442, 444; Hartenstein 2004: 146). Gleichzeitig haben der Befehlshaber des EinsFüKdoBw und die Befehlshaber der Führungskommandos ebenfalls auf die Einrichtung des EinsFüZ TerrWV gedrängt, um einen einzigen Ansprechpartner („single point of contact") bei der TerrWV zu erhalten (vgl. Dreist 2004b: 448). Ziele der Zusammenarbeit sind die rasche und sachgerechte Beratung des BMVg, die auftragsgerechte Durchführung der Einsätze und die Förderung gemeinsamer Grundsätze für den Einsatz (vgl. Dreist 2004b: 450).

Das EinsFüZ TerrWV ist mit der Planung, Vorbereitung, Steuerung und Durchführung der zivilen Einsatzaufgaben befasst. Daneben fungiert es als Steuerungs-, Informations- und Auswertestelle für die TerrWV. Im Rahmen seiner Zuständigkeit wurde dem EinsFüZ TerrWV Weisungsbefugnis gegenüber allen Dienststellen der TerrWV im Inland übertragen, um die Aufgaben effektiver wahrnehmen zu können (vgl. Dreist 2004b: 448, 451).

3.1.3 Ausführung vor Ort: Einsatzwehrverwaltungsstelle

Eine Einsatzwehrverwaltungsstelle (EinsWVSt) führt die zivilen Aufgaben der TerrWV im Einsatz aus und ist eine Teileinheit des deutschen Einsatzkontingents. Der Leiter EinsWVSt ist im Gefüge des Kontingents ein Teileinheitsführer; er steht seiner Einheit alleinverantwortlich vor. Eine EinsWVSt ist eine eigenständige zivile Dienststelle der TerrWV. In Bezug auf die Wehrverwaltungsaufgaben untersteht sie immer der Fachaufsicht und den fachlichen Weisungen des BAWV (vgl. Haußer 2009: 416; CPM 2010: 13; BMVg 2010: 23). In allgemeinen militärischen Angelegenheiten hingegen untersteht eine EinsWVSt den Befehlen des Kontingentführers.[4]

---

4 Insofern ist die getrennte dienst- und fachaufsichtliche Unterstellung einer EinsWVSt sehr ähnlich einer Abteilung Verwaltung in einer Kommandobehörde. Die Abteilung Verwaltung war Teil des Systems der Truppenverwaltung, das zum Jahresbeginn 2007 in die TerrWV aufgegangen ist. (Zur Truppenverwaltung siehe z. B. Reinfried 1978; Reinfried et al. 1983; Sturm 1996.)

Die Dienstaufsicht über Verwaltungspersonal bleibt dann in der TerrWV, wenn es im Zivilstatus entsendet wird. In dem Fall liegt die Dienstaufsicht beim Präsidenten BAWV. Versieht das Verwaltungspersonal den Einsatz im Soldatenstatus, dann liegt die truppendienstliche Aufsicht beim EinsFüKdoBw.[5]

Eine EinsWVSt ist je nach Kontingentgröße und Einsatzaufgaben unterschiedlich groß und unterschiedlich strukturiert. Für die Anti-Piraterie-Mission ATALANTA bilden beispielsweise lediglich zwei Dienstposten eine EinsWVSt. In der EinsWVSt KFOR waren im Frühjahr 2011 um die 60 Dienstposten eingerichtet und für die EinsWVSt ISAF um die 220, wozu auch der Standortservice[6] in den Einsatzliegenschaften und Feldlagern im Einsatzgebiet der Bundeswehr zählt.

Ab einer bestimmten Größe ist eine EinsWVSt im Prinzip wie ein BwDLZ strukturiert. Hinzu kommen noch ein Organisationselement für den Sprachendienst und bei ISAF eins für das Fachpersonal Rüstung. Für diese zwei Bereiche liegen die Besetzungszuständigkeit und Fachaufsicht beim Bundessprachenamt beziehungsweise beim Bundesamt für Wehrtechnik und Beschaffung (BWB) (vgl. BMVg 2010: 23ff.).

3.2 Aufgaben

Die Einsatzaufgaben der TerrWV sind die Unterstützung und Beratung der Truppe in allen Haushalts- und Verwaltungsangelegenheiten sowie die Bedarfsdeckung vor Ort (BMVg 2010: 23). Im Einzelnen werden neun Aufgabenfelder genannt:

Im Liegenschaftswesen ist die TerrWV zum einen für den Betrieb und Unterhalt der Einsatzliegenschaften verantwortlich. Zum anderen ist die TerrWV mit dem Bau und Ausbau der Einsatzinfrastruktur befasst[7], was eine Erweiterung des Aufgabenspektrums der TerrWV darstellt (vgl. BMVg 2010:

---

5   Die Entsendung des Verwaltungspersonals soll in der Regel im Zivilstatus erfolgen. Doch von den wenigen Dienstposten in der EinsWVSt EUFOR, die bis Ende Mai 2011 aufgelöst wurde, und dem einen Verwaltungsdienstposten für UNIFIL abgesehen, werden alle Dienstposten im Soldatenstatus besetzt.
     Die Verwaltungsangehörigen im Doppelstatus von Beamter und Soldat unterstehen sowohl den Vorschriften des Bundesdisziplinargesetzes als auch den Regeln der Wehrdisziplinarordnung und des Soldatengesetzes (vgl. Dau 2004; Heinen 2010).
6   Ein Standortservice ist eine Außenstelle der EinsWVSt im Einsatzgebiet.
7   „Die (...) Teilkonzeption ,Unterbringung im Einsatz' unterscheidet zwischen der kurzfristigen ,Beweglichen Unterbringung' der Truppe und der ,Stationären Unterbringung', entweder in einem von den Streitkräften errichteten und betriebenen Feldlager oder in einer Einsatzinfrastruktur, die die Territoriale Wehrverwaltung bereitstellen und betreiben muss." (Lange/Funke 2009: 64)

25ff.; CPM 2010: 15f.; Edler/Stockmann 2010: 65; Lange/Funke 2009; Dreist 2004a: 283, 290, 294f.).

Das Personalwesen ist mit der Personalverwaltung für die Ortskräfte befasst, d. h. mit der Einstellung, Entlohnung und Entlassung. Ortskräfte werden für Ausführungsarbeiten eingesetzt als Bauarbeiter, Küchenhilfen, Reinigungs- und Fachpersonal. Daneben dienen Ortskräfte als Sprachmittler für die Materialbeschaffung und Kontaktpflege vor Ort (vgl. BMVg 2010: 28; Dreist 2004a: 289f.).

Das Sprachmittlerwesen im Einsatzgebiet unterstützt die Kommunikation in einem multinationalen Stab und mit der Bevölkerung vor Ort. Daneben obliegt ihm die fachliche Führung der als Übersetzer eingestellten Ortskräfte (BMVg 2010: 33).

Weitere Aufgabenfelder sind das Verpflegungswesen (BMVg 2010: 28–32; Dreist 2004a: 288f.; Haußer 2009: 417–422), das Bekleidungswesen (BMVg 2010: 32; Dreist 2004a: 289) und das Beschaffungswesen (BMVg 2010: 32; Dreist 2004a: 292f.). Hinzu kommt die Bearbeitung und Abwicklung von Schadensfällen im Einsatzgebiet, die von Angehörigen der Bundeswehr in Erfüllung dienstlicher Aufgaben gegenüber Dritten verursacht werden. Ferner fällt die multinationale Abrechnung ins Tätigkeitsfeld der TerrWV vor Ort. Schließlich ist das Abschließen von Transportverträgen eine Aufgabe für den Einsatz, die aber in die Zuständigkeit des BAWV im Inland fällt (vgl. Dreist 2004a: 290–292).

Die TerrWV nimmt somit nicht alleine Aufgaben der Einsatzwehrverwaltung „nach innen" wahr, d. h. Wehrverwaltung gegenüber der Truppe, sondern auch Aufgaben gegenüber Dritten, die außerhalb der Bundeswehr stehen, wie z. B. die Personalverwaltung der Ortskräfte und die Bearbeitung von Schadensfällen.

3.3   Personalstellung

Für die Einsatzaufgaben werden Verwaltungspersonal und Facharbeiter – Elektriker, Schlosser und Tischler – von der TerrWV entsendet (vgl. BMVg 2010: 34; Edler/Stockmann 2010: 65; Schmidt 2008: 7). Das entsendete Personal wird von den „einsatzbezogenen Dienstposten" rekrutiert. Als Einsatzdienstposten werden bestehende Dienstposten kodiert und somit aus dem laufenden Inlandsbetrieb gestellt. Die insgesamt ca. 3 200 Dienstposten (Stand: März 2011) sind auf zwei Kategorien aufgeteilt. Kategorie I umfasst ca. 200 Dienstposten, die an erster Stelle für den Einsatz vorgesehen sind und für den Inlandsbetrieb nachrangig zur Verfügung stehen. Dieses Personal steht kurzfristig für den Einsatz zur Verfügung, z. B. für den Aufbau der Wehrverwaltung im Vorauskommando, für kurzfristige Einsätze und als

160

Ersatz für ausgefallenes Verwaltungspersonal im Einsatz. Die ca. 3 000 Dienstposten der Kategorie II dienen den laufenden Einsatzaufgaben und der Personalregeneration. Dieses Personal ist primär in den Inlandsbetrieb eingebunden und ihre Auslandsverwendung planbar (vgl. BMVg 2010: 34f.; CPM 2010: 14f.). Bei Entsendung ist der Inlandsdienstposten nicht besetzt, so dass die Verwaltungsaufgaben von den verbleibenden Mitarbeitern meistens im Rahmen einer Vertretungsregelung, wie bei Urlaub oder Krankheit auch, übernommen werden.

Vor der Entsendung in den Einsatz wird das Personal der BWV meistens in fachspezifischen Lehrgängen für die Einsatzaufgaben geschult. Daneben findet häufig aufgrund der im Einsatz vorherrschenden Multinationalität eine Sprachausbildung in Englisch statt sowie – für die Einsatzverwendung im Soldatenstatus – noch die „Allgemeine Soldatische Ausbildung" (ASA) und die „Kontingentausbildung" (vgl. BMVg 2010: 36f.; CPM 2010: 14; Niepenberg 2008). In der ASA werden neben der Waffen- und Schießausbildung primär Techniken der Kameraden- und Selbsthilfe sowie des Selbstschutzes vermittelt.

4   Bedeutung des militärischen Anzugs

4.1   Begründung des Soldatenstatus: Sicherheit

Angehörige der BWV sollten vom Grundsatz her den Einsatz im zivilen Status leisten (vgl. Schmidt-Radefeldt 2007: 73). Dafür spricht zum einen eine bessere Deckung des Personalbedarfs für die Auslandseinsätze. Denn die Teilnahme im Soldatenstatus erfolgt erstens nur auf freiwilliger Basis, und zweitens muss das Verwaltungspersonal für den Soldatenstatus für den Einsatz extra einberufen werden. Zum anderen ist die Zahl der Soldaten in den Einsatzkontingenten in den vom Parlament verabschiedeten Mandaten begrenzt, so dass die Entsendung von Verwaltungsangehörigen im Soldatenstatus die Anzahl von Soldaten für militärische Aufgaben einschränkt.

Doch tatsächlich erfolgt der Personaleinsatz in den meisten Fällen im Soldatenstatus. Der Grund dafür wird in erster Linie mit der Fürsorgepflicht des Dienstherrn angesichts einer Sicherheitsgefährdung im Einsatz begründet (vgl. Schmidt-Radefeldt 2007: 73). „Schließlich kann eine Beurteilung nicht ohne die Berücksichtigung des internationalen Kriegsvölkerrechts auskommen, da der Einsatz von Zivilpersonen in Krisengebieten nicht zu einer völkerrechtlichen Schlechterstellung dieser Personen führen darf." (Voigt et al. 2004: 149) Gefährdung besteht bezüglich der rechtlichen Sicherheit und der körperlichen Unversehrtheit im Einsatzgebiet.

Die Verwaltungsangehörigen, die den Auslandseinsatz in zivil wahrnehmen, gelten völkerrechtlich als „ziviles Gefolge" – sie können im Vergleich zu „normalen" Zivilisten im internationalen bewaffneten Konflikt zu Kriegsgefangenen werden. Da sie aber Zivilisten sind, haben sie kein Recht, sich unmittelbar an Kampfhandlungen mit Waffengewalt zu beteiligen. Sie besitzen lediglich das Recht auf Selbstverteidigung, wenn sie Ziel eines völkerrechtswidrigen Angriffs sind. Doch ein Sicherheitsdilemma entsteht insofern, als das zivile Gefolge das Risiko der kollateralen Schädigung trägt: „Die unvermeidliche Nähe einer (mit Zivilisten besetzten) Truppenverwaltung zu Einrichtungen der Streitkräfte erhöht nämlich die Gefahr, dass auch zivile Bundeswehrangehörige zum Ziel eines gegnerischen Angriffs werden, der womöglich *nicht einmal völkerrechtswidrig* wäre." (Schmidt-Radefeldt 2007: 76; Hervorhebung im Original) Denn die Einsatzliegenschaften[8] sind ein legitimes militärisches Ziel (vgl. Sturm 1996: 54).

Die Angehörigen von Streitkräften einer am internationalen bewaffneten Konflikt beteiligten Partei zählen als Kombattanten, wozu Soldaten und die im Soldatenstatus entsendeten Angehörigen der BWV gehören. Kombattanten haben das Recht, sich an Feindseligkeiten zu beteiligen. Damit dürfen Verwaltungsangehörige im Soldatenstatus sich unmittelbar an offenen Feindseligkeiten beteiligen, was bei einer notwendigen militärischen Verteidigung der Einsatzliegenschaft in Frage käme (vgl. Schmidt-Radefeldt 2007: 75; Walz 2000a: 112; Sturm 1996: 55).

4.2 Abwägung: Beamte bei Kampfhandlungen

Der Soldatenstatus für Verwaltungsangehörige kostet Einsatzdienstposten für Soldaten. In der Abwägung zwischen der höheren Sicherheit, die der Soldatenstatus verspricht, und der geringeren Kapazität für originär militärisches Personal, wird fast ausschließlich zugunsten der höheren Sicherheit entschieden. Die Entsendung in ein unbefriedetes Einsatzgebiet erfolgt im Soldatenstatus, weil ein potenzieller Angriff auf eine Einsatzliegenschaft Teil des Einsatzszenarios ist. Wie hoch die Wahrscheinlichkeit für einen Angriff ist, kann angesichts komplexer Einsatzszenarien nicht exakt bestimmt und kalkuliert werden, weswegen nur eine Entscheidung darüber verbleibt, die Sicherheitsgefährdung als relevant oder irrelevant anzunehmen. Weil in einem nicht befriedeten Einsatzgebiet grundsätzlich die Möglichkeit eines Angriffs besteht, hat der Dienstherr Sorge dafür zu tragen, dass die Gefährdung des zivilen Verwaltungspersonals möglichst gering ist. Eine Abwägung über die Kosten des Soldatenstatus (Besetzung von militärischen Kontingentposten)

---

8   Als Einsatzliegenschaften sind hier die Feldlager und die ausgebaute Einsatzinfrastruktur im Betrieb der TerrWV gleichermaßen gemeint.

und Nutzen (höhere Sicherheit für Verwaltungspersonal im Falle eines Angriffs) ist aus dem Grund der Fürsorgepflicht nicht möglich.

Die Annahme, dass die Sicherheitsgefährdung im Zivilstatus grundsätzlich höher zu veranschlagen sei als im Soldatenstatus, kann aber durchaus fehl gehen: Wenn das zivile Gefolge, d. h. das Verwaltungspersonal im Zivilstatus, konkretes Ziel eines Angriffs wird, dann verbleibt ihm das Recht auf Selbstverteidigung, womit es rechtlich dem Sanitätspersonal gleichgestellt ist. Die Selbstverteidigung kann insofern effektiv sein, als das zivile Gefolge Schutzausrüstung erhält und trotz Zivilstatus an der militärischen Einsatzvorbereitung teilnehmen kann. Es ist selbst vom Tragen einer Waffe nicht unbedingt ausgeschlossen, wie aus ZDv 15/2 Nr. 313 und 315 in Verbindung mit § 2 Abs. 4 und § 3 Abs. 1 der Allgemeinen Verwaltungsvorschrift des Bundesministeriums der Verteidigung zum Waffengesetz (WaffVwV-BMvg) hervorgeht (vgl. Hildebrandt/Ulke 2005: 153). Ausgeschlossen ist lediglich die Teilnahme am Kampfgeschehen zur kollektiven Verteidigung.

Nun ist fraglich, ob der Zivilstatus nicht womöglich einen besseren Personen- und Rechtsschutz für das Verwaltungspersonal bewirkt als der Soldatenstatus: Zum einen ist beim Zivilstatus im Vergleich zum Soldatenstatus ausgeschlossen, dass Verwaltungspersonal zu Kampfhandlungen befohlen werden kann. Zum anderen vermögen Soldaten eine Einsatzliegenschaft besser zu schützen als originär ziviles Personal (vgl. Voigt et al. 2004: 151). Solange die Verteidigung standhält, sind die Personen in der Liegenschaft geschützt. Sollte die Verteidigung nicht standhalten, dann steht im Falle eines völkerrechtswidrigen Angriffs dem Verwaltungspersonal noch die Selbstverteidigung zu. Hierin zeigt sich, dass das Verwaltungspersonal im Zivilstatus durchaus besser geschützt sein kann als im Soldatenstatus: Die Gefährdung für Leib und Leben ist geringer, und die Verteidigung des Feldlagers alleine mit Soldaten ist effektiver, als wenn anstelle von Soldaten zum Teil originär ziviles Personal steht. Dafür spielt die ungenügende militärische Kampfausbildung des zivilen Personals die bedeutende Rolle.[9]

Das Beispiel ging von dem Fall eines Angriffs auf eine Einsatzliegenschaft aus. Zu beachten bleibt, dass Angehörige der TerrWV auch außerhalb des Lagers ihren Dienst versehen, z. B. für die Deckung des Sofortbedarfs auf den örtlichen Märkten. Doch auch in einer solchen Situation kann der Solda-

---

9 Voigt et al. (2004: 152) schlagen daher vor, einige Soldaten für die Aufgaben der Wehrverwaltung auszubilden. Dahinter steht die Annahme, dass die Verwaltungsausbildung von Soldaten weniger Aufwand verursachen wird als die militärische Kampfausbildung von Verwaltungspersonal. Diese Ansicht wird in diesem Aufsatz nicht geteilt.
Die Entsendung von Verwaltungsangehörigen im Soldatenstatus kann aber dann von Vorteil sein, wenn die Kontingentgröße nicht ausgeschöpft ist. Im Falle eines Angriffs auf eine Einsatzliegenschaft können zur Verteidigung dann mehr Kräfte aufgeboten werden, was zu einer höheren Sicherheit innerhalb einer Einsatzliegenschaft führen sollte.

tenstatus von Nachteil sein, wenn in einer Krisensituation dem Beamten, der vor Ort gerade der dienstgradhöchste Soldat ist, die Führung zufällt (vgl. Hildebrandt et al. 2005: 132).

4.3 Militärisches Selbstverständnis in der TerrWV durch Soldatenstatus

Im Jahr 2010 führte das Sozialwissenschaftliche Institut der Bundeswehr unter den Angehörigen der TerrWV eine Befragung durch, die primär auf die Teilnahme an Auslandseinsätzen abstellte. 5 Prozent der Befragten haben an einem Auslandseinsatz teilgenommen.

Innerhalb dieser Personengruppe haben 92 Prozent Einsatzerfahrungen ausschließlich im Soldatenstatus, 4 Prozent ausschließlich im Zivilstatus und weitere 4 Prozent verfügen über Einsatzerfahrungen in Uniform wie in Zivil. Die überwiegende Mehrheit der Einsatzerfahrenen beurteilt den Soldatenstatus positiv. Eine Mehrheit von 76 Prozent spricht sich dafür aus, dass für Angehörige der TerrWV die Teilnahme nur im Soldatenstatus erfolgen sollte. Aus Sicht von 74 Prozent spreche für den Soldatenstatus, dass die Uniform „Anerkennung und Akzeptanz unter den anderen Kontingentteilnehmern/-teilnehmerinnen" schaffe. „Ohne Uniform wird man von aktiven Soldaten/Soldatinnen im Einsatz ohnehin nicht ernst genommen", meint knapp mehr als die Hälfte. Dass ein Uniformabzeichen zur Kennzeichnung der TerrWV sinnvoll wäre, finden 43 Prozent, während 45 Prozent dies nicht so sehen. Der Soldatenstatus ist aus Sicht des Verwaltungspersonals, das bereits in einen Einsatz entsendet war, sehr weit akzeptiert.[10]

Fraglich ist, in welchem Zusammenhang die starke Befürwortung des Soldatenstatus mit der einsatzvorbereitenden Ausbildung steht. Ein Großteil der Befragten bewertet die Einsatzvorbereitung in den verschiedenen militärischen Ausbildungsbereichen als „gut" oder „eher gut" (je nach Bereich ca. 70 bis 80 Prozent). Demgegenüber wird die Vorbereitung auf die einsatzspezifischen Verwaltungsaufgaben je nach Ausbildungsbereich von lediglich 30 bis 40 Prozent der Befragten positiv bewertet. Eklatant ist, dass in Bezug auf den „Auftrag der Bundeswehr im Einsatz" sich 60 Prozent für „gut" oder „eher gut" vorbereitet halten, während lediglich 41 Prozent sich entsprechend auf den „Auftrag der Wehrverwaltung" im Einsatz vorbereitet sehen. Schließlich bleibt zu nennen, dass weniger Personal eine fachliche Einsatzvorberei-

---

10 Die Antworten der wenigen Personen, die auch über Einsatzerfahrungen in Zivil verfügen (insgesamt ca. 20 Befragte), geben ein verhalteneres Meinungsbild über den Soldatenstatus wieder. Zum einen kann das daran liegen, dass die Verwaltungsangehörigen nur in befriedeten Ländern im Zivilstatus ihren Dienst versehen. Zum anderen kann das aber auch daran liegen, dass das zivil entsendete Personal in den Einsatzkontingenten durchaus als Träger wichtiger Aufgaben Anerkennung erhielt. Doch aus den wenigen Antworten kann ein valides Meinungsbild nicht zuverlässig generiert werden.

tung erfahren hat als eine militärische. Die Einbindung der TerrWV in die Auslandseinsätze scheint – zumindest temporär – dazu zu führen, dass sich das Verwaltungspersonal stärker in das System der Streitkräfte eingebunden sieht als in das Makrosystems der öffentlichen Verwaltung (vgl. auch Haußer 2009: 424; Walz 2000a: 112).

5 Fazit

In den meisten Fällen nehmen die Verwaltungsangehörigen den Dienst im Militäreinsatz als Soldaten wahr. Die Diskussion weist darauf hin, dass in der Abwägung zwischen Besetzung von Soldatendienstposten für den Einsatz und der Verringerung der rechtlichen und körperlichen Sicherheitsgefährdung des originär zivilen Personals der Dienstherr grundsätzlich von einer latenten, unbestimmbaren Sicherheitsgefährdung ausgehen muss und Fürsorge für das Verwaltungspersonal zu treffen hat. Die Diskussion zeigt zugleich, dass die Vergabe des Soldatenstatus zur Verminderung der Sicherheitsgefährdung nicht zwangsläufig die erste Wahl ist. Durch den Soldatenstatus ist zwar eine eindeutige rechtliche Sicherheit gegeben, um sich im Falle eines Angriffs zu verteidigen. Gleichzeitig kann aber dadurch die körperliche Unversehrtheit aus zwei Gründen gefährdeter sein als im Zivilstatus: Zum einen kann Verwaltungspersonal nötigenfalls zur Teilnahme an offenen Kampfhandlungen befohlen werden, und zum anderen ist der Schutz einer Einsatzliegenschaft mit originär zivilem Personal nicht so effektiv wie durch originär militärisches Personal alleine.

Die Entsendung von Verwaltungspersonal im Soldatenstatus ist vor diesem Hintergrund nicht geboten. Der Vorteil der Trennung von BWV und Streitkräften, der in dem Unterlaufen der Personalobergrenzen liegt, kann nur dann im Einsatz zur Geltung kommen, wenn auch dort die Trennung beibehalten bleibt.

Insbesondere vor dem Hintergrund einer eng gefassten Kontingentgröße stellt die Trennung von militärischen und zivilen Aufgabenträgern einen besonderen Vorteil dar, ohne dass die Fürsorgepflicht des Dienstherrn zwangsläufig verletzt würde. Gleichwohl gehen mit dem Einsatz von Beamten und Arbeitnehmern der TerrWV in den Einsatzkontingenten durchaus Nachteile einher, die insbesondere daraus resultieren, dass das Personal der TerrWV anderen Gesetzen und Disziplinarordnungen unterliegt als die Soldaten. Fraglich bleibt, ob diese Nachteile schwerer wiegen als die aufgezeigten Vorteile der Beibehaltung des zivilen Status im Einsatz. Dazu können die Erfahrungen aus den militärischen Einsätzen in befriedeten Ländern Klärung bieten.

Literatur

Abkürzungsverzeichnis

BWV	Bundeswehrverwaltung – Fachzeitschrift für Administration
NZWehrr	Neue Zeitschrift für Wehrrecht
UBWV	Unterrichtsblätter für die Bundeswehrverwaltung
ZBR	Zeitschrift für Beamtenrecht

BAWV – Bundesamt für Wehrverwaltung (2009): Das Bundesamt für Wehrverwaltung: Kompetent und handlungsstark. Bonn.

Blasius, Rainer (2006): Ziviler Geist gegen grasende Generäle. In: Frankfurter Allgemeine Zeitung, 29. März 2006.

BMVg – Bundesministerium der Verteidigung (2010): Wehrverwaltung im Einsatz – Ein Überblick. Berlin.

Bogumil, Jörg/Jann, Werner (2005): Verwaltung und Verwaltungswissenschaft in Deutschland. Einführung in die Verwaltungswissenschaft. Wiesbaden: VS Verlag für Sozialwissenschaften.

CPM Communication Presse Marketing (2010): Wehrverwaltung. St. Augustin: CPM Forum.

Dau, Klaus (2004): Die Ahndung eines Dienstvergehens im Doppelstatus von Beamter und Soldat. In: ZBR, 52: 6, 190–194.

Dreist, Peter (2004a): Wehrverwaltung im Auslandseinsatz – die Aufgabenwahrnehmung. In: UBWV, 2004: 8, 281–296.

Dreist, Peter (2004b): Wehrverwaltung im Auslandseinsatz – die Einsatzsteuerung. In: UBWV, 2004: 12, 441–453.

Edler, Bernd/Stockmann, Markus (2010): Service auch in den Einsatzgebieten. In: Strategie & Technik, 53: 2, 64–66.

EinsFüKdoBw – Einsatzführungskommando der Bundeswehr (2009): Einsatzführungskommando der Bundeswehr. 4. Aufl. Potsdam.

Hartenstein, Frank-Helmut (2004): Die Wehrverwaltung im Veränderungsprozess der Bundeswehr. In: BWV, 48: 7, 145–149.

Haußer, Andreas (2009): Der Sachbearbeiter Verpflegung in Afghanistan. In: UBWV, 2009: 11, 416–424.

Heinen, Johannes (2010): Soldaten- und beamtenrechtliche Verfehlung im Auslandseinsatz – Nutzung der dezentralen Beschaffung für private Zwecke. In: BWV, 54: 11, 250f.

Hildebrandt, Jens/Ulke, Saskia (2005): Die Territoriale Wehrverwaltung in besonderen Auslandseinsätzen der Bundeswehr im Frieden. Betrachtung ausgewählter Alternativen zur aktuellen Struktur am Beispiel des Einsatzes EUFOR. Diplomarbeit an der Fakultät für Wirtschafts- und Organisationswissenschaften der Universität der Bundeswehr München.

Klein, Paul/Walz, Dieter (Hrsg.) (2000): Die Bundeswehr an der Schwelle zum 21. Jahrhundert. Baden-Baden: Nomos.

Lange, Klaus-Günter/Funke, Aloys (2009): Herausforderung Bauen im Einsatz. Eine Aufgabe der Territorialen Wehrverwaltung. In: Strategie & Technik, 52: 3, 64–67.

Martini, Bernd-Rüdiger (2007): Die neuen Bundeswehr-Dienstleistungszentren in der Territorialen Wehrverwaltung. In: BWV, 51: 4, 77–84.

Mayntz, Renate (1997): Soziologie der öffentlichen Verwaltung. 4. durchgesehene Aufl. Heidelberg: C. F. Müller Verlag.

Niepenberg, Peter (2008): Einsatzvorbereitung der Bundeswehrverwaltung. In: Hardthöhenkurier, 24: 2, 16–17.

Reinfried, Hubert (1978): Streitkräfte und Bundeswehrverwaltung. (Die Bundeswehr – Eine Gesamtdarstellung, Band 9) Regensburg: Walhalla u. Pretoria Verlag.

Reinfried, Hubert/Steinebach, Nikolaus (1983): Die Bundeswehrverwaltung. Einführung in Struktur, Aufgabe und Organisation. 4. neubearb. Aufl. Heidelberg/Hamburg: v. Decker Verlag

Schmidt, Simon (2008): Die Einsätze der Bundeswehr im Ausland – Kompakte Betrachtung (Stand: 11/2007). In: BWV, 52: 1, 2–8.

Schmidt-Radefeldt, Roman (2007): Bundeswehrverwaltung im bewaffneten Konflikt – ein Beitrag zum Status der Bundeswehrverwaltung im Auslandseinsatz. In: BWV, 51: 4, 73–77.

Schustereit, Hartmut (2000): Deutsche Militärverwaltung im Umbruch. Berlin/St. Petersburg: Oberbaum Verlag.

Sturm, Alexander (1996): Streitkräfte – Bundeswehrverwaltung – Rechtspflege. Abgrenzung der Organisation und des Status der Angehörigen. Aachen: Shaker Verlag.

Voigt, Rüdiger/Seybold, Martin (2003): Streitkräfte und Wehrverwaltung. Eine verfassungsrechtliche Analyse des Verhältnisses von Art. 87a zu Art. 87b GG. Baden-Baden: Nomos.

Voigt, Rüdiger/Seybold, Martin (2004): Verfassungsrechtliche Rahmenbedingungen für den Einsatz von Soldaten im Bereich der Bundeswehrverwaltung. In: NZWehrr, 46: 4, 141–153.

Walz, Dieter (2000a): Die Bundeswehrverwaltung im Auslandseinsatz. Verfassungs- und wehrrechtliche Fragestellungen. In: Klein/Walz (Hrsg.) 2000: 111–122.

Walz, Dieter (2000b): Die Bundeswehrverwaltung auf dem Weg in das 21. Jahrhundert? In: Klein/Walz (Hrsg.) 2000: 219–234.

III Gesellschaft und Einsatzarmee

United We Stand, Divided We Fall? Die Haltungen europäischer Bevölkerungen zum ISAF-Einsatz
Heiko Biehl

1 Multinationale Einsätze zwischen gemeinsamem Handeln und gegenseitiger Abhängigkeit

Die Zusammenarbeit von Streitkräften unterschiedlicher Nationen ist zum Standard geworden. Alle bedeutenden Missionen – und so auch der ISAF-Einsatz – sind gegenwärtig geprägt durch Multinationalität. Diese intensive Form der Kooperation von Streitkräften ist weniger das Ergebnis militärischer Initiative, sondern zumeist politisch begründet. Vorrangiges Ziel der beteiligten Nationen ist dabei die Teilnahme vieler Staaten, möglichst abgesichert durch ein Mandat der Vereinten Nationen, um die Legitimität der Einsätze zu erhöhen. Das Engagement unterschiedlicher Staaten soll verdeutlichen, dass die Mission nicht alleine dem politischen Willen *eines* Staates folgt, sondern einen fairen Ausgleich der Interessen sowohl im Einsatzland als auch zwischen den beteiligten Nationen gewährleistet. Zugleich ist die Teilnahme an internationalen Einsätzen für einige Staaten eine Chance, ihr Potenzial und ihre Zuverlässigkeit in der internationalen Gemeinschaft zu dokumentieren.

Allerdings ist mit der multinationalen Prägung internationaler Konfliktregelungen, wie in Afghanistan, ein wesentlicher Nachteil verbunden: Durch das gemeinsame Vorgehen sind die Staaten aufeinander angewiesen. In der Folge besteht die wechselseitige Abhängigkeit, die Mission erfolgreich zu Ende zu bringen (was auch immer dies im Einzelfall heißen mag). Dabei wissen die Beteiligten um die Schwierigkeiten, den Einsatz politisch und militärisch zu bestehen. Dies gilt nicht zuletzt mit Blick auf die Stabilität des innenpolitischen Konsenses über die Beteiligung der eigenen Streitkräfte. Das Ziel der beteiligungswilligen Regierungen ist es, einen möglichst breiten Rückhalt in der politischen Elite herzustellen und Akzeptanz für den Einsatz bei den Bürgerinnen und Bürgern zu erlangen – zumindest aber die Mobilisierung der Bevölkerung gegen den militärischen Einsatz zu verhindern. Dies gilt auch und gerade dann, wenn sich die militärische Situation im Einsatzland verschlechtert und eine Vielzahl von Gefallenen zu beklagen ist. Von daher haben die beteiligten Nationen und Streitkräfte nicht nur den Rückhalt im eigenen Land und bei den eigenen Bürgerinnen und Bürgern im Blick. Sie beobachten auch wechselseitig die Entwicklungen in der Innenpolitik und Öffentlichen Meinung anderer Staaten, um festzustellen, ob einige Partner sich aus dem gemeinsamen Einsatz verabschieden. Im Laufe des Afghanistaneinsatzes haben Kanada und die Niederlande ihr militärisches Engagement bereits reduziert bzw. eine Beendigung der Kampfhandlungen angekündigt (s. a. Anker 2005; Dorn 2005/6). Es besteht zumindest die Gefahr einer Eigendynamik, wenn – mit Blick auf das als Abzugsdatum genannte und nahende Jahr 2014 – weitere Nationen wegfallen.

Angesichts dieses Szenarios stellt sich die Frage nach dem Rückhalt, den das militärische Engagement in Afghanistan gegenwärtig bei den europäischen Bürgerinnen und Bürgern noch erfährt: Stehen die Bevölkerungen hinter dem ISAF-Einsatz? Wo bestehen Vorbehalte? Worauf sind diese zurückzuführen? Um diese Fragen zu beantworten, werden im Folgenden die Haltungen ausgewählter europäischer Bevölkerungen zum ISAF-Engagement dargestellt und analysiert[1]. Da bislang kaum vergleichende Untersuchungen zu den Haltungen der europäischen Bürgerinnen und Bürger zur Afghanistanmission vorliegen, bilden die im Rahmen des Projekts zu Strategischen Kulturen am Sozialwissenschaftlichen Institut der Bundeswehr (SOWI) durchgeführten Umfragen eine geeignete Datenbasis für die verfolgte Fragestellung (Abschnitt 3). Die Auswertungen zeigen die Haltungen der europäischen Bevölkerungen zum ISAF-Einsatz und zu den Aufgaben, die den Streitkräften darin zukommen sollen, auf (Abschnitt 4). Dabei werden bemerkenswerte Divergenzen zwischen den untersuchten Ländern sichtbar. Worauf diese zurückzuführen sind, wird in Abschnitt 5 auf Basis multivariater Auswertungen untersucht. Nach der Synopse der Befunde wird abschließend (Abschnitt 6) diskutiert, inwieweit eine Veränderung oder Angleichung in den Einstellungen der europäischen Bevölkerungen zu erwarten ist. Zunächst einmal werden jedoch der Beitrag der untersuchten Staaten und die vorliegenden Befunde zu Bevölkerungseinstellungen zum ISAF-Einsatz skizziert sowie die Frage diskutiert, welche Relevanz sicherheitspolitische Einstellungen generell für Politik und Streitkräfte besitzen (Abschnitt 2).

---

1   In diesem Zusammenhang sind prinzipiell die Haltungen aller europäischen Bevölkerungen von Interesse. Aufgrund des zur Verfügung stehenden Datenmaterials erfolgt eine Konzentration auf acht Staaten (Deutschland, Frankreich, Großbritannien, Österreich, Schweden, Spanien, Tschechische Republik und Türkei, siehe Abschnitt 3).

2 Afghanistan-Engagement und Öffentliche Meinung – Relevanz und Befunde

2.1 Das internationale Engagement in Afghanistan

Gegenwärtig sind 48 Nationen an der NATO-geführten ISAF-Mission beteiligt (Stand: Mai 2011). Allerdings divergiert deren Engagement in politischer, finanzieller und militärischer Hinsicht erheblich, was auch für die acht hier betrachteten Nationen gilt. Diese nehmen allesamt an der Mission teil, ihre Beiträge unterscheiden sich aber substanziell. Die Briten sind mit rund 9 500 Soldatinnen und Soldaten nach den Vereinigten Staaten der zweitgrößte, Deutschland der drittgrößte Truppensteller. Demgegenüber hat das österreichische Bundesheer nur drei Soldaten entsendet und leistet damit eher symbolische Unterstützung. Zugleich divergieren auch die konkreten Aufgaben, die die Soldatinnen und Soldaten erfüllen. Während einige Nationen massiv die Bekämpfung aufständischer Kräfte betreiben, bringen sich andere eher in die Ausbildung der einheimischen Militär- und Polizeieinheiten ein. Daneben bestehen zivil-militärische Bemühungen, den Wiederaufbau des Landes, seiner Wirtschaft, Infrastruktur und Bildungseinrichtungen voranzutreiben. Im Ergebnis von Truppenstärken, militärischen Aufgaben und Dislozierung verzeichnen die Streitkräfte unterschiedliche Opferzahlen. Während das österreichische Bundesheer noch keine Verluste erlitten hat, hat die britische Armee bereits mehrere Hundert Gefallene zu beklagen.

Tabelle 1:   Kennzahlen ausgewählter Staaten zum ISAF-Einsatz

	DEU	FRA	GB	AUT	SWE	ESP	CZE	TUR
In Afghanistan militärisch präsent seit	2002	2001	2001	2004	2002	2002	2002	2001
Truppenstärke*	4 812	3 935	9 500	3	500	1 552	519	1 786
Regionaler Schwerpunkt	Norden	Osten, Süden	Süden, Helmand	Kabul	Norden, Kabul	Westen, Kabul	Kabul	Kabul
Verluste	53	63	374	0	5	33	4	2

*: teilweise gerundete Angaben.
Quellen: isaf.nato.int; icasualties.org (Stand: Juni 2011).

2.2 Relevanz der Öffentlichen Meinung für Sicherheitspolitik und Streitkräfte

Die öffentlichen Reaktionen auf das Afghanistan-Engagement standen und stehen deutlich hinter den Protesten gegen den Irakkrieg zurück. Während in den Jahren 2002 und 2003 weltweit Demonstrationen wider den US-Feldzug stattfanden, gab es kaum vergleichbare Aktionen gegen den Afghanistaneinsatz. Alleine in Kanada wurden größere und wiederholte Proteste organisiert, die im Zusammenhang mit den hohen Verlusten der kanadischen Streitkräfte stehen. Mit mittlerweile 155 Gefallenen ist der Afghanistankrieg für die kanadische Armee der verlustreichste Konflikt seit dem Koreakrieg.

Angesichts der relativen Passivität der Bevölkerungen stellt sich die Frage nach der Relevanz der sicherheitspolitischen Einstellungen der Bürgerinnen und Bürger: Welche Bedeutung kommt der Öffentlichen Meinung zur Sicherheitspolitik zu? Ist sie eine Größe, auf die Politik und Streitkräfte Rücksicht nehmen sollen bzw. müssen oder stellt sie eine ‚quantité negligeable' dar? Und worin besteht die Relevanz eines internationalen Vergleichs der Einstellungen zum ISAF-Engagement?

Bevölkerungsumfragen sind mittlerweile fester Bestandteil der massenmedialen Kommunikation. Kaum ein Tag vergeht, ohne dass die demoskopisch erhobenen Haltungen der Bürgerinnen und Bürger zu irgendeinem Thema in den Medien präsentiert und thematisiert werden. Diese Omnipräsenz suggeriert eine Relevanz der Öffentlichen Meinung, die im Einzelnen aber differenziert nachzuweisen und zu begründen ist.[2]

Zunächst gilt, dass die Unterstützung durch die Mehrheit ein generelles demokratisches Prinzip ist, das auch für die Außen- und Sicherheitspolitik Berechtigung beanspruchen kann (Kegley/Wittkopf 1988). In repräsentativen Demokratien wird politische Macht letztlich über Wahlen verteilt. Als Wähler nimmt der Bürger unmittelbar Einfluss auf den politischen Prozess und die Auswahl der politisch Verantwortlichen. Diese orientieren sich wiederum, wenn auch nicht ausschließlich, an den Auffassungen der Bürgerinnen und Bürger. Diese Rückbindung bezeichnet die Politikwissenschaft als Responsivität, die sich auch in der Außen- und Sicherheitspolitik eines Staates zeigt. Denn Wahlen werden nicht alleine aufgrund von wirtschaftlichen und sozialen Themen entschieden. Vielmehr zeigt bereits der Blick in die bundesdeutsche Geschichte, dass außen- und sicherheitspolitische Themen in den Wahlkämpfen immer wieder eine bedeutende Rolle spielten (siehe mit weiteren Differenzierungen Schoen 2011). Als Stichworte mögen die Westintegration, die Haltung zu den Ostverträgen sowie die Debatte um die Beteiligung

---

2   Siehe hierzu den Beitrag von Fiebig in diesem Band.

am Irakkrieg im Bundestagswahlkampf 2002 als jüngstes Beispiel genügen. Diese Aufzählung darf aber nicht den Eindruck erwecken, dass die politisch Verantwortlichen blind den Präferenzen der Wählerinnen und Wähler folgen. Vielmehr stellen die (außen- und sicherheitspolitischen) Einstellungen der Bürgerinnen und Bürger gleichermaßen eine Ressource und eine Restriktion dar. Sie geben den Rahmen vor, innerhalb dessen politische Eliten Entscheidungen treffen können (zuletzt: Viehrig 2010: 178ff.).

Neben der Politik haben auch die Streitkräfte ein aktives Interesse an der Öffentlichen Meinung zur Sicherheitspolitik im Allgemeinen und zu militärischen Einsätzen im Besonderen, da diese sich auf die Personalgewinnung und die soldatische Motivation niederschlagen kann. Aus der sozialwissenschaftlichen Forschung ist bekannt[3], dass gerade für den legitimationsbedürftigen Beruf des Soldaten die Rekrutierung leichter fällt, wenn die militärische Organisation ein hohes öffentliches Ansehen genießt und ihre Aufgaben und Einsätze von den Bürgerinnen und Bürgern mitgetragen werden. Zugleich findet die Haltung der Bevölkerung ihren Niederschlag in der soldatischen Einsatzmotivation. Wie Studien länderübergreifend nachweisen[4], ist die soldatische Motivation u. a. von der Unterstützung der heimischen Bevölkerung abhängig. Durch Familienangehörige und Medien sind die eingesetzten Soldatinnen und Soldaten mittlerweile direkt mit ihrem Heimatland verbunden und über die dortigen Debatten informiert. Entsprechend finden Zweifel am Einsatz in der heimischen Bevölkerung direkt den Weg in die Einsatzkontingente. Von daher sind Streitkräfte und Politik daran interessiert, Rückhalt bei den Bürgerinnen und Bürgern für ihr Tun zu aktivieren.

2.3 Bisherige Befunde zur Haltung der europäischen Bevölkerungen

Mit Blick auf die einschlägige Forschung ist zunächst festzuhalten, dass sich in allen beteiligten Nationen Umfragen zur militärischen Beteiligung am Afghanistaneinsatz finden.[5] Allerdings sind diese schwierig aufeinander zu beziehen, da es Abweichungen im Untersuchungsdesign, im Erhebungszeitraum, in der Methodik sowie in den verwendeten Frage- und Antwortformulierungen gibt. Vergleichbarkeit bieten alleine die wenigen Umfragen, die

---

3 Siehe Leonhard/Biehl (2011 i. E.) mit weiterführenden Hinweisen.
4 Siehe Biehl (2011 i. E.) mit weiterführenden Hinweisen; siehe auch Pietsch in diesem Band.
5 Vgl. auch die umfangreiche Dokumentation bei wikipedia (Online: http://en.wikipedia.org/wiki/International_public_opinion_on_the_war_in_Afghanistan; letzter Zugriff: 08.06.2011).

parallel in mehreren Staaten durchgeführt werden.[6] Hierbei stechen die vom German Marshall Fund initiierten Transatlantic Trends heraus, die seit 2003 in den USA und ausgewählten europäischen Staaten die Haltung der Bevölkerungen zu sicherheitspolitischen Fragen erheben. Die letzten zugänglichen Umfragen zeigen, dass sich in den meisten europäischen Staaten relative Mehrheiten (Deutschland, Frankreich, Großbritannien, Spanien, Türkei) für einen Abzug bzw. eine Reduzierung der eigenen Truppen aussprechen (Transatlantic Trends 2010: 41). Demgegenüber befürwortet ein Viertel der US-amerikanischen Befragten den Aufwuchs ihrer Streitkräfte in Afghanistan und lediglich 19 Prozent sprechen sich für einen Abzug aus (verglichen mit 50 Prozent der deutschen, aber auch 40 Prozent der britischen und französischen Befragten). Ebenfalls mit den Daten der Transatlantic Trends führt Jörg Jacobs (2008) die unterschiedlichen Haltungen in Europa zum ISAF-Engagement auf abweichende Vorstellungen von militärischer Gewalt und Sicherheitspolitik zurück. In einem ersten Schritt weist er nach, dass die deutsche Bevölkerung Wiederaufbaumaßnahmen der Bundeswehr in Afghanistan gutheißt, bei der Unterstützung der dortigen Sicherheitskräfte schon zurückhaltender ist und Kampfeinsätze mehrheitlich ablehnt. Im Vergleich zeigt sich aber, dass „die Einstellungen der Bundesbürger (…) nicht systematisch von Einstellungen anderer Kontinentaleuropäer" (Jacobs 2008: 61) abweichen. Ein graduell divergentes Einstellungsmuster findet sich in den Niederlanden, weitaus stärker unterstützen die Bürger Großbritanniens und insbesondere die der USA militärische Mittel als Instrument der Außenpolitik. Angesichts dieser Befunde sind in den nachstehenden Auswertungen unterschiedliche Haltungen hinsichtlich des Afghanistan-Engagements zu erwarten – insbesondere zwischen Kontinentaleuropäern und Briten. Mit dem Datensatz der internationalen SOWI-Umfragen ist es möglich, diese Annnahme empirisch zu überprüfen.

3 Forschungsprojekt und Datenbasis

Die nachfolgend präsentierten Befunde basieren auf den Arbeiten des Forschungsschwerpunktes Multinationalität/Europäische Streitkräfte am Sozialwissenschaftlichen Institut der Bundeswehr. Im Rahmen eines umfassenden und langfristigen Projekts werden die Strategischen Kulturen in Europa durch einen Vergleich auf der Eliten- und Bevölkerungsebene analysiert. Hierzu

---

6 Einen länderinternen Vergleich nimmt Jacobsen (2009) vor, der die Haltungen der US-Bevölkerung zu den Kriegen im Irak und in Afghanistan vergleicht. Ebenfalls vergleichend sind die Umfragen des Pew Global Attitudes Project (Pew 2007) angelegt, die allerdings alleine Einstellungen zu den US-Streitkräften in Afghanistan erheben.

werden, aufbauend auf einem im Forschungsschwerpunkt entwickelten Analyseraster, die Strategischen Kulturen ausgewählter Staaten in zwei Modulen systematisch erfasst. Im ersten Modul werden die auf politischer und rechtlicher (Eliten-)Ebene gesetzten, langfristigen sicherheits- und verteidigungspolitischen konzeptionellen Grundsätze in allen Mitgliedstaaten der Europäischen Union sowie dem EU-Beitrittskandidaten und NATO-Partner Türkei analysiert. Im zweiten Modul wurden im Jahre 2010 Umfragen zu den sicherheitspolitischen Einstellungen in acht europäischen Staaten (Deutschland, Frankreich, Großbritannien, Österreich, Schweden, Spanien, Tschechien, Türkei) durchgeführt. Auf den Auswertungen dieser Umfragen fußen die anschließend präsentierten Befunde.

Die internationalen Bevölkerungsumfragen basieren auf einem identischen Fragenkatalog, der am SOWI entwickelt wurde. Mit der Durchführung wurde das Meinungsforschungsinstitut IPSOS beauftragt.[7] Jeweils ca. 1 000 Personen pro Land wurden im Rahmen einer computergestützten Telefonumfrage (CATI = Computer Assisted Telephone Interview) befragt. Die Grundgesamtheit sind die jeweiligen Bürgerinnen und Bürger ab 16 Jahren. Die Telefoninterviews wurden zwischen dem 6. Oktober und dem 6. Dezember 2010 durchgeführt. Dabei kamen Muttersprachler zum Einsatz, um die Akzeptanz und Qualität der Erhebung zu gewährleisten. Die Teilnahmebereitschaft divergierte zwischen den verschiedenen Staaten, wobei diese in Frankreich mit 22 Prozent am höchsten und in Großbritannien mit 14 Prozent am geringsten war (Werte jeweils bezogen auf die Nettostichprobe).

4   Zustimmung und Ablehnung. Die Haltungen europäischer Bevölkerungen zum ISAF-Einsatz

Ausgangspunkt der Auswertungen ist die generelle Haltung zum Einsatz. Diese wird anhand zweier Items erhoben. Die Befragten wurden danach gefragt, ob sie einer Fortführung oder einer Beendigung des ISAF-Engagements das Wort reden.[8]

---

7   Weitere methodische Angaben finden sich in Ipsos (2011).
8   Anstelle einer dichotomen Kategorie konnten sich die Befragten entlang zweier, unmittelbar nacheinander präsentierter Aussagen positionieren. Die Antwortkategorien sind dabei, wie generell, fünferskaliert, damit die Befragten nicht zu einer (zufälligen) Festlegung gezwungen werden und methodische Artefakte hinsichtlich der Zustimmung und Ablehnung von militärischen Engagements vermieden werden (vgl. Jacobs 2009: 47–49).

Tabelle 2: Haltung ausgewählter europäischer Bevölkerungen zur Fortführung bzw. Beendigung des ISAF-Engagements (Zustimmung in Prozent)

	DEU	FRA	GB	AUT	SWE	ESP	CZE	TUR	eta
Fortführung ISAF	39	38	55	32	52	48	47	63	.21
Beendigung ISAF	41	47	38	53	25	42	34	24	.25

Fortführung ISAF: „Mein LAND sollte sich weiter militärisch an der ISAF-Mission in Afghanistan beteiligen und den Aufbau des Landes weiter unterstützen."
Beendigung ISAF: „Unser MILITÄR sollte den ISAF-Einsatz in Afghanistan umgehend beenden und alle Soldatinnen und Soldaten aus dem Land abziehen."
Die Bezeichnungen LAND, MILITÄR, STREITKRÄFTE dienen in diesen und den nachfolgenden Items als Platzhalter. In den Interviews wurden die jeweiligen Bezeichnungen für die Länder und Streitkräfte verwendet.
Korrelation zwischen beiden Items: .73*** für gesamten Datensatz und zwischen .59*** (Türkei) und .87*** (Tschechische Republik) für die einzelnen Länder.

Hinsichtlich der Bereitschaft, den ISAF-Einsatz fortzuführen bzw. zu beenden, zeigen sich bemerkenswerte Unterschiede zwischen den Ländern (wie die beiden eta-Werte ausweisen). Die höchste Zustimmung zum ISAF-Engagement findet sich in der Türkei, gefolgt von Großbritannien und Schweden. Aber auch in diesen Ländern gibt es Bevölkerungsanteile von einem Viertel bis über einem Drittel, die für die Beendigung plädieren. Mehrheitliche Zustimmung ist daneben in der Tschechischen Republik und in Spanien zu verzeichnen. Die deutsche Bevölkerung ist hingegen gespalten: Etwa gleich große Anteile befürworten eine Fortführung bzw. eine Beendigung des Engagements. In Frankreich und insbesondere in Österreich sprechen sich wiederum Mehrheiten für den Abzug der eigenen Soldatinnen und Soldaten aus.

Im zweiten Schritt haben die Befragten die Möglichkeit, ihre Haltung zu konkreten Aufgaben der Streitkräfte in Afghanistan kundzutun. Dabei werden drei Aufgabenfelder unterschieden: Erstens das humanitäre Engagement, das sich auf den Wiederaufbau des Landes und der Infrastruktur konzentriert, zweitens Stabilisierungsbemühungen, die sich der Etablierung von Ordnungsstrukturen und dem Aufbau von Streitkräften und Polizei widmen, sowie drittens genuine Kampfhandlungen gegen die Taliban.

Tabelle 3: Haltung ausgewählter europäischer Bevölkerungen zu Aufgaben der eigenen Streitkräfte im ISAF-Einsatz (Zustimmung in Prozent)

	DEU	FRA	GB	AUT	SWE	ESP	CZE	TUR	eta
Wiederaufbau	74	74	60	62	76	76	76	61	.17
Unterstützung Sicherheitskräfte	64	63	81	39	65	65	69	70	.25
Kampfeinsätze	20	37	63	7	36	29	35	35	.36

Wiederaufbau: „Unser MILITÄR sollte in seinem Afghanistaneinsatz vornehmlich Wiederaufbauarbeit leisten."
Unterstützung Sicherheitskräfte: „Unser MILITÄR sollte in seinem Afghanistaneinsatz die afghanische Armee und Polizei bei der Herstellung von Ordnung und Sicherheit unterstützen."
Kampfeinsätze: „Unser MILITÄR sollte in Afghanistan auch für Kampfeinsätze gegen die Taliban eingesetzt werden."

Wie die Tabelle 3 ausweist, unterscheiden sich die Haltungen der diversen Bevölkerungen zu allen drei Aufgabenfeldern substanziell. Die Beteiligung der eigenen Armee an Wiederaufbaumaßnahmen findet in allen Bevölkerungen mehrheitliche Unterstützung – wobei sich zwei Niveaus unterscheiden lassen: In fünf Staaten (Deutschland, Frankreich, Schweden, Spanien und Tschechische Republik) befürworten ziemlich genau drei Viertel der Befragten die Teilnahme der eigenen Streitkräfte an Wiederaufbaumaßnahmen, in Großbritannien, Österreich und der Türkei sind es jeweils rund 60 Prozent. Dabei dürfte die – im Vergleich – niedrigere Zustimmung in Österreich wohl eher auf grundlegende Vorbehalte gegen das ISAF-Engagement zurückzuführen sein, während in Großbritannien und der Türkei eher andere Vorstellungen über die eigentlichen Aufgaben von Streitkräften zum Tragen kommen (siehe hierzu Abschnitt 5). Ein Bestandteil des gegenwärtig akzentuierten Partnering-Konzepts wird von den einzelnen Bevölkerungen mehrheitlich mitgetragen, wobei sich zwei Ausreißer zeigen: In sechs der betrachteten Nationen heißen jeweils rund zwei Drittel der befragten Personen die Unterstützung der afghanischen Polizei und Armee durch die eigenen Streitkräfte gut. In Österreich befürworten hingegen nur 39 Prozent der Befragten eine Beteiligung ihrer Armee an der Unterstützung afghanischer Sicherheitskräfte. In Großbritannien und der Türkei wiederum wird dies als Kernauftrag des ISAF-Kontingents angesehen und erfährt im Vergleich der Aufgabenfelder die höchste Zustimmung. In den anderen sechs betrachteten Ländern sind es die Wiederaufbaubemühungen. Dass in der Türkei und insbesondere in Großbritannien eine abweichende Konzeption militärischer Aufgaben dominiert, zeigt sich auch bei der Haltung zu Kampfeinsätzen. Diese sind für fast

177

zwei Drittel der britischen Befragten eine selbstverständliche Aufgabe in Afghanistan. Hierbei fällt der gravierende Abstand zu den anderen Nationen auf, die zu maximal einem Drittel die Beteiligung der eigenen Armee an der Bekämpfung der Taliban gutheißen. Merkliche Vorbehalte dagegen bestehen in Spanien und in Deutschland, während sich in Österreich kaum Befragte finden, die ihre Streitkräfte in Kampfeinsätze senden wollen.

Die betrachteten Nationen sind mithin nicht nur in quantitativer und qualitativer Hinsicht in Afghanistan unterschiedlich aktiv. Es bestehen auch gravierende Divergenzen in der Unterstützung der Bevölkerung für die diversen Aufgaben, wobei mit steigender militärischer Intensität der Abstand zwischen den Bevölkerungen zunimmt. Angesichts dieses Befundes stellt sich die Frage, worauf die festgestellten Differenzen zurückzuführen sind. Hierbei sind zwei Ursachen denkbar:

- Erstens könnten sich die Einflussgrößen unterscheiden, aus denen die Unterstützung bzw. Ablehnung des ISAF-Engagements erwächst. In den Ländern könnten unterschiedliche Einflussfaktoren oder Trägergruppen hinter dem Einsatz stehen. So könnte die Unterstützung für ISAF in dem einen Land aus dem Vertrauen in die Streitkräfte erwachsen und in dem anderen aus der wahrgenommenen Bedrohung durch Terroranschläge.
- Zweitens könnten sich – die gleichen Unterstützungsgruppen und -mechanismen vorausgesetzt – die Ausprägungen der wesentlichen Faktoren in den Ländern unterscheiden. Um dies an einem Beispiel zu illustrieren: Wenn die Zustimmung zu ISAF in allen Ländern in vergleichbarem Maße von dem Vertrauen in die Streitkräfte abhängt, dann sollte das Vertrauen in die Armee mit der jeweiligen Unterstützung für das Afghanistan-Engagement korrespondieren.

Um zu prüfen, welche der beiden Annahmen eher zutrifft und worauf die Abweichungen in der Unterstützung des Afghanistaneinsatzes zurückzuführen sind, wird deshalb zunächst geprüft, von welchen Einflussgrößen die Zustimmung zu ISAF abhängt und anschließend, wie ausgeprägt die relevanten Größen sind.

5 Was erklärt die unterschiedlichen Haltungen der europäischen Bevölkerungen zum Afghanistan-Engagement?

Um angesichts von acht zu betrachtenden Ländern die Auswertungen im überschaubaren Rahmen zu halten, werden nicht alle erfassten Items berücksichtigt, sondern es erfolgt eine Konzentration auf die Haltung zur Bekämpfung der Taliban. Damit gerät das politisch, militärisch und gesellschaftlich heikelste Aufgabenfeld in den Blick, bei dem zugleich – wie der entsprechende eta-Wert in Tabelle 3 dokumentiert – die größten Differenzen zwischen den acht Ländern bestehen. Entsprechend werden im Folgenden multivariate Regressionen mit der abhängigen Variable „Unser MILITÄR sollte in Afghanistan auch für Kampfeinsätze gegen die Taliban eingesetzt werden." durchgeführt. Als erklärende Variablen stehen sicherheitspolitische Haltungen sowie das Sozialprofil der Befragten zur Verfügung.

Wie die multivariaten Auswertungen zeigen, lässt sich mit den zur Verfügung stehenden Indikatoren die Zustimmung der Bevölkerungen zu Kampfeinsätzen gegen die Taliban solide voraussagen, wobei merkliche Differenzen zwischen den Ländern auftreten. Während die Varianz in den Haltungen der schwedischen Befragten zu 30 Prozent erklärt wird, sind es nur 10 Prozent bei den türkischen Bürgerinnen und Bürgern.[9] Dessen ungeachtet erweisen sich in den Staaten – im Großen und Ganzen – die gleichen Größen als relevant: Die Zustimmung zum Einsatz der eigenen Armee gegen die Taliban hängt vor allem mit der Auffassung über die Rolle von Streitkräften in internationalen Konflikten zusammen. Wer das Militär als ein wichtiges Instrument zur Lösung internationaler Konflikte und im Rahmen des Kampfes gegen den globalen Terrorismus ansieht, stimmt in allen Ländern tendenziell stärker der Beteiligung der eigenen Armee an der Bekämpfung der Taliban zu. Weiteren Einfluss übt die generelle Haltung zu den Streitkräften aus. Wer diesen positiv gegenübersteht, ist eher bereit, ihren Einsatz gegen die Taliban gutzuheißen. Daneben kommt der politischen Positionierung sowie dem Geschlecht eine gewisse Relevanz zu: Frauen stehen Kampfeinsätzen – auch unter Kontrolle der anderen Größen – in sechs der acht Länder skeptischer gegenüber als Männer. Die Position auf der Links-Rechts-Skala spielt in fünf der Staaten in unterschiedlichem Maße eine Rolle, allerdings mit mäßiger Wirkung. Kaum einen bzw. keinen systematischen oder praktisch relevanten Einfluss üben das außen- und sicherheitspolitische Interesse, die Bedrohungswahrnehmung durch Terroranschläge sowie das Alter und die Religiosität der Befragten aus.

---

9 Eine noch höhere Erklärungskraft würde die Berücksichtigung weiterer Faktoren – wie etwa der Erfolgsaussichten des ISAF-Engagements – erbringen, die jedoch in den durchgeführten Befragungen nicht erhoben wurden. Vgl. hierzu den Beitrag von Fiebig in diesem Band.

Tabelle 4: Erklärungsgrößen der Haltung zu ISAF-Kampfeinsätzen

	DEU	FRA	GB	AUT	SWE	ESP	CZE	TUR
Außen- und sicherheitspolitisches Interesse	n.s.	.09*	.07*	.09*	.07*	n.s.	n.s.	n.s.
Haltung zu Streitkräften	.09**	.10**	.07*	n.s.	.19***	n.s.	.07*	.10*
Terrorismusbekämpfung als Streitkräfteaufgabe	.32***	.21***	.31***	.21***	.18***	.27***	.32***	.22***
Bedrohung durch Terroranschläge	n.s.	n.s.	n.s.	n.s.	n.s.	n.s.	n.s.	n.s.
Militärische Konfliktlösung	.16***	.22***	.14***	.27***	.28***	.11**	.15***	.10*
Links-Rechts	n.s.	-.09**	n.s.	n.s.	-.13***	-.09*	-.12***	-.08*
Geschlecht	.19***	.15***	.10**	n.s.	.16***	.19**	.14***	n.s.
Alter	n.s.	.09**	.08*	.12**	n.s.	n.s.	n.s.	n.s.
Religiosität	-.08*	n.s.	.08*	n.s.	n.s.	n.s.	n.s.	n.s.
R² – korrigiert	.23	.18	.17	.14	.29	.15	.21	.10
Fallzahl	891	791	860	898	841	754	808	659

Multiple Regression, beta-Werte und erklärte Varianz mit der abhängigen Variable Kampfeinsätze (siehe Tabelle 3). *** Signifikanz ≤ .001; ** Signifikanz ≤ .01; * Signifikanz ≤ .05; n.s. = nicht signifikant.
Außen- und sicherheitspolitisches Interesse: „Und wie stark interessieren Sie sich dabei für außen- und sicherheitspolitische Themen?"
Haltung zu Streitkräften: „Wie ist Ihre persönliche Einstellung zu STREITKRÄFTEN? Sagen Sie mir Ihre Meinung bitte mit Hilfe der folgenden Skala."
Terrorismusbekämpfung als Streitkräfteaufgabe: „Welche Aufgaben sollten die STREIT-KRÄFTE Ihrer Meinung nach übernehmen? Stimmen Sie einer Übernahme der folgenden Aufgaben durch die STREITKRÄFTE zu oder lehnen Sie dieses ab? Die STREIT-KRÄFTE sollten eingesetzt werden, um sich am Kampf gegen den internationalen Terrorismus zu beteiligen."
Bedrohung durch Terroranschläge: „Inwieweit fühlen Sie sich persönlich zurzeit durch folgende Faktoren bedroht? Antworten Sie bitte mit Hilfe dieser Skala. Terroranschläge im LAND."
Militärische Konfliktlösung: „STAAT sollte zur Lösung internationaler Krisen und Konflikte auch militärische Mittel einsetzen."

In der Gesamtschau ist deshalb festzuhalten, dass es im Großen und Ganzen die gleichen Einflussfaktoren sind, die die Haltung zum Kampfeinsatz erklären: die Aufgabenzuschreibung in der Terrorbekämpfung, die generelle Haltung zu den Streitkräften sowie das Verhältnis zur bewaffneten Gewalt in der Internationalen Politik. Diese Faktoren gilt es vergleichend zu betrachten, um die Divergenzen in der Zustimmung der Bevölkerung zu verstehen.

Tabelle 5: Einstellungen ausgewählter europäischer Bevölkerungen zu den Streitkräften und ihren Aufgaben (Angaben in Prozent)

	DEU	FRA	GB	AUT	SWE	ESP	CZE	TUR	eta
Positive Haltung zu Streitkräften	59	64	78	50	49	63	60	71	.29
Terrorismus- bekämpfung als Streitkräfte- aufgabe	46	87	84	37	60	72	73	73	.35
Militärische Konfliktlösung	14	19	50	9	18	27	32	39	.29

Zu Items siehe Tabelle 4.

In allen drei Einstellungen zeigen sich signifikante Unterschiede zwischen den betrachteten Nationen. Dabei sind die Haltungen zu den Streitkräften in allen Ländern positiv, wobei fast 80 Prozent der Briten, aber auch jeweils rund zwei Drittel der Befragten in Deutschland, Frankreich, der Türkei, Spanien und der Tschechischen Republik ihrer Armee positiv gegenüberstehen. In Schweden und Österreich ist es jeweils rund die Hälfte. Die Terrorbekämpfung wiederum gilt in Deutschland und Österreich nur einer Minderheit als Aufgabe der Streitkräfte. In Deutschland und Österreich entspricht dies der Praxis, Polizei und Geheimdienste mit der Terrorabwehr zu betrauen. In den anderen Staaten sprechen sich demgegenüber Mehrheiten der Befragten dafür aus – am nachdrücklichsten in Frankreich und Großbritannien. Bei der Frage, ob militärische Mittel als Instrument der Internationalen Politik zum Einsatz kommen sollen, zeigen sich ebenfalls deutliche Differenzen, allerdings in etwas anderer Konstellation. Vorbehalte bestehen insbesondere in Deutschland und Österreich, aber auch die Bevölkerungen in Schweden, Spanien und – für manche wohl etwas überraschend – in Frankreich zeigen sich reserviert, wenn es um den Einsatz von Gewaltmitteln geht.[10] Etwas höher ist die Akzeptanz in der Tschechischen Republik und in der Türkei,

---

10 Allerdings bestätigt dies die Befunde der Transatlantic-Trends-Studien (siehe auch Jacobs 2008).

von den Briten vertraut die Hälfte dem Einsatz militärischer Mittel in der Konfliktbewältigung. Dies bestätigt die vorliegenden Erkenntnisse zur britischen Öffentlichkeit, die weitaus eher als die kontinentaleuropäischen bereit ist, militärische Einsätze grundlegend zu befürworten (Jacobs 2008).

Nimmt man die Befunde der Regressionsanalysen (Tabelle 4) sowie die Verteilung der relevanten Einflussgrößen (Tabelle 5) zusammen, dann ergibt sich folgendes Bild: In den drei wesentlichen Parametern zeigen sich Abweichungen zwischen den Staaten, die die unterschiedliche Unterstützung von Kampfeinsätzen in Afghanistan nachvollziehbar machen. Voraussetzung für die Zustimmung zur Aufstandsbekämpfung ist, dass die Bevölkerung mehrheitlich eine positive Haltung zu den Streitkräften hat (dies ist in allen Ländern gegeben), dass sie Terrorbekämpfung als militärische Aufgabe sieht (dies gilt für sechs der betrachteten Staaten) und dass der militärischen Lösung internationaler Konflikte das Wort geredet wird (dies erfährt alleine in Großbritannien Zustimmung). In der Gesamtschau erklärt sich die Unterstützung der Briten für die Talibanbekämpfung daraus, dass alle drei Voraussetzungen gegeben sind. Bei Franzosen, Schweden, Spaniern, Tschechen und Türken speist sich die Zustimmung ebenfalls aus der wohlwollenden Haltung den Streitkräften gegenüber sowie aus der Zuweisung von Terrorbekämpfungsaufgaben – allerdings bestehen in den jeweiligen Bevölkerungen Vorbehalte gegen den Einsatz militärischer Mittel in der Internationalen Politik. Deutsche und Österreicher schließlich stehen dem Einsatz militärischer Mittel in internationalen Konflikten kritisch gegenüber und betrachten den Kampf gegen den Terror nicht als Aufgabe der Armee. Infolgedessen weisen sie die niedrigsten Zustimmungsraten für die Bekämpfung der Taliban auf. Es bestehen mithin unterschiedliche Cluster von sicherheits- und militärpolitischen Grundvorstellungen in den europäischen Staaten. Von daher ist die verbreitete Skepsis gegenüber Kampfeinsätzen in Afghanistan kaum situativ bedingt, sondern eher Ausdruck grundsätzlicher Vorbehalte.

6 Fazit und Ausblick

Der Einsatz in Afghanistan ist das wesentliche internationale Engagement der Partner in der NATO und in Europa. Seit nunmehr zehn Jahren ist die Staatengemeinschaft in dem zentralasiatischen Land aktiv. Von Beginn an ist der Einsatz aber auch immer wieder Gegenstand politischer und öffentlicher Diskussionen und Zweifel (Naumann 2008). Aufgrund seiner politischen und militärischen Brisanz ist es für Politik und Streitkräfte von Bedeutung, dass die Bürgerinnen und Bürger diesen Einsatz mittragen. Wie die Ergebnisse der internationalen Umfrage des SOWI zeigen, gibt es in den betrachteten Ländern unterschiedlich ausgeprägten Rückhalt für die Afghanistanmission, wobei insbesondere die Frage, ob sich Streitkräfte an der Bekämpfung der Taliban beteiligen sollen, von den jeweiligen Bevölkerungen abweichend beantwortet wird. Mehrheitsfähig ist dies in Großbritannien, jeweils rund ein Drittel unterstützt dies in Frankreich, Schweden, Spanien, der Tschechischen Republik und der Türkei. Demgegenüber finden sich in Deutschland und insbesondere in Österreich weniger Befragte, die die Beteiligung der eigenen Armee an der Aufstandsbekämpfung gutheißen. Wie die vorstehenden Auswertungen belegen, sind die Divergenzen zwischen den Bevölkerungen nicht darauf zurückzuführen, dass sich die Einflussfaktoren oder Trägergruppen in den acht Nationen unterscheiden. Vielmehr gibt es unterschiedliche Auffassungen über die Aufgaben von Streitkräften und deren Rolle bei der Bewältigung internationaler Konflikte. In Deutschland und Österreich sprechen sich Mehrheiten gegen die Lösung internationaler Konflikte mit militärischen Mitteln und gegen die Terrorismusbekämpfung als militärische Aufgabe aus. In fünf Ländern ist zwar die Terrorbekämpfung als Auftrag an die Streitkräfte Konsens, aber es bestehen Vorbehalte gegen militärische Gewaltmittel in der Internationalen Politik. Alleine die britische Öffentlichkeit stützt mehrheitlich den Kampf gegen die Taliban, da sie die militärische Lösung internationaler Konflikte unterstützt und die Streitkräfte in der Pflicht sieht, gegen den internationalen Terrorismus vorzugehen. Mithin liegen alle drei Voraussetzungen alleine in Großbritannien vor, was mit der Tatsache korrespondiert, dass die britischen Streitkräfte intensiver in Kampfhandlungen involviert sind als die anderer europäischer Staaten.

Die Befunde bestätigen einen Erklärungsansatz in der Forschung zur Öffentlichen Meinung, der die Haltung der Bürgerinnen und Bürger zu konkreten Anlässen als von Denkbildern (belief systems) geprägt begreift. Diese sind wiederum durch Wissen, Lernprozesse und Sozialisation bestimmt und strukturieren die Orientierung und Positionierung der Bürger auch bei sicherheitspolitischen Fragen (Hurwitz/Peffley 1987). Die Haltung der Befragten zu einem konkreten Ereignis – in diesem Fall dem Einsatz in Afghanistan – entsteht nicht zufällig, sondern leitet sich aus grundlegenden sicherheitspolitischen Überzeugungen und Mustern ab. Eine modifizierte Haltung zum ISAF-Einsatz setzt entsprechend voraus, dass das Verständnis vom Wesen und Auftrag von Streitkräften sich generell wandelt, wonach es derzeit weder hierzulande noch in den anderen europäischen Staaten aussieht – zumal die empirische Forschung dargelegt hat, dass sicherheitspolitische Einstellungen weitaus stabiler sind, als weithin angenommen wird (Page/Shapiro 1992; Isierna et al. 2002). Von daher ist davon auszugehen, dass die vorhandenen Divergenzen in den Haltungen der europäischen Bevölkerungen fortbestehen, was eine ungünstige Voraussetzung für eine faire Lastenteilung im ISAF-

Einsatz sowie für die Herausbildung einer gemeinsamen europäischen Strategischen Kultur darstellt.

Literatur

Anker, Lane (2005): Peacekeeping and Public Opinion. Canadian Military Journal, 6: 2, 23–32.

Asmus, Ronald/Everts, Philip P./Isernia, Pierangelo (2004a): Across the Atlantic and the Political Aisle: The Double Divide in U.S.-European Relations. Washington, D.C. et al.: German Marshall Fund.

Asmus, Ronald/Everts, Philip P./Isernia, Pierangelo (2004b): Power, War, and Public Opinion: Looking Behind the Transatlantic Divide. In: Policy Review, 123: 2, 73–88.

Biehl, Heiko/Jacobs, Jörg (2009): Öffentliche Meinung und Sicherheitspolitik. In: Böckenförde/Gareis (Hrsg.) 2009: 231–252.

Biehl, Heiko (2011 i. E.): Einsatzmotivation und Kampfmoral. In: Leonhard/Werkner (Hrsg.) 2011 (i. E.).

Böckenförde, Stephan/Gareis, Sven Bernhard (Hrsg.) (2009): Deutsche Sicherheitspolitik. Herausforderungen, Akteure und Strategien in einer Welt im Wandel. Opladen & Farmington Hills: Verlag Barbara Budrich UTB.

Bundesministerium der Verteidigung (2008): ZDv 10/1. Innere Führung. Selbstverständnis und Führungskultur der Bundeswehr. Bonn.

Chittick, William/Billingsley, Keith/Travis, Rick (1995): A Three-Dimensional Model of American Foreign Policy Beliefs. In: International Studies Quarterly, 39: 3, 313–331.

Dorn, Walter (2005/6): Peacekeeping Then, Now and Always. Canadian Military Journal, 6: 4, 105f.

Giegerich, Bastian (2006): European Security and Strategic Culture. National Responses to the EU's Security and Defence Policy. Baden-Baden: Nomos.

Hurwitz, Jon/Peffley, Mark (1987): How are Foreign Policy Attitudes Structured? A Hierarchical Model. In: American Political Science Review, 81: 4, 1099–1120.

Ipsos (2011): Methodenbericht Internationale Meinungsumfrage 2010 SWInstBw. (Powerpoint-Präsentation) Mölln.

Isierna, Pierangelo/Juhasz, Zoltan/Rattinger, Hans (2002): Foreign Policy and the Rational Public in Comparative Perspective. In: Journal of Conflict Resolution, 46: 2, 201–224.

Jacobs, Jörg (2008): Von Falken und Tauben. Einstellungen der deutschen Bevölkerung. In: if. Zeitschrift für Innere Führung, 52: 3, 58–61.

Jacobs, Jörg (2009): Öffentliche Meinung und Transformation der Bundeswehr zu einer Einsatzarmee. Eine Bestandsaufnahme. In: Kümmel (Hrsg.) 2009: 43–56.

Jacobsen, Gary (2010): A Tale of Two Wars. Public Opinion on the U.S. Military Interventions in Afghanistan and Iraq. In: Presidential Studies Quarterly, 40: 4, 585–610.

Jonas, Alexandra/von Ondarza, Nicolai (2010): Chancen und Hindernisse für die europäische Streitkräfteintegration. Grundlegende Aspekte deutscher, französischer und britischer Sicherheits- und Verteidigungspolitik im Vergleich. Wiesbaden: VS Verlag für Sozialwissenschaften.

Kegley, Charles/Wittkopf, Eugene (Hrsg.) (1988): The Domestic Sources of American Foreign Policy. Insights and Evidence. New York: St. Martin's Press.

Kümmel, Gerhard (Hrsg.) (2009): Streitkräfte unter Anpassungsdruck. Sicherheits- und militärpolitische Herausforderungen Deutschlands in Gegenwart und Zukunft. Baden-Baden: Nomos.

Leonhard, Nina/Heiko Biehl (2011 i. E.): Beruf: Soldat. In: Leonhard/Werkner (Hrsg.) 2011 (i. E.).

Leonhard, Nina/Werkner, Ines-Jacqueline (Hrsg.) (2011 i. E.): Militärsoziologie. Eine Einführung. 2. Aufl. Wiesbaden: VS Verlag für Sozialwissenschaften.

Naumann, Klaus (2008): Einsatz ohne Ziel? Die Politikbedürftigkeit des Militärischen. Hamburg: Hamburger Edition.

Oppermann, Kai/Vierig, Henrike (Hrsg.) (2011): Issue Salience in International Politics. London/New York: Routledge.

Page, Benjamin/Shapiro, Robert (1992): The Rational Public. Fifty Years of Trends in Americans' Policy Preferences. Chicago: Chicago University Press.

Pew (2007): Rising Environmental Concern in 47-Nation Survey. Global Unease With Major World Powers. 47-Nation Pew Global Attitudes Survey. Washington, D.C.: Pew Research Center.

Rattinger, Hans/Holst, Christian (1998): Strukturen und Determinanten außen- und sicherheitspolitischer Einstellungen in der Bundesrepublik. Bamberg: Universität Bamberg.

Schoen, Harald (2011): Two indicators, one conclusion: on the public salience of foreign affairs in Germany before and after reunification. In: Oppermann/Vierig (Hrsg.) 2011, 23–38.

Transatlantic Trends (2010): Topline Data. German Marshall Fund.

Viehrig, Henrike (2010): Militärische Auslandseinsätze. Die Entscheidungen europäischer Staaten zwischen 2000 und 2006. Wiesbaden: VS Verlag für Sozialwissenschaften.

Wittkopf, Eugene (1981): The Structure of Foreign Policy Attitudes. An Alternative View. In: Social Science Quarterly, 62: 1, 108–123.

Die Deutschen und ihr Einsatz – Einstellungen der Bevölkerung zum ISAF-Einsatz

Rüdiger Fiebig

1   Die Deutschen und ihre Streitkräfte

Das Verhältnis der deutschen Bevölkerung zu ihren Streitkräften ist seit Bestehen der Bundeswehr von großer Komplexität geprägt. Seit den Debatten über die Wiederbewaffnung Deutschlands hat sich in der Bundesrepublik eine besondere Grundhaltung zur Bundeswehr und ihren Aufgaben herausgebildet, die sich in dieser Form deutlich vom zivil-militärischen Verhältnis in anderen westlichen Staaten unterscheidet (vgl. Rattinger 1985; Bulmahn et al. 2008; Biehl/Fiebig 2011). Nachdem sich Deutschland seit 1990 zunehmend auch im Ausland militärisch engagierte und sich die Bundeswehr mit dem ISAF-Einsatz in Afghanistan in eine komplexe Counterinsurgency-Operation verwickelt sah, bei der sie erstmals auch im Gefecht gefallene Soldaten zu beklagen hatte, wurde in der öffentlichen und politischen Diskussion immer drängender über den Charakter und die Angemessenheit des Verhältnisses der Deutschen zur Bundeswehr und ihren Soldaten im Einsatz diskutiert. Hierfür bildete sich seit 2007 der vom damaligen Bundespräsidenten Horst Köhler geprägte Begriff des „freundlichen Desinteresses" heraus. Dieser sollte die Kombination aus zwei scheinbar gegensätzlichen Haltungen beschreiben, die die deutsche Bevölkerung ihren Streitkräften entgegenbringt. Einerseits ist das Verhältnis zur Bundeswehr von einer seit Jahren auf hohem Niveau stabilen positiven Grundeinstellung gegenüber der Institution Bundeswehr und großem Vertrauen in sie geprägt. Andererseits stagniert das Interesse der Deutschen an ihren Streitkräften wie auch ihr Wissen über sicherheits- und verteidigungspolitische Zusammenhänge im gleichen Zeitraum bestenfalls; auch nach eigener Aussage weiß die Bevölkerung nur sehr wenig über die Einsätze der Bundeswehr (vgl. Fiebig/Pietsch 2009). Durch fehlendes Faktenwissen könnte die potenzielle Wirkung von Medienberichterstattung auf die Einstellungen in der Bevölkerung ansteigen, was angesichts meist negativer Berichterstattung über die Bundeswehr ein zusätzlicher Anhaltspunkt für eine Erosion der Akzeptanz von Einsätzen sein kann.

Das Verhältnis der Deutschen zur Bundeswehr wurde in den Jahren seit der Prägung des Begriffs des freundlichen Desinteresses noch stärker thematisiert, da die Bundeswehr in Afghanistan vor ihrer bislang weitaus schwersten Aufgabe stand. Die Sicherheitslage im ISAF-Regionalkommando Nord, das unter deutschem Kommando steht, spitzte sich seit 2008 deutlich zu, und der Einsatz veränderte seinen Charakter von einer Stabilisierungsmission hin zur Aufstandsbekämpfung (siehe hierzu den Beitrag von Nachwei in diesem Band), bei dem Erfolge mittlerweile zunehmend auch in Geländegewinnen gegenüber aufständischen Kräften kommuniziert werden, was für Deutschland und die Bundeswehr ein bemerkenswertes Novum darstellt.

Mit dem zunehmend militärischen Charakter des Einsatzes sank auch die Zustimmung der Bevölkerung an der deutschen Beteiligung an der ISAF-Mission: Diese ging von 2008 bis 2010 kontinuierlich zurück, noch verstärkt durch den auf deutschen Befehl durchgeführten fatalen Luftangriff auf zwei Tanklaster nahe Kunduz im September 2009, bei dem in erheblichem Umfang auch Zivilisten zu Tode kamen. Angesichts der Zuspitzung der Einsatzintensität kam es zu einer Erosion der Zustimmung der Bundesbürger zum Einsatz, die auch mit einer zunehmend skeptischen Einschätzung der Erfolgsaussichten der Mission in der Bevölkerung einherging. Auch wenn die Grundhaltung der Deutschen zu ihren Streitkräften im gleichen Zeitraum ungebrochen positiv blieb, stand der wichtigste Einsatz der Bundeswehr im Ausland in den Augen der deutschen Bevölkerung damit nicht nur in Frage, sondern wurde schließlich erstmals mehrheitlich abgelehnt (vgl. Bulmahn 2010).

Davon ausgehend ergeben sich für den vorliegenden Beitrag folgende Themen- und Fragestellungen:

- Zunächst soll auf der Grundlage aktueller Umfragedaten eine Bestandsaufnahme über das Wissen der deutschen Bevölkerung über den ISAF-Einsatz und das Maß an Unterstützung vorgenommen werden.

- Als zweiter Analyseschritt sollen die Zusammenhänge zwischen dem Wissen der Bevölkerung, der Wahrnehmung des Einsatzes als Erfolg sowie der Zustimmung oder Ablehnung zum Einsatz genauer untersucht werden. Besondere Aufmerksamkeit wird dabei auf die Fragen gerichtet, wie sich bestimmte Arten von Mediennutzung auswirken, welche Faktoren die Kenntnisse der Bevölkerung am meisten beeinflussen und welche Determinanten sich für Zustimmung und Ablehnung des Einsatzes identifizieren lassen.

Dazu soll zurückgegriffen werden auf die Ergebnisse der Bevölkerungsbefragung des Sozialwissenschaftlichen Instituts der Bundeswehr, die seit 1996 jährlich im Auftrag des Bundesministeriums der Verteidigung durchgeführt wird. Wichtige Themenschwerpunkte der Befragung sind sicherheits- und verteidigungspolitische Einstellungen, Grundhaltungen zur Bundeswehr, Einstellungen zu den Auslandseinsätzen der Bundeswehr sowie das Meinungsbild zum Wehrdienst und zum Arbeitgeber Bundeswehr. Grundgesamtheit der Befragung sind alle deutschsprachigen Bewohner ab 16 Jahren. Die Bevölkerungsbefragung 2010 wurde im Oktober und November 2010 in zwei

Modulen, als persönliche bzw. telefonische Befragung realisiert. Dabei wurden insgesamt rund 3 000 Bürger befragt.

2 Empirische Erforschung sicherheitspolitischer Einstellungen: The State of the Art

Die öffentliche Meinung über politische Themen im Sinne konkreter politischer Einstellungen ist empirisch grundsätzlich schwer zu fassen, da politische Einstellungen per Definition nicht nur einfache Meinungen über Themen der Tagespolitik sind, sondern auch einer gewissen Fundierung bedürfen. Einstellungen besitzen eine affektive, eine kognitive und eine handlungsorientierte Komponente, wobei die ersten beiden Komponenten ausreichend stark ausgeprägt sein müssen, um Handlungen unterschiedlicher Intensität hervorrufen zu können. Die affektive und die kognitive Komponente können beispielsweise durch die Beschäftigung mit einem Thema oder auch durch Medienrezeption ausgebildet werden (vgl. Allport 1935; Converse 1964).

Da das Interesse der breiten Bevölkerung an spezifischen politischen Themen grundsätzlich gewissen Einschränkungen unterworfen ist, kommt den Massenmedien bei der Herausbildung politischer Einstellungen besondere Bedeutung zu: „Nicht zuletzt von der Qualität ihrer Berichterstattung hängt es also ab, ob Bürger in der Lage sind, Wissen über politische Strukturen, politische Akteure, zentrale politische Themen und die zur Beurteilung von politischen Resultaten relevanten Zusammenhänge zu erwerben, ihre politischen Präferenzen kognitiv zu untermauern, und auf diese Weise ‚rationale' Entscheidungen zu treffen." (Maier 2009: 393)

Bei politischen Einstellungen zu Themen der Außen- und Sicherheitspolitik ist diese Abhängigkeit noch weitaus stärker ausgeprägt, da sicherheits- und verteidigungspolitische Sachthemen anders als beispielsweise Sozial- oder Bildungspolitik aufgrund sehr geringer persönlicher Involvierung sehr weit entfernt vom Aufmerksamkeits- und Interessenhorizont eines großen Teils der Bevölkerung stehen. Dabei ist die Frage nach dem individuellen Interesse der Bevölkerung an Außen- und Sicherheitspolitik als Indikator für fundierte politische Einstellungen in diesem Bereich problematisch, da sie nicht zwangsläufig das tatsächliche Ausmaß politischer Involvierung wiedergibt: „(…) it must be remembered that experience shows that people will claim interest in anything, unless they are forced to set priorities – just as any political problem is at least ‚important' to many people." (Rattinger 1985: 114) Als Indikator für konkrete politische Involvierung sind Fragen nach tatsächlichem Wissen über bestimmte Sachverhalte daher besser geeignet und fanden in der Forschung über politisches Wissen bereits breite Anwendung (vgl. Maier 2009).

Damit stellt sich für die weitere Betrachtung die Frage, ob die Bevölkerung überhaupt in der Lage ist, fundierte und konsistente Einstellungen zu sicherheits- und verteidigungspolitischen Themen wie dem ISAF-Einsatz herauszubilden. In der politischen Einstellungsforschung wurde diese Frage im Lauf ihrer Geschichte teils sehr unterschiedlich beantwortet. So dominierte in den 50er-Jahren in den USA die Ansicht, dass Meinungsäußerungen der Bevölkerung zu außen- und sicherheitspolitischen Themen allenfalls als „Non-Attitudes" zu werten seien, als „Nicht-Einstellungen", die mangels konkretem Interesse und Wissen und über die zugrundeliegenden Sachverhalte inkonsistent, volatil und für die politische Willensbildung dementsprechend irrelevant seien (vgl. Almond 1950). Dieser „Almond-Lippman-Konsens" (vgl. Rattinger 2007) der Forschung wurde seit den 80er-Jahren abgelöst von der „Rational Public"-These von Page und Shapiro (vgl. Page/Shapiro 1992). Diese kamen zu dem Schluss, dass außen- und sicherheitspolitische Einstellungen in den USA zumindest auf der Aggregatebene durchaus von großer Stabilität und Konsistenz geprägt waren. Veränderungen im Meinungsbild der Bevölkerung ließen sich in plausibler Weise auf konkrete außenpolitische Ereignisse (z. B. den Vietnamkrieg) zurückführen.

In den Jahren danach traten die Strukturen von außenpolitischen Einstellungen auf der Individualebene in den Fokus. Besondere Bedeutung hatte dabei die Erkenntnis, dass außen- und sicherheitspolitische Einstellungen entlang verschiedener zugrundeliegender Dimensionen positioniert sind, die sich beispielsweise als Grundhaltung zu einer eher militärischen oder eher pazifistischen Außenpolitik oder multilateralen bzw. unilateralen Politikstilen beschreiben lassen (vgl. Wittkopf 1990; Ziegler 1987). Hurwitz und Peffley stellten die These auf, dass Einstellungen zu außen- und sicherheitspolitischen Einstellungen stark hierarchisch strukturiert sind, dass spezifische Einstellungen, z. B. zu Militäreinsätzen, also auf bestimmte Kernüberzeugungen und Wertvorstellungen aufbauen (vgl. Hurwitz/Peffley 1991). Demnach kann die spezifische Einstellung beispielsweise zu einem bestimmten militärischen Einsatz zurückgeführt werden auf eine pazifistische oder eher militaristische Grundhaltung des Individuums.

Auch bei der Frage nach den Determinanten sicherheitspolitischer Einstellungen – speziell für militärisches Engagement im Ausland – gab es in der Einstellungsforschung unterschiedliche Ansätze. Zur Zeit des Almond-Lippman-Konsenses spielten vor allem stabile Grundhaltungen wie z. B. die Parteineigung, grundlegende Wertorientierungen oder auch sozialstrukturelle Variablen eine Rolle. Auch die kognitive Mobilisierung, also die Fähigkeit, politische Ereignisse und Vorgänge auf die individuelle Situation zu abstra-

hieren, wurde als Faktor für die Zustimmung außenpolitischer Policy angeführt (vgl. Janssen 1996). In den letzten Jahren dominierten zunehmend spe-
zifischere Indikatoren wie beispielsweise die Wahrnehmung von militärischen Verlusten („casualty awareness") sowie von Erfolg oder Misserfolg des
Einsatzes (vgl. Gelpi et al. 2009). Auch das Vertrauen in das Militär als öffentliche Institution wurde als Determinante für die Unterstützung militärischer Einsätze angeführt (vgl. Bulmahn et al. 2011). In der Zusammenschau
der verschiedenen Forschungsansätze kann davon ausgegangen werden, dass
auch die Einstellungen der Deutschen zum ISAF-Einsatz der Bundeswehr in
ein komplexes Wechselspiel aus Interesse, Wissen, Mediennutzung und Akzeptanz eingebettet sind. Die folgende Analyse soll einen Beitrag liefern,
diese Zusammenhänge zu verdeutlichen und die entscheidenden Determinanten des Kenntnisstandes über den ISAF-Einsatz sowie dessen Zustimmung in
der Bevölkerung zu identifizieren.

3   Was die Deutschen wirklich über den ISAF-Einsatz wissen

Tabelle 1:   Bekanntheit ausgewählter Einsätze der Bundeswehr im Ausland

Frage: „Haben Sie schon einmal von den folgenden Auslandseinsätzen der Bundes-wehr gehört oder gelesen?" (Angaben in Prozent)				
	Intensiv damit beschäftigt, kenne alle wesentlichen Fakten	Davon ge-hört bzw. gelesen, kenne einige Fakten	Davon ge-hört bzw. gelesen, weiß aber nichts Konkretes	Noch nie davon gehört bzw. gelesen
Internationale Sicher-heitsunterstützungstruppe in Afghanistan (ISAF)	8	49	40	3
Operation gegen Piraterie vor der Küste von Soma-lia (ATALANTA)	6	32	44	18
Friedenstruppe der NATO im Kosovo (KFOR)	4	33	54	9
Friedenstruppe der EU in Bosnien und Herzego-wina (EUFOR)	4	30	52	14
Interimstruppe der Verein-ten Nationen im Libanon (UNIFIL)	3	16	46	35

Datenbasis: Bevölkerungsbefragung des Sozialwissenschaftlichen Instituts der Bundes-wehr 2010.

Über die laufenden Auslandseinsätze der Bundeswehr wissen viele Bundesbürger nach eigener Angabe nur wenig (vgl. Tabelle 1). Der bekundete Wissensstand schwankt dabei zwischen 19 Prozent, die einige oder alle relevanten Fakten über den UNIFIL-Einsatz kennen, und 57 Prozent, die dies im Falle ISAF angeben. Dabei zeigt sich, dass die stetige und umfangreiche mediale Aufmerksamkeit auf den ISAF-Einsatz, sich offenbar auch sehr stark auf den Kenntnisstand der Bevölkerung auswirkt. Die übrigen Einsätze der Bundeswehr fallen deutlich dahinter zurück. Dennoch bleibt festzuhalten, dass die meisten Deutschen nach eigener Einschätzung kaum etwas über die Einsätze der Bundeswehr wissen; viele haben von einigen Missionen sogar noch niemals gehört.

Tabelle 2: Wissensfragen zum Afghanistaneinsatz

	Richtig beantwortet*	Falsch beantwortet	Weiß nicht/ keine Angabe
1. Hier sehen Sie eine Weltkarte. Wo ungefähr befindet sich Afghanistan?	29 (Auf Karte gezeigt)	55	17
2. Wo in Afghanistan ist die Bundeswehr stationiert?	55 (Im Norden/ Kabul)	10	35
3. Wie viele Bundeswehrsoldaten sind in etwa in Afghanistan im Einsatz?	20 (4 000–5 000)	40	40
4. Seit wann ist die Bundeswehr in Afghanistan im Einsatz?	18 (2001/2002)	52	30
5. Welche internationale Organisation hat das Kommando über den ISAF-Einsatz in Afghanistan?	26 (NATO)	25	49
6. Welches Land hat am meisten Soldaten in Afghanistan stationiert?	70 (USA)	6	24
7. Wie viele Bundeswehrsoldaten sind bisher in Afghanistan gefallen?	11 (20–30)	56	33

Anmerkung: *Angaben in Klammern bezeichnen die Antworten, die in der Befragung als richtig gewertet wurden.
Datenbasis: Bevölkerungsbefragung des Sozialwissenschaftlichen Instituts der Bundeswehr 2010.

Um jenseits einer reinen Selbstwahrnehmung des Kenntnisstandes tatsächliches Wissen über den ISAF-Einsatz zu messen, wurden den Befragten in einem „Test" sieben verschiedene Fragen zum ISAF-Einsatz in Afghanistan gestellt, die geografische, politische und auch militärische Aspekte der Mission enthielten. Die Fragen waren dabei offen gestellt, konnten also auch nicht zufällig korrekt beantwortet werden. Tabelle 2 zeigt die Anteile der Antworten, die auf die jeweiligen Wissensfragen entfielen.

Die meisten korrekten Antworten entfallen auf die Frage nach der Nation mit den meisten Truppen in Afghanistan: 70 Prozent der Befragten nennen dabei die USA. Mehr als die Hälfte der Befragten (55 Prozent) kann angeben, dass die Bundeswehr in Afghanistan im Norden des Landes bzw. in Teilen auch in der Hauptstadt Kabul eingesetzt ist. Jedoch kann nur weniger als ein Drittel der Befragten Afghanistan auf einer unbeschrifteten politischen Weltkarte korrekt zeigen. 55 Prozent zeigen das falsche Land, von denen wiederum 20 Prozent zumindest auf ein Nachbarland von Afghanistan deuten. Die übrigen Fragen werden teils von noch weniger Befragten korrekt beantwortet.

Abbildung 1: Anteil der Befragten, die eine Zahl von Wissensfragen korrekt beantworteten (Angaben in Prozent)

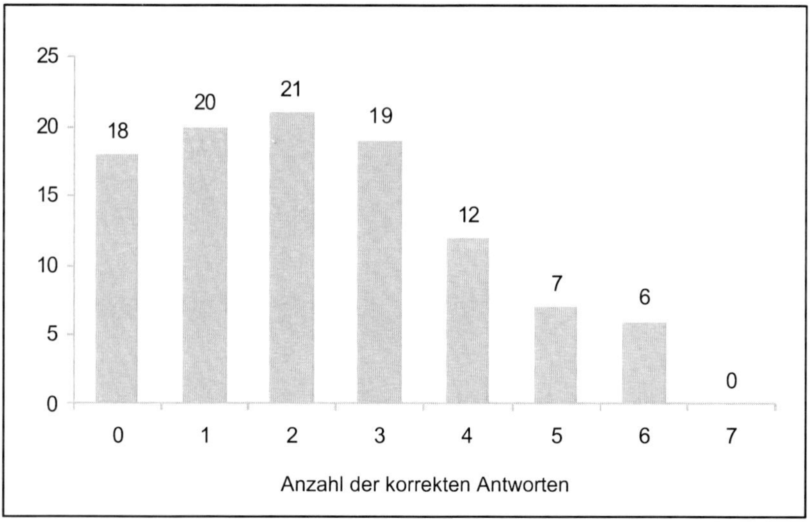

Datenbasis: Bevölkerungsbefragung des Sozialwissenschaftlichen Instituts der Bundeswehr 2010.

Aus der Anzahl der richtig beantworteten Wissensfragen wurde ein Index gebildet, um die Verteilung des Kenntnisstandes über die Bevölkerung hinweg zu verdeutlichen. Abbildung 1 zeigt, dass der Anteil der Befragten, die eine bestimmte Anzahl von Wissensfragen korrekt beantworteten, nicht normal

193

verteilt, sondern stark nach links verschoben ist. Fast 60 Prozent der Befragten konnten lediglich maximal zwei der Wissensfragen korrekt beantworten, 18 Prozent beantworteten keine einzige der Fragen richtig. Weniger als ein Viertel der Befragten beantwortete mehr als vier der Fragen korrekt. Niemand konnte alle sieben Fragen richtig beantworten.

Für die weitere Analyse wurde der verwendete Index auf vier Stufen zusammengefasst, die großen, mittleren, geringen oder nicht vorhandenen Kenntnisstand über den ISAF-Einsatz bezeichnen. Tabelle 3 gibt die Verteilung des Kenntnisstandes über verschiedene soziostrukturelle Teilgruppen wieder. Der Kenntnisstand der Männer ist dabei deutlich höher als der bei den Frauen: 25 Prozent der Frauen können keine der Wissensfragen über den Afghanistaneinsatz korrekt beantworten, während es unter den Männern nur 10 Prozent sind. Junge Befragte von 17 bis 29 Jahren wissen ebenfalls vergleichsweise wenig über den Afghanistaneinsatz: 24 Prozent dieser Gruppe können keine der Fragen beantworten. Das Wissen über den Einsatz nimmt in der Bevölkerung mit steigendem Alter zu, nimmt bei Älteren schließlich wieder ab, wobei die Gruppe der Befragten ab 70 Jahren wieder ein ähnliches Niveau aufweist wie die jüngsten.

Sowohl der Bildungsstand als auch das Einkommen der Befragten stehen in sehr deutlichem Zusammenhang mit dem Kenntnisstand. Ein Viertel der Befragten, die höchstens die Hauptschule abgeschlossen haben, ist nicht in der Lage, eine der Fragen zum Einsatz zu beantworten, während es unter den Abiturienten lediglich 8 Prozent sind. Der Zusammenhang mit dem Einkommen der Befragten gestaltet sich sehr ähnlich: Ein Viertel der Geringverdienenden ist nicht in der Lage, Fragen zum Einsatz korrekt zu beantworten, gegenüber lediglich 8 Prozent der Befragten in der Gruppe der Höchstverdienenden mit mehr als 3.000 Euro monatlichem Haushaltsnettoeinkommen.

Tabelle 3: Wissensindex nach Teilgruppen

Zusammengefasster Wissensindex nach Teilgruppen[1] (Angaben in Prozent)				
	0	1	2	3
Insgesamt	**18**	**41**	**31**	**10**
Geschlecht***				
Männer	10	37	37	15
Frauen	25	44	26	6

Zusammengefasster Wissensindex nach Teilgruppen[1] (Angaben in Prozent)				
	0	1	2	3
Alter**				
16 bis 29 Jahre	24	42	25	9
30 bis 49 Jahre	15	45	29	11
50 bis 69 Jahre	14	37	36	12
70 Jahre und älter	22	38	35	5
Bildungsniveau***				
Hochschul- bzw. Fachhochschulreife	8	35	43	14
Realschulabschluss	16	44	31	9
Hauptschulabschluss bzw. kein Schulabschluss	25	41	25	9
Haushaltsnettoeinkommen pro Monat***				
3.000 Euro und mehr	8	34	44	14
1.500 bis unter 3.000 Euro	15	42	30	13
unter 1.500 Euro	25	45	24	6
Parteipräferenz**				
CDU/CSU	13	36	36	16
SPD	17	37	36	9
FDP	17	41	31	12
Bündnis 90/Die Grünen	10	47	32	12
Die Linke	8	48	33	12
Region*				
Norddeutschland (SH, HH, HB, NI)	18	34	37	11
Ostdeutschland (MV, BB, BE, ST, SN, TH)	15	45	32	9
Süddeutschland (BW, BY)	19	41	33	7
Westdeutschland (NW, RP, HE, SL)	18	41	25	15
Zustimmung zum ISAF-Einsatz der Bundeswehr*				
Stimme vollkommen/überwiegend zu	11	35	35	19
Stimme eher zu	18	42	30	10
Lehne eher ab	17	43	32	7
Lehne vollkommen/überwiegend ab	15	45	32	8

Anmerkungen: 1) Zusammengefasster Wissensindex 0 = keine Frage korrekt beantwortet, 1 = 1–2 Fragen, 2 = 3–4 Fragen, 3 = 5–6 Fragen. *: Signifikanz ≦ ,05;**: Signifikanz ≦ ,01; ***: Signifikanz (Chi-Quadrat) = ,000.
Datenbasis: Bevölkerungsbefragung des Sozialwissenschaftlichen Instituts der Bundeswehr 2010.

Auch regional, also hinsichtlich der Bundesländer, aus denen die Befragten stammen, sind teils deutliche Unterschiede im Kenntnisstand über den Einsatz zu erkennen. Befragte aus Nord- und Süddeutschland wissen am meisten über ISAF, während der Kenntnisstand derjenigen aus den west- und ostdeutschen Bundesländern eher unterdurchschnittlich ausfällt. Die Parteineigung steht ebenfalls im Zusammenhang mit dem Kenntnisstand: Befragte, die den Unionsparteien zuneigen, können überdurchschnittlich viele Fragen beantworten; die Anhänger der übrigen Parteien liegen hingegen relativ dicht am Durchschnitt der Gesamtbevölkerung.

Tabelle 4: Wahrgenommenes Wissen und tatsächlicher Kenntnisstand

Objektives Wissen nach subjektiver Selbsteinschätzung (Angaben in Prozent)			
	0	1	2	3
Noch nie davon gehört bzw. gelesen	29	47	19	5
Davon gehört bzw. gelesen, weiß aber nichts Konkretes	29	48	20	3
Davon gehört bzw. gelesen, kenne einige Fakten und Zusammenhänge	10	38	38	15
Intensiv damit beschäftigt, kenne alle wesentlichen Fakten und Zusammenhänge	1	23	56	20

Anmerkung: Zusammengefasster Wissensindex 0 = keine Frage korrekt beantwortet, 1 = 1–2 Fragen, 2 = 3–4 Fragen, 3 = 5–6 Fragen.
Datenbasis: Bevölkerungsbefragung des Sozialwissenschaftlichen Instituts der Bundeswehr 2010.

Schließlich ist zu klären, inwiefern der objektiv über die Wissensfragen gemessene Kenntnisstand der Befragten mit der selbst angegebenen Einschätzung ihres eigenen Wissens zusammenhängt – ob also Befragte, die angeben, alle relevanten Fakten über den Einsatz zu wissen, dies auch tatsächlich tun. Tabelle 4 zeigt die Befragten nach ihrem subjektiv wahrgenommenen Wissen geordnet und nach ihren Anteilen, die auf die Stufe des jeweiligen objektiven Wissensindexes entfallen. Dabei wird deutlich, dass die Selbsteinschätzung im Großen und Ganzen dem tatsächlichen Wissen nahekommt, dass aber auch viele Befragte ihr eigenes Wissen überschätzen oder aber sozial erwünscht übertrieben darstellen. So können 10 Prozent der Befragten, die nach eigener Angabe einige Fakten über den Einsatz wissen, keine der tatsächlichen Wissensfragen beantworten. Nur 20 Prozent derjenigen, die glauben, alle wesentlichen Fakten über den Einsatz zu kennen, erreichen auch das entsprechend hohe Niveau mit ihren Antworten auf die ISAF-Wissensfragen. Dies macht deutlich, dass Interesse an einem Thema oder auch dessen häufige Wahrnehmung und folglich hoher wahrgenommener Kenntnisstand nicht unbedingt tatsächliches Wissen der Bevölkerung implizieren.

4 Zustimmung zum ISAF-Einsatz der Bundeswehr

Tabelle 5: Einstellung zu den Auslandseinsätzen der Bundeswehr

Frage: „Bitte sagen Sie mir, ob Sie der Beteiligung der Bundeswehr an den folgenden Missionen zustimmen oder ob Sie diese ablehnen." (Angaben in Prozent)							
Beteiligung der Bundeswehr an der ...	Stimme voll- kommen zu	Stimme über- wiegend zu	Stimme eher zu	Lehne eher ab	Lehne über- wiegend ab	Lehne voll- kommen ab	Weiß nicht
Internationalen Sicherheitsunter- stützungstruppe in Afghanistan (ISAF)	6	14	24	25	11	15	5
Operation gegen Piraterie vor der Küste von Soma- lia (ATALANTA)	17	21	26	16	5	8	7
Friedenstruppe der NATO im Kosovo (KFOR)	8	21	32	17	6	9	7
Friedenstruppe der EU in Bosnien und Herzegowina (EUFOR)	7	20	34	16	6	9	8
Interimstruppe der Vereinten Nationen im Libanon (UNIFIL)	4	10	25	25	7	12	17

Datenbasis: Bevölkerungsbefragung des Sozialwissenschaftlichen Instituts der Bundeswehr 2010.

Die Beteiligung der Bundeswehr an der ISAF-Mission in Afghanistan wird Ende des Jahres 2010 mehrheitlich abgelehnt (vgl. Tabelle 5). 20 Prozent der Bevölkerung stimmen dem Einsatz vollkommen oder überwiegend zu, 24 Prozent stimmen eher zu. Insgesamt 51 Prozent lehnen den Einsatz in unterschiedlicher Entschiedenheit ab. Die Akzeptanz des Einsatzes ist damit im Vergleich zu den übrigen Bundeswehreinsätzen gering. Die Operation ATALANTA zur Piratenbekämpfung im Indischen Ozean wird demgegenüber am stärksten unterstützt, gefolgt von der KFOR- und EUFOR-Mission auf dem Balkan.

Tabelle 6: Zustimmung zu den Auslandseinsätzen der Bundeswehr im Zeitvergleich

Frage: „Bitte sagen Sie mir, ob Sie der Beteiligung der Bundeswehr an den folgenden Missionen zustimmen oder ob Sie diese ablehnen." (Anteil Zustimmung[1]; Angaben in Prozent)						
	2005	2006	2007	2008	2009	2010
Internationalen Sicherheitsunterstützungstruppe in Afghanistan (ISAF)	64	49	60	64	50	44
Friedenstruppe der NATO im Kosovo (KFOR)	75	62	70	70	66	61
Friedenstruppe der EU in Bosnien und Herzegowina (EUFOR)	68	63	70	70	64	61

Anmerkung: 1) Anteile „Stimme vollkommen zu", „Stimme überwiegend zu" und „Stimme eher zu" zusammengefasst.
Datenbasis: Bevölkerungsbefragungen des Sozialwissenschaftlichen Instituts der Bundeswehr 2005 bis 2010.

In den vergangenen Jahren stand die deutsche Bevölkerung dem ISAF-Einsatz deutlich zustimmender gegenüber (vgl. Tabelle 6). Ausgehend von einer soliden Akzeptanz bei 64 Prozent der Bevölkerung im Jahr 2005 zeigte sich im nachfolgenden Jahr ein deutlicher Rückgang, der zeitlich mit der Veröffentlichung der so genannten „Totenkopf-Fotos" mit Bundeswehrsoldaten in einer deutschen Boulevardzeitung zusammenfiel, was die potenzielle Wirkung kurzfristiger Medienereignisse auf das Meinungsbild der Bevölkerung unterstreicht. Der deutlich sichtbare Rückgang der Zustimmung von 2008 zum Jahr 2009 lässt sich ebenfalls teilweise als Effekt kurzfristiger medialer Aufmerksamkeit erklären: In diesem Fall fand die Bevölkerungsbefragung nur wenige Wochen nach dem tragischen Luftangriff von Kunduz im September 2009 statt. Das weitere Absinken der Zustimmung bis zum Jahr 2010 lässt sich jedoch nicht mehr nur mit der Wirkung kritischer Medienereignisse erklären, sondern deutet auf eine Erosion der Akzeptanz des Einsatzes hin, die tiefergehende Ursachen hat. Um die Frage zu beantworten, welche Aspekte dabei eine Rolle spielen, wird im Folgenden eine genauere Analyse der Determinanten der Zustimmung zum ISAF-Einsatz vorgenommen.

5 Determinanten der Zustimmung zum ISAF-Einsatz

Tabelle 7: Zustimmung zum ISAF-Einsatz der Bundeswehr nach Teilgruppen

	Stimme zu	Stimme eher zu	Lehne eher ab	Lehne ab
Insgesamt				
Geschlecht**				
Männer	25	25	24	26
Frauen	18	25	28	29
Alter***				
16 bis 29 Jahre	25	29	22	23
30 bis 49 Jahre	25	28	25	22
50 bis 69 Jahre	19	21	31	29
70 Jahre und älter	12	21	25	42
Bildungsniveau***				
Hochschul- bzw. Fachhochschulreife	26	26	24	24
Realschulabschluss	22	25	28	25
Hauptschulabschluss bzw. kein Schulabschluss	18	25	26	31
Haushaltsnettoeinkommen pro Monat***				
3.000 Euro und mehr	26	27	23	23
1.500 bis unter 3.000 Euro	23	27	26	25
Unter 1.500 Euro	17	25	25	34
Parteineigung *				
CDU/CSU	28	29	26	18
SPD	24	28	27	21
FDP	30	25	27	18
Bündnis 90/Die Grünen	20	31	23	26
Die Linke	14	18	29	40
Region				
Norden	23	28	24	25
Osten	19	24	25	32
Westen	20	22	28	29
Süden	23	28	27	23

Anmerkungen: Angaben in Prozent. *: Signifikanz $\leq$,05; **: Signifikanz $\leq$,01; ***: Signifikanz (Chi-Quadrat) = ,000.
Datenbasis: Bevölkerungsbefragung des Sozialwissenschaftlichen Instituts der Bundeswehr 2010.

Ein erster Schritt zur Analyse möglicher Ursachen für die sinkende Unterstützung ist die Betrachtung der Zustimmung nach gesellschaftlichen Teilgruppen, bei der teilweise deutliche Abweichungen zutage treten (vgl. Tabelle 7). Besonders deutliche Zusammenhänge sind dabei mit dem Alter, der formalen Schulbildung, dem Einkommen sowie der Parteiidentifikation der Befragten feststellbar. Während ein Viertel der Befragten aus der Gruppe der bis 50-Jährigen dem Einsatz zustimmt, zeigt sich in der Gruppe der über 70-Jährigen eine sehr deutliche Ablehnung der Mission. Höher gebildete Befragte stimmen dem Einsatz stärker zu wie auch Bürgerinnen und Bürger mit vergleichsweise hohem Einkommen. Diese Befunde sind aus Sicht der sicherheitspolitischen Einstellungsforschung nicht überraschend: Sie bestätigen, dass vor allem jüngere, höher gebildete und auch ökonomisch besser situierte Bevölkerungsteile in der Lage sind, kognitiv von der eigenen Situation zu abstrahieren und einem Engagement im Ausland einen Wert zuzuweisen, ohne davon selbst unmittelbar berührt zu sein (vgl. Inglehart/Rabier 1987).

Für die weiteren Analysen zu den Determinanten der Zustimmung zum ISAF-Einsatz der Bundeswehr wird auf multiple Regressionsanalysen zurückgegriffen, da sich damit die Effekte einzelner Aspekte miteinander in Beziehung setzen und vergleichen lassen. Dies ermöglicht die Bildung eines Modells der Akzeptanz des Einsatzes unter Rückgriff auf mehrere unabhängige Variablen und den Vergleich ihrer Effekte.

Abbildung 2: Multiple Regressionsanalyse: Determinanten der Zustimmung zum ISAF-Einsatz der Bundeswehr

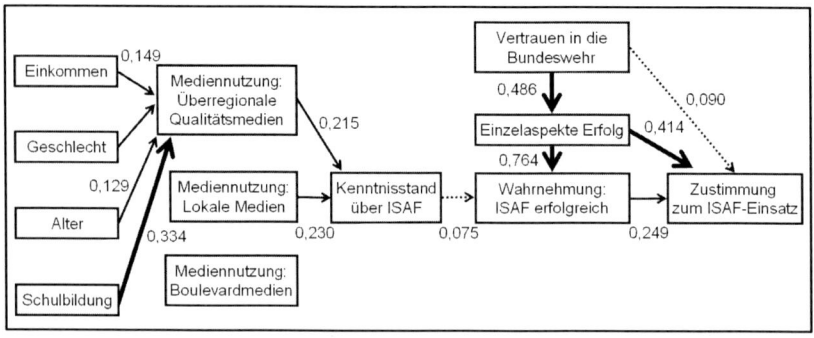

Anmerkungen: Ausgewiesen sind die standardisierten Koeffizienten Beta bei signifikanten Zusammenhängen; nicht signifikante Zusammenhänge sind mit gestrichelten Pfeilen markiert; erklärter Anteil der Gesamtvarianz im Modell: korr. R²=0,488.

Aus der multivariaten Regressionsanalyse ergibt sich für die Determinanten der Zustimmung zum ISAF-Einsatz und des Wissensstandes der Bevölkerung ein relativ deutliches Bild: Der Kenntnisstand über den ISAF-Einsatz wird deutlich durch Mediennutzung determiniert. Allerdings wirken sich unterschiedliche Arten der Mediennutzung nicht gleich aus. Während die Nutzung von lokalen Medien und öffentlich-rechtlichem Rundfunk sowie die Nutzung von überregionalen Qualitätsmedien einen deutlichen Effekt auf das Ausmaß des Kenntnisstandes über ISAF haben (Beta = 0,230 bzw. 0,215), zeigt die Nutzung von Boulevardmedien keine signifikante Wirkung. Die Nutzung der Medien wird wiederum in hohem Maße durch den formalen Bildungsstand der Befragten bestimmt.

Die Zustimmung der Bevölkerung für den ISAF-Einsatz hängt stark davon ab, inwiefern die Bevölkerung den Einsatz als Erfolg wahrnimmt, und ob sie in bestimmten Bereichen konkrete positive Effekte des Einsatzes erkennen kann. Das Vertrauen in die Bundeswehr als öffentliche Institution, das in der Vergangenheit oft als zentraler Faktor für die Unterstützung der Bundeswehreinsätze im Ausland angeführt wurde, hat nur einen zu vernachlässigenden direkten Effekt auf die Zustimmung. Vorhandenes Vertrauen wirkt vielmehr als Verstärker, der die Erfolgswahrnehmung eines Einsatzes zusätzlich positiv beeinflussen kann. Zwischen dem Wissen über den ISAF-Einsatz und der Unterstützung gibt es nur geringe lineare Zusammenhänge. Ein soliderer Kenntnisstand führt also nicht zwangsläufig zu einer größeren Akzeptanz des Einsatzes, sondern kann auch die negativen Aspekte der Mission stärker hervortreten lassen.

6 Auslandseinsätze dürfen kein Selbstzweck sein

Die gesellschaftliche Unterstützung des ISAF-Einsatzes der Bundeswehr hat in den vergangenen Jahren deutlich gelitten. Nur noch eine Minderheit der Bevölkerung plädiert für ein weiteres militärisches Engagement Deutschlands in Afghanistan. Obwohl der ISAF-Einsatz für die Deutschen nicht im Mittelpunkt ihres Interesses steht und das Detailwissen über den Einsatz entsprechend gering ausgeprägt ist, bildet sich die gesellschaftliche Akzeptanz des Einsatzes „nicht aus dem hohlen Bauch heraus", sondern aus plausiblen und rationalen Überlegungen. Die Analyse hat gezeigt, dass die Bevölkerung ihre Zustimmung (oder Ablehnung) von spezifischen Erfolgseinschätzungen über den Einsatz abhängig macht. Vertrauen in die Streitkräfte äußert sich dabei nicht in Zustimmung durch „blindes Vertrauen", sondern wird in die Erfolgskalkulation mit einbezogen. Die deutsche Bevölkerung beurteilt den Einsatz ihrer Streitkräfte also nach nüchternen und rationalen Überlegungen und sieht sich bei allem Lamento über das „freundliche Desinteresse", das ihr oft unterstellt wird, durchaus in der Lage, die Erfolgsaussichten des Einsatzes einzuschätzen.

Die Medien spielen in der Willensbildung über den Einsatz eine wichtige Rolle: Sie formen in entscheidender Weise das Wissen der Bevölkerung über die Mission. Auch wenn die Mediennutzung keinen linear messbaren Einfluss auf die Zustimmung zur Mission hat, so kann dennoch davon ausgegangen werden, dass die Kenntnisse über den Einsatz – sowohl im Positiven wie auch im Negativen – über die Wahrnehmung des Erfolges mitbestimmen.

Grundsätzlich stehen für die Bevölkerung der Erfolg eines Einsatzes und seine positiven Auswirkungen im Mittelpunkt. Das scheinbare freundliche Desinteresse der Bevölkerung in Deutschland darf daher nicht darüber hinwegtäuschen, dass die Deutschen den ISAF-Einsatz aus klaren Überlegungen heraus ablehnen oder unterstützen. Der Einsatz wird dabei nicht als Selbstzweck gesehen, er muss klare und erkennbare Effekte erzielen, um von der Bevölkerung unterstützt zu werden. Es reicht also nicht aus, gegenüber der Bevölkerung um Anteilnahme, Interesse und Unterstützung für die Bundeswehr im Einsatz zu werben – die Politik ist vielmehr ebenfalls angehalten, die konkreten Effekte von Auslandseinsätzen zu vermitteln, denn nur so kann stabile Unterstützung bestehen bleiben.

Literatur

Allport (1935): Attitudes. In: Murchison (Hrsg.) 1935: 789–844.

Almond (1950): Almond, Gabriel. 1950. The American People and Foreign Policy. New York: Harcourt, Brace.

Apter, David (Hrsg.) (1964): Ideology and Discontent. New York: Free Press.

Biehl, Heiko/Fiebig, Rüdiger (2011): Zum Rückhalt der Bundeswehr in der Bevölkerung. Empirische Hinweise zu einer emotional geführten Debatte. (SOWI.Thema 2) Strausberg: Sozialwissenschaftliches Institut der Bundeswehr.

Bulmahn, Thomas/Fiebig, Rüdiger/Sender, Wolfgang (2008): Sicherheits- und verteidigungspolitisches Meinungsklima in der Bundesrepublik Deutschland. Ergebnisse der Bevölkerungsbefragung 2006 des Sozialwissenschaftlichen Instituts der Bundeswehr. (Forschungsbericht 84) Strausberg: Sozialwissenschaftliches Institut der Bundeswehr.

Bulmahn, Thomas (2010): Sicherheits- und verteidigungspolitisches Meinungsklima in Deutschland. Ergebnisse der Bevölkerungsbefragung 2009 (Kurzbericht) Strausberg: Sozialwissenschaftliches Institut der Bundeswehr.

Bulmahn, Thomas/Fiebig, Rüdiger/Hilpert, Carolin (2011): Sicherheits- und verteidigungspolitisches Meinungsklima in der Bundesrepublik Deutschland. Ergebnisse der Bevölkerungsbefragung 2010 des Sozialwissenschaftlichen Instituts der Bundeswehr. (Forschungsbericht 94) Strausberg: Sozialwissenschaftliches Institut der Bundeswehr.

Converse, Philip E. (1964): The Nature of Belief Systems in Mass Publics. In: Apter (Hrsg.) 1964: 206–261.

Fiebig, Rüdiger/Pietsch, Carsten (2009): Die Deutschen und ihre Streitkräfte. In: Aus Politik und Zeitgeschichte, 48, 36–41.

Flynn, Gregory/Rattinger, Hans (Hrsg.) (1985): The Public and Atlantic Defense. London: Rowman & Allanheld.

Gelpi, Christopher/Feaver, Peter D./Reifler, Jason (2009): Paying the Human Costs of War. American Public Opinion and Casualties in Military Conflicts. Princeton/Oxford: Princeton University Press.

Hurwitz, Jon/Peffley, Mark (1987): How Are Foreign Policy Attitudes Structured? A Hierarchical Model. In: American Political Science Review, 81: 4, 1099–1120.

Inglehart, Ronald/Rabier, Jaques-René (1987): The Evolution of Public Attitudes Toward European Integration: 1970–1986. In: Journal of European Integration, 10: 2-3, 135–155.

Janssen, Joseph I. H. (1996): Postmaterialism, Cognitive Mobilization and Public Support for European Integration. In: British Journal of Political Science, 21, 443–468.

Maier, Jürgen (2009): Was die Bürger über Politik (nicht) wissen – und was die Massenmedien damit zu tun haben – ein Forschungsüberblick. In: Marcinkowski/Pfetsch (Hrsg.) 2009: 393–414.

Marcinkowski, Frank/Pfetsch, Barbara (Hrsg.) (2009): Politik in der Mediendemokratie. PVS – Politische Vierteljahresschrift. Sonderheft 42/2009.

Murchison, Carl (Hrsg.) (1935): A Handbook of Social Psychology. Worcester, MA: Clark University Press.

Page, Benjamin I./Shapiro, Robert Y. (1992): The Rational Public: Fifty Years of Trends in Americans' Policy Preferences. Chicago. University of Chicago Press.

Rattinger, Hans (1985): The Federal Republic of Germany: Much Ado About (Almost) Nothing. In: Flynn/Rattinger (Hrsg.) 1985: 101–173.

Rattinger, Hans (2007): Öffentliche Meinung. In: Schmidt (Hrsg.) 2007: 313–325.

Schmidt, Siegmar et al. (Hrsg.) (2007): Handbuch zur deutschen Außenpolitik. Wiesbaden: VS Verlag für Sozialwissenschaften.

Wittkopf, Eugene R. (1990): Faces of Internationalism. Public Opinion and American Foreign Policy. Durham: Duke University Press.

Ziegler, Andrew H. (1987): The Structure of Western European Attitudes Towards Atlantic Co-operation: Implications for the Western Alliance. In: British Journal of Political Science, 17: 4, 457–477.

IV   Identität und Normen

A Piece for Peace or just another Piece of Paper?
Die Resolution 1325 des UN-Sicherheitsrates und die deutsche Sicherheitspolitik

Alexandra Jonas & Gerhard Kümmel

> *„Building lasting peace and security requires women's participation. Half of the world's population cannot make a whole peace."*
>
> (Norville 2011: 1)

1   Einleitung

Internationale militärische Einsätze der Gegenwart sind Stabilisierungseinsätze, Peacekeeping-Missionen, humanitäre Hilfe, Post-Konflikt-, Peace- und Nationbuilding-Operationen und Operations Other Than War, aber auch Peaceenforcement-Missionen und Kriegseinsätze. In dieser Vielfalt militärischer Einsätze, die als ‚Hybridisierung' der Streitkräfte verstanden werden kann (Kümmel 2010a: 178), spiegelt sich das Konzept der menschlichen Sicherheit, das seit Mitte der 1990er-Jahre im Fokus der Friedens- und Sicherheitspolitik steht und die physische und psychische Unversehrtheit des Individuums über die staatlich-territoriale Sicherheit stellt (vgl. etwa Debiel/ Werthes 2005). Dabei ist menschliche Sicherheit explizit mehr als nur „männliche Sicherheit" (Ulbert 2008: 52). Gender-Sensibilität und ein „embedded feminism" (Unmüssig 2011: 6) sind somit nicht nur zentrale Elemente der ISAF-Mission in Afghanistan, sondern mittlerweile elementare Bestandteile moderner Friedens- und Sicherheitspolitik geworden.

Dazu trug der Sicherheitsrat der Vereinten Nationen im Jahr 2000 durch Verabschiedung der Resolution 1325 (UNSCR 1325) maßgeblich bei, da sie die Bedeutung einer gender-sensiblen Herangehensweise in allen Phasen von Krisenprävention und Konfliktbewältigung hervorhebt und diese völkerrechtlich verbindlich verankert. Unterstrichen wurde die Bedeutung der Gender-Sensibilität weiterhin dadurch, dass der Kernresolution 1325 weitere vier Resolutionen folgten (UNSCR 1820: 19. Juni 2008; UNSCR 1888: September 2009; UNSCR 1889: Oktober 2009; UNSCR 1960: Dezember 2010). Zusammengenommen bilden diese die Agenda der UN zu Frauen, Frieden und Sicherheit (vgl. Dornig/Goede 2010: 3) bzw. einen „‚[Fünf]klang' im Bereich Frauen, Frieden und Sicherheit" (Hentschel 2011b: 25), der den

Schutz von Frauen vor sexueller Gewalt ebenso wie die Rolle von Frauen in Friedensbildungsprozessen präzisiert und differenziert. Die UN-Agenda ‚Frauen, Frieden und Sicherheit' soll einerseits dazu führen, die Rolle von Frauen als besonders von Kriegs- und Krisensituationen betroffene Gruppierung zu berücksichtigen und andererseits internationale Akteure für die Notwendigkeit eines erhöhten weiblichen Anteils an Friedens- und Stabilisierungsmissionen zu sensibilisieren. In dem vorliegenden Beitrag unternehmen wir nun den Versuch einer Zwischenbilanz.

2   11 Jahre UNSCR 1325

Die UNSCR 1325 wurde am 31. Oktober 2000 einstimmig, unter großem Applaus und breiter Medienresonanz verabschiedet.[1] Die vielleicht wichtigste Antriebskraft hinter ihr waren die massiven Vorfälle sexueller Gewalt in den Bürgerkriegen in Bosnien und Herzegowina und Ruanda in den 1990er-Jahren, die von den Medien in eine schockierte Öffentlichkeit transportiert wurden und daraufhin Menschenrechtsgruppen, die Frauenbewegung und andere zivilgesellschaftliche Akteure auf den Plan riefen. UNSCR 1325 entstand somit vornehmlich auf Initiative und Druck eines internationalen Netzwerkes von Frauenorganisationen, aber auch des *United Nations Development Fund for Women* (UNIFEM) und wurde von der Vertreterin des nicht-ständigen Sicherheitsratsmitglieds Namibia, Netumbo Nandi-Ndaitwah, die zum damaligen Zeitpunkt den Vorsitz des Sicherheitsrates innehatte, diesem zur Beschlussfassung vorgelegt. Als Hauptverantwortliche für die Umsetzung der Resolution wurden jedoch ebenso unmittelbar wie unstrittig die Nationalstaaten identifiziert. So forderte der damalige UN-Generalsekretär Kofi Annan bereits im Jahr 2005, *Nationale Aktionspläne* zur Implementierung der Resolution zu entwickeln. Diese Forderung wurde ergänzt durch den im Oktober 2010 verabschiedeten Plan, den Fortschritt bei der Umsetzung der UN-Agenda für Frauen, Frieden und Sicherheit durch 26 qualitative sowie quantitative Indikatoren zu überwachen (Norville 2011: 7).

Der Grundgedanke von UNSCR 1325 besteht darin, der Genderperspektive in der Friedens- und Sicherheitspolitik mehr Gewicht zu verleihen. Dies soll durch den Schutz sowie die gleichberechtigte Beteiligung von Frauen in allen Aspekten von Krisenprävention und Konfliktbewältigung erreicht wer-

---

1   Die folgenden 15 Staaten waren zum damaligen Zeitpunkt Mitglieder des Sicherheitsrates: (1) Ständige Mitglieder: China, Frankreich, Großbritannien, Russland und die Vereinigten Staaten von Amerika; (2) Nicht-ständige Mitglieder: Argentinien, Bangladesch, Jamaika, Kanada, Malaysia, Mali, Namibia, die Niederlande, Tunesien und die Ukraine.

den.[2] UNSCR 1325 zielt also darauf ab, „Stimmen, Perspektiven und Betroffenheiten von Frauen und Mädchen in sämtlichen Sicherheitsfragen stärker zu berücksichtigen" (Ulbert 2008: 57). Dies impliziert, dass den von gewaltsamen Konflikten betroffenen Frauen im Rahmen von Friedens- und Stabilisierungsmissionen besonderer Schutz zukommt bzw. sie am Friedensprozess aktiv beteiligt werden, schließt jedoch auch ein, dass die Planung und Ausführung ziviler, militärischer oder polizeilicher Einsätze gender-sensibel gestaltet wird. UNSCR 1325 umfasst also zwei Ebenen einer gendersensiblen Friedens- und Sicherheitspolitik: Erstens die ‚Empfänger-Ebene', die sich auf die weibliche Bevölkerung in Konfliktregionen bezieht. Zweitens die ‚Entsende-Ebene', welche die weiblichen Anteile in Friedens- und Stabilisierungsmissionen sowie auf allen Entscheidungsebenen der entsprechenden nationalen und internationalen sicherheitspolitischen Institutionen betrifft.

Der NATO-Generalsekretär Anders Fogh Rasmussen (2010) sieht gerade in diesem umfassenden, zwei Ebenen einbeziehenden Ansatz den großen Mehrwert der Resolution: „Resolution 1325 is a landmark resolution because it not only recognizes the impact of conflict on women, it also recognizes the important role that women can play – and indeed must play – in preventing and resolving conflict and in building peace." Gleichwohl wurde UNSCR 1325 vor allem von der Erkenntnis befördert, dass auf der ‚Empfänger-Ebene' Handlungsbedarf besteht, sind es doch „Zivilpersonen, insbesondere Frauen und Kinder, die [die] weitaus größte Mehrheit der von bewaffneten Konflikten betroffenen Personen stellen" (UNSCR 1325). Hier wären insbesondere sexuelle Gewalt an Mädchen und Frauen als konfliktbegleitendes Phänomen wie auch kriegsstrategische Massenvergewaltigungen zu nennen (Kümmel 2010b: 230f.; Dittmer 2010: 94).

Doch auch in Post-Konflikt-Situationen muss ein verschärfter Blick auf die persistente soziale, ökonomische und politische Benachteiligung von Frauen gerichtet werden. Darin spiegelt sich die Erkenntnis, dass „[t]he world is (…) starting to grasp that there is no policy more effective (in promoting development, health and education) than the empowerment of women and girls. And I would venture that no policy is more important in preventing conflict, or in achieving reconciliation after a conflict has ended." (Annan 2006) Oder in der einprägsamen Formulierung Margot Wallstroms: „Without women's security, you cannot build any security" (zit. nach King 2011). Zudem belegen mittlerweile empirische Studien, dass sich ein Zusammenhang zwischen der Stabilität eines Staates einerseits sowie der physischen Sicherheit der weiblichen Bevölkerung eben dieses Staates und ihrer ge-

---

2 Teile der Genderforschung kritisieren, dass traditionelle Geschlechterdualismen durch UNSCR 1325 nicht herausgefordert, sondern vielmehr reproduziert würden (vgl. etwa Dornig/Goede 2010: 7).

schlechtlichen Gleichbehandlung andererseits herstellen lässt (vgl. Hudson et al. 2008/9).

Hinsichtlich der ,Entsende-Ebene' ist die Beteiligung eines erhöhten Frauenanteils in den zivilen Friedens- und Stabilisierungsmissionen, insbesondere aber der traditionellen Männerdomäne Militär eine Möglichkeit, um auf gender-sensible Art und Weise die negativen sexuellen Erfahrungen der von gewaltsamen Konflikten betroffenen Frauen zu bearbeiten. Die Bundeswehr hat sich mit dem Jahr 2000 umfassend für Frauen als Soldatinnen geöffnet, so dass gegenwärtig (Stand: Mai 2011) mit rund 17 600 Soldatinnen etwa 9 Prozent der Zeit- und Berufssoldaten weiblich sind (Bundeswehr 2011a; vgl. insgesamt zum Prozess der Integration von Frauen in die Bundeswehr Kümmel 2008). Derzeit (Stand: 8. Juni 2011) befinden sich etwa 340 Soldatinnen im Auslandseinsatz, davon die meisten in Afghanistan. Dort sind 230 von insgesamt 4 970 deutschen Soldaten weiblich. Es folgt das Kosovo, wo 80 von insgesamt 1 020 deutschen Soldaten Frauen sind (Bundeswehr 2011b). Als konkrete Vorteile einer stärkeren Beteiligung von Frauen in sowohl zivilen als auch militärischen Missionen zur Krisenprävention und Konfliktbearbeitung werden dabei üblicherweise vier Argumente genannt:

- Erstens würde eine Vorbildfunktion hinsichtlich geschlechtlicher Gleichberechtigung wahrgenommen und die Gleichberechtigung von Mann und Frau gewissermaßen in instabile und von Konflikten betroffene Regionen ,exportiert';
- zweitens könnte dadurch ein besserer Zugang zu Frauen und Kindern in der lokalen Bevölkerung gewährleistet werden;
- drittens verringere man das Risiko sexuellen Fehlverhaltens der männlichen Kameraden in den verschiedenen Friedens- und Stabilisierungsmissionen durch so etwas wie ,horizontale Kontrolle' (vgl. Higate 2007; Dittmer 2010: 95) und
- viertens könne eine typisch weibliche Herangehensweise an Konfliktlösung zu den männlichen Verhaltensweisen ergänzend wirken (vgl. etwa Hudson 2000: 20f.).[3]

Mehr als zehn Jahre nach Verabschiedung der UN-Resolution 1325 ist jedoch in einer ersten Zwischenbilanz festzustellen, dass es bisher nur bedingt gelang, die Organisationspraktiken in den Streitkräften der NATO-Mitgliedstaaten gender-sensibel zu gestalten. In Bezug auf die Bundeswehr wäre hier

---

3 Das vierte Argument der typisch weiblichen Herangehensweise wurde verschiedentlich definiert, unter anderem durch Attribute wie Empathiefähigkeit oder Intuition, vgl. z. B. Tagliavini (2010), Shoemaker/Park (2010). Kritisch zu diesem Aspekt z. B. Valenius (2007).

zu erwähnen, dass der Anteil von Soldatinnen in ISAF mit 4,6 Prozent nicht nur unterhalb des durchschnittlichen Frauenanteils in sämtlichen Auslandseinsätzen der Bundeswehr liegt (5,1 Prozent), sondern noch weit vom Anteil der Frauen in der Bundeswehr generell (ca. 9 Prozent) entfernt ist. Zudem sind Frauen nach wie vor nur relativ begrenzt in militärischen Führungsfunktionen im und für den Auslandseinsatz tätig.

Überdies haben nur sehr wenige Staaten – noch dazu in sehr unterschiedlicher Intensität – *Nationale Aktionspläne* entwickelt, die als Schlüsselelement zur effektiven Implementierung der Resolution 1325 gelten, da sie detaillierte Richtlinien und konkrete Elemente zur Umsetzung der UN-Resolutionen, beispielsweise zur gender-sensiblen Ausbildung militärischen Personals, beinhalten sollen. Von den über 190 Staaten dieser Erde haben sich gerade einmal 25 Staaten, darunter 14 Mitgliedstaaten der Europäischen Union, dieses Vorhabens angenommen (Tabelle 1); selbst bei einigen der Staaten, die seinerzeit als Mitglieder des Sicherheitsrates die Resolution unterzeichnet haben, finden sich bislang keine Nationalen Aktionspläne.

Tabelle 1: Nationale Aktionspläne

Land	Land	Land	Land
Dänemark (Juni 2005, modifiziert 2008)	Niederlande (Dezember 2007)	Portugal (August 2009)	Nepal (Oktober 2010)
Norwegen (März 2006)	Island (März 2008)	Philippinen (März 2010)	Estland (November 2010)
Schweden (Oktober 2006, modifiziert 2009)	Finnland (September 2008)	Sierra Leone (März 2010)	Frankreich (November 2010)
Elfenbeinküste (Januar 2007)	Uganda (Dezember 2008)	Ruanda (Mai 2010)	Großbritannien (November 2010)
Schweiz (Februar 2007, modifiziert Oktober 2010)	Liberia (März 2009)	Demokratische Republik Kongo (Juni 2010)	
Österreich (August 2007)	Belgien (Mai 2009)	Bosnien und Herzegowina (Juli 2010)	
Spanien (November 2007)	Chile (August 2009)	Kanada (Oktober 2010)	

Stand: Mai 2011.
Quelle: http://peacewomen.org/pages/about-1325/national-action-plans-naps
Anmerkung: Für Österreich liegt mit der Arbeit von Kwiecinski (2010) eine interessante Implementierungsstudie vor.

Dazu zählen im Übrigen auch drei der ständigen Mitglieder des Sicherheitsrates: China, Russland und die USA. Auch die Bundesrepublik Deutschland hat bislang keinen Nationalen Aktionsplan vorgelegt (vgl. Meinzolt 2010; Hentschel 2011), wenngleich drei Berichte der Bundesregierung über Maßnahmen zur Umsetzung der Resolution 1325 existieren, die jedoch von Ute Scheuch (2010) pointiert kritisiert werden: Deutschland sei im internationalen Vergleich ‚Klassenletzter'.

Eine zweite Zwischenbilanz muss sodann lauten, dass – flankierend zur nationalstaatlichen Ebene – auch regionale sicherheitspolitische Akteure wie etwa die NATO oder die EU die UN-Agenda aufnahmen und diese durch eine Reihe von Maßnahmen sowohl auf konzeptionell-strategischer, als auch auf operationeller Ebene umsetzten. Dies ist durchaus sinnvoll, weil Friedens- und Sicherheitspolitik ohnehin maßgeblich im multilateralen Rahmen bzw. unter dem Dach internationaler Organisationen stattfindet. Auf konzeptionell-strategischer Ebene zeugen innerhalb von EU und NATO sowohl offizielle Dokumente und Deklarationen, neu geschaffene Strukturen als auch eingeführte Prüf- und Bewertungskriterien von der Implementierung des Fünf-Resolutionen-Pakets. Beispielhaft seien hier das EU-Dokument zur Implementierung der Resolutionen 1325 und 1820 im Kontext der Europäischen Sicherheits- und Verteidigungspolitik (Council of the European Union 2008) oder die einen Aktionsplan verankernden Ausführungen zu UNSCR 1325 in der Erklärung zum Lissabonner NATO-Gipfeltreffen im November 2010 aufgeführt (NATO 2010). Zu erwähnen sind des Weiteren das den NATO-Militärausschuss seit 2007 mitunter zur Umsetzung der UNSCR 1325 beratende *NATO Committee on Gender Perspectives*[4] oder der im Juli 2010 verabschiedete EU-Indikatorenkatalog zur Evaluierung der Umsetzung der UN-Resolutionen zu Frauen, Frieden und Sicherheit (Council of the European Union 2010).

Im Einklang damit kann auch auf operationeller Ebene, also in den Friedens- und Stabilisierungsmissionen selbst, eine zunehmend gender-sensible Einsatzführung im Rahmen von NATO- und EU-Operationen festgestellt werden: „UN Security Council Resolutions 1325 and 1820 have changed peacekeeping and conflict resolution practices on the ground." (Hudson 2010: 43) Die Genderperspektive wird bereits im Rahmen der jeweiligen Krisenmanagementkonzepte und Operationspläne explizit einbezogen (Bundesregierung 2010: 24) und im eigentlichen Einsatz dann mitunter durch Gender-Berater bzw. sogar ganze Gender-Einheiten umgesetzt. Dieses personelle Element soll sicherstellen, dass eine geschlechtersensible Herangehensweise in allen Aspekten der jeweiligen Operation berücksichtigt wird

---

4   Vgl. Online: http://www.nato.int/cps/en/natolive/topics_50327.htm (Letzter Zugriff: 23.05. 2011).

(Boehme 2008: 15). So sind Gender-Experten innerhalb der breit in der Fläche ausgedehnten NATO-Operation ISAF nicht nur im Kabuler Hauptquartier, sondern ebenso in einer Reihe von Provincial Reconstruction Teams (PRTs) vertreten. Im Einzelnen umfassen ihre Aufgaben dabei beispielsweise das Training des Missionspersonals zu Genderaspekten der Operation oder die Entwicklung von Richtlinien für das militärische Personal zu Gendersensibilität im Einsatz.[5]

Vor dem Hintergrund, dass insbesondere multinationale militärische Einsätze nur die Summe der mitgliedstaatlichen Beiträge sind und nationale Eigenheiten und Vorbehalte oftmals – wie etwa in Afghanistan – schwer ins Gewicht fallen, werden die Bemühungen durch NATO oder EU um eine effektive Implementierung der UN-Agenda für Frauen, Frieden und Sicherheit relativiert. Denn angemerkt werden muss, dass sowohl die NATO wie auch die EU ihren Mitgliedstaaten hinsichtlich der Implementierung der Resolution voraus sind. Nationale außen- und verteidigungspolitische Institutionen sind nach wie vor zu wenig über die UN-Agenda zu Frauen, Frieden und Sicherheit informiert und gestehen der verbindlichen Implementierung dieser daher auch keine Priorität zu (Arloth/Seidensticker 2011: 27). Insgesamt ist, auch mehr als zehn Jahre nach der Verabschiedung der UN-Resolution 1325, der weibliche Teil der Bevölkerung in Konfliktregionen immer noch überdurchschnittlich von sexueller Gewalt betroffen (UNFPA 2010; Kümmel 2010b) und die Anzahl der an Friedensabkommen beteiligten Frauen marginal; Frauen sind in sicherheitspolitischen Institutionen sowie Friedensmissionen insgesamt nach wie vor unterrepräsentiert. So „sind in den 22 seit 1992 durch die UN geführten Friedensverhandlungen nur 7,5 Prozent der Verhandelnden und 2 Prozent der Mediatoren weiblich gewesen. Keiner der Verhandlungsprozesse wurde von einer Frau geleitet. Nur knapp 3 Prozent Frauen waren Unterzeichnende in 14 Friedensgesprächen. Bei den Friedensverhandlungen in Indonesien, Nepal, Somalia, der Elfenbeinküste, den Philippinen und der Zentralafrikanischen Republik agierte keine einzige Frau als Vermittlerin, Mediatorin, Signatorin oder Zeugin." (Seidensticker/Arloth 2011: 27)

In einer dritten Zwischenbilanz in Bezug auf Afghanistan muss festgestellt werden, dass Frauen nunmehr per Verfassungstext den Männern gleichgestellt sind; es gibt zwei weibliche Minister in der Regierung Karzai und auch 68 der 249 Plätze in der Volksversammlung (Wolesi Jirga) sind für Frauen reserviert. Des Weiteren hat sich der Zugang zu medizinischer Versorgung und zu Bildung durchaus verbessert. Dies ist im Vergleich zur Ära der Taliban, als Frauen aus dem Wirtschaftsleben ebenso verdrängt wurden

---

5 So beispielsweise auch im Rahmen der militärischen EU-Operation EUFOR RD Congo im Jahr 2008 (vgl. Boehme 2008: 16).

wie aus den Schulen, als sie politisch, sozial und rechtlich in die vollständige Abhängigkeit zu ihren Ehemännern und männlichen Familienangehörigen verwiesen wurden, eine Verbesserung. Allerdings stellt sich bei vielem die Frage, ob und inwieweit die formal-juristische Gleichstellung der Frau in der sozialen Realität, gerade auch in ländlichen Gebieten, praktisch gelebt wird. In den im Juni 2011 vorgelegten Ergebnissen einer Befragung von 213 Gender-Experten aus fünf Kontinenten führt Afghanistan die Liste der fünf weltweit für Frauen gefährlichsten Länder an, wobei insbesondere der Nicht-Zugang zu medizinischer Versorgung, die Nicht-Verfügung über ökonomische Ressourcen und die verbreitete häusliche und auch sexuelle Gewalt den Ausschlag für diese Bewertung geben (Online: http://www.trust.org/ documents/womens-rights/resources/2011WomenPollResults.pdf; letzter Zugriff: 23.05.2011). Andere Studien kommen zu einem ähnlich kritischen Befund (vgl. Womankind Worldwide 2008; Nijhowne/Oates 2008; UNAMA/OHCHR 2009; Human Rights Watch 2009).

Es gibt also insgesamt Gründe genug für eine skeptisch-desillusionierte Einschätzung der Wirkung und des Erfolges von UNSCR 1325 – auch mit Blick auf Afghanistan. Die Resolution könnte als bloße Semantik verstanden werden, ebenso wie ihre mangelhafte Umsetzung Ausdruck fehlenden politischen Willens ist (Whitworth 2004). Die Analyse der UNSCR 1325 im Lichte von Theorien internationaler Normen ermöglicht jedoch nicht nur eine differenzierte Bewertung sondern auch die Identifikation von Handlungsoptionen.

3 UNSCR 1325 und die Theorie internationaler Normen

Wollte man den Inhalt der UNSCR 1325 und ihrer Folgeresolutionen 1820, 1888, 1889 und 1960 auf einen Nenner bringen, so bietet sich dafür die Kurzformel „Frieden mit Frauen und Frieden für Frauen" (Braun 2007) an. Die Resolutionen tragen dabei einen eindeutig appellativen und präskriptiven Charakter und können infolgedessen als eine Norm in statu nascendi, also als eine Norm im Werden (Tryggestad 2009) verstanden werden. Ganz ähnlich den Menschenrechten unterliegt UNSCR 1325 letztlich ein kosmopolitisches Gedankengut, das als essenzielle Vorbedingung für das erfolgreiche Management von gegenwärtigen und zukünftigen globalen Problemen angesehen wird, hier auf dem Gebiet der internationalen Sicherheit (vgl. Hoffmann 1981: 222). Dies entspricht einer Lesart des Globalisierungsprozesses, welche der Globalisierung die Funktion einer Nivellierung von Differenz zuschreibt (vgl. Miller 1990). Der soziologische Institutionalismus, der Institutionen als Norm- und Regelwerke versteht, betont wiederum, dass die vielfältig und weltweit zu beobachtenden Isomorphismen schlagende Beweise für einen Prozess der globalen kulturellen Homogenisierung und Konvergenz seien. So produziere das globalisierte weltkulturelle System die Verhaltensähnlichkeit nicht-ähnlicher Akteure (vgl. Finnemore 1996; Jetschke/Liese 1998).

Wiewohl diese homogenisierenden Wirkungen des Globalisierungsprozesses vorhanden sind, so darf nicht übersehen werden, dass Fragmentierungsprozesse und somit also auch Konflikte als der Globalisierung immanente Reaktionsweisen auf diese selbst eintreten können. Globalisierung bedeutet keineswegs ausschließlich kulturelle Homogenisierung, sondern gleichzeitige Heterogenisierung (vgl. etwa die Beiträge in Featherstone 1994). Die wachsende Interaktionshäufigkeit und -intensität resultiert somit nicht notwendigerweise in Angleichung, Konvergenz und Symmetrierung; die Unterschiede verwischen nicht vollständig (vgl. Axelrod 1997). Aus diesem Grund hat Roland Robertson (1998) schon frühzeitig den Begriff der Glokalisierung in den Globalisierungs-Diskurs eingeführt. Es ist demnach nicht verwunderlich, wenn solch universalistisch-kosmopolitische Vorstellungen wie die UN-Agenda zu Frauen, Frieden und Sicherheit auf ungemein schwierige Probleme ihrer Universalisierbarkeit treffen. So gibt es beispielsweise bislang lediglich 25 *Nationale Aktionspläne* weltweit und in Afghanistan trifft eine mehr oder minder durch den Westen geprägte Agenda zu Frauenrechten auf eine traditionale muslimische Kultur.

Im Zuge der Herausbildung einer Wirtschafts- und Gesellschaftswelt, die neben die Staatenwelt tritt (vgl. hierzu Czempiel 1991; vgl. ferner Rosenau 1990) haben sich neue Hoffnungen um zivilgesellschaftliche, gesellschaftsweltliche, d. h. nicht-staatliche Akteure wie Nichtregierungsorganisationen (NGOs) herum konzentriert. Die Tiefe und die Bedeutung dieses Prozesses werden unterschiedlich bewertet. Einige sprechen diesbezüglich von einer markanten Machtverschiebung: „The decentralization of authority among states facilitates transnational organizing (…) and forces transnational organizations to focus their attention on states. Contrary to the claims of global neo-realist theories, states are not always leaders of social change; they can also be followers." (Boli/Thomas 1997: 187) Die Verabschiedung der UNSCR 1325 passt exakt in dieses Muster, zeigt sich darin doch die Dynamik und Kraft von transnationalen „advocacy networks" (Keck/Sikkink 1998). Allerdings bleibt die Herausbildung von zivilgesellschaftlichen, sich selbst organisierenden Vereinigungen immer noch abhängig von der ihr vorausgehenden Existenz eines politischen Systems, das die Rahmenbedingungen für die Aktivitäten dieser zivilgesellschaftlichen Vereinigungen schafft (Beetham 1998: 64). Die nationalstaatliche Organisation von Politik bleibt auch in der Ära der Globalisierung von eminenter Bedeutung. Dies zeigt sich daran, dass die Implementierung der UNSCR 1325 maßgeblich eine nationalstaatliche Aufgabe ist, so dass die Frage nach deren Zielen, Absichten und Interessen und somit auch die Frage nach Machtpolitik gestellt werden muss (vgl. Forsythe 1997/8: 114). Bedeutsam ist in diesem Kontext auch die Vorstellung von einem Lebenszyklus von Normen (Finnemore/Sikkink 1998: 895–905), der im Folgenden in einer abgewandelten Form dargelegt wird, wobei neben eigenen Überlegungen insbesondere Anregungen von Robert Axelrod (1986), Gregory Raymond (1997), der Forschungsgruppe Menschenrechte (1998) und von dem Autorenkollektiv um Thomas Risse (Risse/Jetschke/Schmitz 2002) eingearbeitet werden (Abbildung 1).

Abbildung 1: Der Lebenszyklus von Normen

	Phase 1: Normen-Emergenz	Phase 2: Normen-Kaskade Normen-Diffusion	Phase 3: Normen- Internalisierung
Akteure	Normen-Unternehmer (staatliche, nicht-staatliche) mit organisatorischen Plattformen	Staaten, Internationale Organisationen, Transnationale Netzwerke	Gesetzgeber, Bürokratie, Berufe
Motivlagen	Altruismus, Empathie, Eigen-Interesse, instrumentelle Rationalität	Legitimität, Reputation, Wertschätzung, Eigen-Interesse, instrumentelle Anpassung	Konformität
Dominante Mechanismen	Kommunikativ-argumentative Überzeugung, Persuasion, moralische Bewusstseinsbildung, strategisches Verhandeln, Zwang	Sozialisierung, Institutionalisierung, Demonstration, Dominanz, Machtbalance	Habitualisierung, Institutionalisierung

In der ersten Phase, der der Normen-Emergenz, sind Normen-Unternehmer die entscheidenden Akteure, wobei sie sowohl nicht-staatlicher, als auch staatlicher Natur sein können. Sie bringen eine Norm gewissermaßen auf die Tagesordnung und werben von verschiedenen organisatorischen Plattformen aus mit Mitteln der Überredung/Überzeugung (Persuasion), aber durchaus auch mit Mitteln des Zwangs für deren Akzeptanz. Sobald eine kritische Masse von staatlichen Akteuren der Norm zustimmen kann und diese in ihre außenpolitischen Handlungsrepertoires integrieren, ist eine Schwelle („tipping point") überschritten, und es erfolgt ihre rasche Diffusion. In dieser zweiten Phase, die als Normen-Kaskade bezeichnet wird, wirken Faktoren wie Sozialisierungsdruck (von Seiten von Staaten, die die Norm bereits anerkennen), Anpassungsdruck, Imitationsdynamik und Gleichgewichtspolitik, aber auch das Streben von Regierungen nach internationaler Legitimation und von Staatsmännern/-frauen nach persönlicher Integrität, Ruhm und Ehre. Die kritische Schwelle ist dann erreicht, wenn für rund ein Drittel aller Staaten in einem internationalen System diese Norm quasi intersubjektiv gültig ist. Zum anderen ist dies indes auch abhängig davon, welcher Staat oder welche Staaten die Norm akzeptieren, denn: „it is easier to get a norm started if it serves the interests of the powerful few" (Axelrod 1986: 1108). Wer diese(r) Staat(en) ist (sind), ist dabei abhängig von dem jeweiligen Sachbereich, der von der Norm beeinflusst wird, so dass die Normen-Diffusion nicht unwesentlich von der Verteilung sachbereichsspezifischer Macht unter den involvierten Akteuren abhängt. Die dritte Phase, die Normen-Internalisierung, lässt sich in der Regel nicht so trennscharf von der zweiten Phase abgrenzen, wie es zwischen der ersten und der zweiten Phase möglich ist, da die Übergänge zwischen einer lediglich instrumentell motivierten Akzeptanz der Norm und ihrer ‚echten' Internalisierung fließend sein können.

Dieses Modell kann somit zwei von den drei Punkten erfüllen, die eine Theorie von Normen Robert Axelrod zufolge (1986: 1096) leisten muss: (1) zu erklären, wie Normen entstehen und allgemein anerkannt werden; und (2) die Faktoren zu bestimmen, die die Gültigkeit und Aufrechterhaltung der Norm beeinflussen. Das dritte Leistungskriterium Axelrods, nämlich zu erklären, wie eine Norm von einer anderen abgelöst und durch sie ersetzt wird, wird indes allenfalls immanent gestreift. Hierbei müssten neben dem Inhalt und der machtpolitischen Unterfütterung der herausfordernden Norm etwa der Verpflichtungsgrad der noch gültigen internationalen Norm, die Bereitschaft und die Instrumentarien zu ihrer Durchsetzung und die machtpolitischen Potenziale der beteiligten Akteure untersucht werden. Die Wirkung und die Dauerhaftigkeit von internationalen Normen hängt demnach nicht nur von dem zur Verfügung stehenden Sanktionsinstrumentarium bei Verstoß gegen diese Regeln ab, sondern auch von dem Grad der Verpflichtung gegenüber den Normen. Dieses Verpflichtungsgefühl ist identifizierbar, denn Normen „are sustained by the feelings of embarrassment, anxiety, guilt and shame that a person suffers at the prospect of violating them, or at least at the prospect of being caught violating them" (Elster 1989: 99f.). Damit ist zugleich gesagt, dass internationale Normen nicht für sich allein, isoliert stehen, sondern in Verbindung mit anderen Normen ein komplexes Mosaik von miteinander verbundenen und aufeinander einwirkenden Bestandteilen bilden. In diesem Werte-System oder in dieser Werte-Ordnung können die einzelnen Normen auf einem Kontinuum von permissiv bis restriktiv angesiedelt werden. Im Zeitablauf verändern sich die Normen-Ordnung und das Verhältnis der einzelnen Normen zueinander. (Raymond 1997: 231, 235)

Wendet man dieses theoretische Rüstzeug nun auf den Fall der UNSCR 1325 an, so wird zunächst die menschenrechtliche Fundierung der Resolution deutlich. In Bezug auf den Lebenszyklus der Norm ‚Frieden mit Frauen und Frieden für Frauen' ist die erste Phase der Normen-Emergenz bereits durchschritten. Tragende und treibende Kräfte waren hier transnationale zivilgesellschaftliche Advocacy Networks, die eine internationale Organisation und einige der einflussreichen staatlichen Mitglieder derselben – die Mitglieder des Sicherheitsrates der Vereinten Nationen – für eine Kodifizierung dieser Norm gewinnen konnten. Mutmaßlich spielt hierbei die Verbindung von UNSCR 1325 und dem Menschenrechtsdiskurs eine entscheidende Rolle. Gegenwärtig befinden sich UNSCR 1325 und ihre Folgeresolutionen im Wesentlichen in der zweiten Phase, der Phase der Normen-Kaskade. Die Norm diffundiert in die internationalen Beziehungen und ihre Akteure hinein. Das wichtigste Instrument hierbei sind die *Nationalen Aktionspläne*. Würden diese erstellt und im Anschluss daran institutionell und gesetzgeberisch umgesetzt und in Norm-konformes reales Verhalten umgesetzt, wäre die dritte Phase der Normen-Internalisierung erreicht. Die Zahl von aktuell 25 *Nationalen Aktionsplänen* zeugt jedoch davon, dass die kritische Schwelle noch nicht erreicht, geschweige denn überschritten ist.

4   Resümee: Ist das Glas halb voll oder halb leer?

Wir haben im Vorangegangenen den Versuch unternommen, unter Rekurs auf Theorien internationaler Normen eine Zwischenbilanz zur UNSCR 1325 vorzunehmen. Dieser Rückgriff erlaubt unserer Einschätzung nach die differenziertere Beurteilung, dass die Zukunft der UNSCR 1325 und ihrer Folgeresolutionen keineswegs zwangsläufig eine derart düstere sein muss, wie sie in vielen pessimistischen und kritischen Stellungnahmen zum 11-jährigen Bestehen der Resolution anklingt. Vielmehr wird die Kontingenz der künftigen Entwicklung bezüglich der Implementierung und Umsetzung der UNSCR deutlich.

Diese Zukunft ist gegen ein Scheitern gewiss nicht gefeit, doch können Kriterien benannt werden, die eine gedeihliche Entwicklung der UNSCR 1325 befördern. Noch befindet diese sich in der entscheidenden, aber schwierigen Phase der Normen-Diffusion. Die recht bescheidene Anzahl *Nationaler Aktionspläne* kann dabei auf mehrerlei hindeuten: auf Desinteresse, auf Zurückhaltung, auf Widerstand oder auf Kollision mit anderen Normen. Damit der Prozess nicht ins Stocken gerät oder gar abbricht, ist es zum einen erforderlich, dass die Norm-gebende Institution, also die UN, als ‚teacher of the norm' (Finnemore 1993) agiert und ihr praktisches Verhalten selbst an der Norm ausrichtet. Hier besteht sicherlich noch Optimierungsbedarf, denn die Vereinten Nationen haben bislang noch nicht das selbst gesetzte Ziel erfüllt, die ‚Entsende-Ebene' gender-sensibel zu gestalten (vgl. Baumgärtner 2010; Norville 2011; Shoemaker/Park 2010), wenngleich immerhin die UN-Richtlinien zur Einbeziehung einer Genderperspektive in Peacekeeping-Operationen zu erwähnen sind (UN DPKE/DFS 2010).

Zum anderen wäre die Erarbeitung von weiteren *Nationalen Aktionsplänen* durch einflussreiche staatliche Akteure vonnöten. Hier sind die Vereinten Nationen als Organisation ebenfalls gefragt, und zwar in der Rolle des Immer-Wieder-Mahnenden. Doch an diesem Punkt können vor allem auch die transnationalen Advocacy-Networks mit ihrer Lobby-Arbeit ansetzen und ihre Machtressource der moralischen Autorität in die Waagschale werfen (Hall 1997). Dass Großbritannien kürzlich einen *Nationalen Aktionsplan* vorgelegt hat, ist ein ermutigendes Zeichen. Auch ein *Nationaler Aktionsplan* durch einen weltordnungspolitisch und auch UN-organisationspolitisch ambitionierten Akteur wie Deutschland könnte die Geltung der Norm befördern. Entsprechender zivilgesellschaftlicher Druck hat sich zuletzt aufgebaut, bislang aber noch ohne Erfolg. Eine solch voranschreitende Normen-Diffusion würde und müsste sich dann auch auf das multinationale Engagement in Afghanistan auswirken, wenngleich die sich gegenwärtig abzeichnende ‚Lösung' einer verstärkten Einbindung der Taliban hinsichtlich der Verbesserung der Situation der Frauen die Gefahr eines herben Rückschlages beinhaltet.

Literatur

Annan, Kofi (2006): No Policy for Progress More Effective than Empowerment of Women, Secretary-General Says in Remarks to Women's Day Observance. New York: United Nations. Online: http://www.un.org/News/Press/docs/2006/sgsm10370.doc.htm (Letzter Zugriff: 23.05.2011).

Apelt, Maja (Hrsg.) (2010): Forschungsthema: Militär. Militärische Organisationen im Spannungsfeld von Krieg, Gesellschaft und soldatischen Subjekten. Wiesbaden: VS Verlag für Sozialwissenschaften.

Archibugi, Daniele/Held, David/Köhler, Martin (Hrsg.) (1998): Re-Imagining Political Community. Studies in Cosmopolitan Democracy. Cambridge/ Oxford: Polity Press.

Arloth, Jana/Seidensticker, Frauke (2011): Mit Sicherheit ein Meilenstein. In: böll-Thema, 1, 26f.

Axelrod, Robert (1986): An Evolutionary Approach to Norms. In: American Political Science Review, 80: 4, 1095–1111.

Axelrod, Robert (1997): The Dissemination of Culture. A Model with Local Convergence and Global Polarization. In: Journal of Conflict Resolution, 41: 2, 203–226.

Baumgärtner, Ulrike (2010): Gleichstellung der Geschlechter in der UN-Verwaltung im Bereich Friedenskonsolidierung. In: S&F (Sicherheit und Frieden), 28: 1, 13–20.

Beck, Ulrich (Hrsg.) (1998): Perspektiven der Weltgesellschaft. Frankfurt a. M.: Suhrkamp.

Beetham, David (1998): Human Rights as a Model for Cosmopolitan Democracy. In: Archibugi/Held/Köhler (Hrsg.) 1998: 58–71.

Boehme, Jeannette (2008): Human Rights and Gender Components of UN and EU Peace Operations. Putting Human Rights and Gender Mandates into Practice. Berlin: Deutsches Institut für Menschenrechte.

Boli, John/Thomas, George M. (1997): World Culture in the World Polity: A Century of International Non-Governmental Organization. In: American Sociological Review, 62: 2, 171–190.

Braun, Sylvia (2007): Die UN Resolution 1325: Frieden mit Frauen und Frieden für Frauen. (unveröffentlichte Magisterarbeit) Regensburg.

Bundesregierung (2010): 3. Bericht der Bundesregierung über Maßnahmen zur Umsetzung der Sicherheitsratsresolution 1325. Online: http://www. auswaertiges-amt.de/cae/servlet/contentblob/357668/publicationFile/1499 29/Frauen-BerichtRes1325.pdf (Letzter Zugriff: 23.05.2011).

Bundeswehr (2011a): Online: http://www.bundeswehr.de/portal/a/bwde/!ut/ p/c4/DcmxDYAwDATAWVgg7unYAugc8kSWI4OMIesTXXm002D8S eWQy7jRStshc-4p94L0hENCnXEGUvXXSuMKG8FwBd26TD9uIZiT/ (Letzter Zugriff: 23.05.2011).

Bundeswehr (2011b): (Online: http://www.bundeswehr.de/portal/a/bwde/ !ut/p/c4/04_SB8K8xLLM9MSSzPy8xBz9CP3I5EyrpHK9pPKUVL3Uz LzixNSSKiirpKoqMSMnNU-_INtREQD2RLYK/ (Letzter Zugriff: 23.05. 2011).

Council of the European Union (2008): Implementation of UNSCR 1325 as Reinforced by UNSCR 1820 in the Context of ESDP. 15782/3/08. Brüssel, 3. Dezember 2008. Online: http://register.consilium.europa.eu/pdf/ en/08/st15/st15782-re03.en08.pdf (Letzter Zugriff: 23.05.2011).

Council of the European Union (2010): Indicators for the Comprehensive Approach to the EU Implementation of the United Nations Security Council Resolutions 1325 and 1820 on Women, Peace and Security. 11948/10. Brüssel, 14. Juli 2010. Online: http://www.consilium.europa .eu/ueDocs/cms_Data/docs/hr/news272.pdf (Letzter Zugriff: 23.05.2011).

Czempiel, Ernst-Otto (1991): Weltpolitik im Umbruch. Das internationale System nach dem Ende des Ost-West-Konflikts. München: Beck.

Debiel, Tobias, Werthes, Sascha (2005): Human Security – Vom politischen Leitbild zum integralen Baustein eines neuen Sicherheitskonzepts? In: S&F (Sicherheit und Frieden), 23: 1, 7–14.

Dittmer, Cordula (2010): Krieg, Militär und Geschlechterverhältnisse. In: Apelt (Hrsg.) 2010: 87–106.

Dörfler-Dierken, Angelika/Kümmel, Gerhard (Hrsg.) (2010): Identität, Selbstverständnis, Berufsbild. Implikationen der neuen Einsatzrealität für die Bundeswehr. Wiesbaden: VS Verlag für Sozialwissenschaften.

Dornig, Swen/Goede, Nils (2010): Ten Years of Women, Peace and Security. Gaps and Challenges in Implementing Resolution 1325. (INEF Policy Brief 7/2010) Duisburg: Institut für Entwicklung und Frieden.

Elster, Jon (1989): The Cement of Society. A Study of Social Order. Cambridge: Cambridge University Press.

European Peacebuilding Liaison Office (EPLO) (Hrsg.) (2010): UNSCR 1325 in Europe. 21 Case Studies of Implementation. O.O.: EPLO.

Finnemore, Martha (1993): International Organizations as Teachers of Norms: The United Nations Educational, Scientific, and Cultural Organization and Science Policy. In: International Organization, 47: 4, 565–597.

Finnemore, Martha (1996): Norms, Culture, and World Politics: Insights from Sociology's Institutionalism. In: International Organization, 50: 2, 325–347.

Finnemore, Martha/Sikkink, Kathryn (1998): International Norm Dynamics and Political Change. In: International Organization, 52: 4, 887–917.

Florini, Ann (1996). The Evolution of International Norms. In: International Studies Quarterly, 40, 363–389.

Forschungsgruppe Menschenrechte (1998): Internationale Menschenrechtsnormen, transnationale Netzwerke und politischer Wandel in den Ländern des Südens. In: Zeitschrift für Internationale Beziehungen, 5: 1, 5–41.

Forsythe, David P. (1997/8): Human Rights and Foreign Policy in the Next Millenium. In: International Journal, LIII: 1, 113–132.

Hall, Rodney Bruce (1997): Moral Authority as a Power Resource. In: International Organization, 51: 4, 591–622.

Hentschel, Gitti (2011a): Das üben wir noch mal! Die Bundesregierung setzt die UN-Resolution 1325 bisher nur mangelhaft um. Sie ignoriert die Erkenntnisse der Geschlechterpolitik, die international Standard geworden sind. In: böll-Thema, 1, 30.

Hentschel, Gitti (2011b): Die UN-Resolutionen zu ,Frieden, Frauen, Sicherheit' im Überblick: 1325, 1820 sowie 1888 und 1889. In: böll-Thema, 1, 25.

Higate, Paul (2007): Peacekeepers, Masculinities, and Sexual Exploitation. In: Men & Masculinities, 10: 1, 99–119.

Hoffmann, Stanley (1981): Duties Beyond Borders. On the Limits and Possibilities of Ethical International Politics. Syracuse, N.Y.: Syracuse University Press.

Hogg, Nicole (2010): Women's Participation in the Rwandan Genocide: Mothers or Monsters? In: International Review of the Red Cross, 92: 877, 69–102. Online: http://www.icrc.org/eng/resources/documents/article/rev iew/review-877-p69.htm (Letzter Zugriff: 23.05.2011).

Hudson, Heidi (2000): Mainstreaming Gender in Peacekeeping Operations: Can Africa Learn from International Experience? In: African Security Review, 9, 18–33.

Hudson, Valerie M. et. al (2008/9): The Heart of the Matter. The Security of Women and the Security of States. In: International Security, 33: 3, 7–45.

Human Rights Watch (2009): ‚We Have the Promises of the World'. Women's Rights in Afghanistan. New York: Human Rights Watch.

Jetschke, Anja/Liese, Andrea (1998): Kultur im Aufwind. Zur Rolle von Bedeutungen, Werten und Handlungsrepertoires in den internationalen Beziehungen. In: Zeitschrift für Internationale Beziehungen, 5: 1, 149–179.

Keck, Margaret E./Sikkink, Kathryn (1998): Activists Beyond Borders. Advocacy Networks in International Politics. Ithaca, N.Y./London: Cornell University Press.

King, Paul (2010): Women and Conflict: A Frontline Issue? – Editorial. In: NATO Review 2010. Online: http://www.nato.int/docu/review/2010/ Women-Security/EN/index.htm (Letzter Zugriff: 23.05.2011).

Kümmel, Gerhard (2008): Truppenbild mit Dame. Eine sozialwissenschaftliche Begleituntersuchung zur Integration von Frauen in die Bundeswehr. (Forschungsbericht 82) Strausberg: Sozialwissenschaftliches Institut der Bundeswehr.

Kümmel, Gerhard (2010a): Das soldatische Subjekt zwischen Weltrisikogesellschaft, Politik, Gesellschaft und Streitkräften. In: Dörfler-Dierken/ Kümmel (Hrsg.) 2010: 161–184.

Kümmel, Gerhard (2010b): Sex in the Army. Militärische Organisationen und Sexualität. In: Apelt (Hrsg.) 2010: 221–242.

Mazurana, Dyan/Raven-Roberts, Angela/Parpart, Jane (Hrsg.) (2005): Gender, Conflict, and Peacekeeping. Lanham, Md.: Rowman & Littlefield.

Meinzolt, Heidi (2010): Germany. In: EPLO (Hrsg.) 2010: 29f.

Miller, Lynn H. (1990): Global Order. Values and Power in International Politics. 2. überarb. Aufl. Boulder, Col./San Francisco, Cal./London: Westview Press.

NATO (2010): Lisbon Summit Declaration. Issued by the Heads of State and Government Participating in the Meeting of the North Atlantic Council. Lisbon, 20. November 2010. Online: http://www.nato.int/cps/en/natolive/official_texts_68828.htm?mode=pressrelease (Letzter Zugriff: 23.05. 2011).

Nijhowne, Diya/Oates, Lauryn (2008): Living with Violence: A National Report on Domestic Abuse in Afghanistan. Washington, D.C.: Global Rights.

Norville, Valerie (2011): The Role of Women in Global Security. (USIP Special Report 264) Washington, D.C.: United States Institute of Peace. Online: http://www.usip.org/files/resources/SR264-The_role_of_Women_in_Global_Security.pdf (Letzter Zugriff: 23.05.2011).

Rasmussen, Anders Fogh (2010): Empowering Women in Peace and Security. Speech by NATO Secretary General Anders Fogh Rasmussen at the Conference on the Role of Women in Global Security. Copenhagen, 27. Januar 2010. Online: http://www.nato.int/cps/en/natolive/opinions_676 02.htm (Letzter Zugriff: 23.05.2011).

Raymond, Gregory A. (1997): Problems and Prospects in the Study of International Norms. In: Mershon International Studies Review, 41: Supplement 2, 205–245.

Risse, Thomas/Jetschke, Anja/Schmitz, Hans Peter (2002): Die Macht der Menschenrechte. Internationale Normen, kommunikatives Handeln und politischer Wandel in den Ländern des Südens. Baden-Baden: Nomos.

Robertson, Roland (1998): Glokalisierung: Homogenität und Heterogenität in Raum und Zeit. In: Beck (Hrsg.) 1998: 192–220.

Rosenau, James N. (1990): Turbulence in World Politics. A Theory of Change and Continuity. Princeton, N.J.: Princeton University Press.

Scheuch, Ute (2010): Ein vorbildlicher Klassenletzter. Der aktuelle Umsetzungsbericht der Bundesregierung zur UN-Resolution 1325 liest sich streckenweise wie ein amüsanter Besinnungsaufsatz – oder wie ein Märchen aus einer Parallelwelt. Berlin: Heinrich-Böll-Stiftung/Gunda-Werner-Institut. Online: http://www.gwi-boell.de/downloads/Kommentar_Ute_Scheub_zum_3._Bericht_der_Bundesregierung_zur_Umsetzung_von_Resolution_1325.pdf (Letzter Zugriff: 23.05.2011).

Seidensticker, Frauke/Arloth, Jana (2011): Mit Sicherheit ein Meilenstein. Vor zehn Jahren wurde die UN-Sicherheitsresolution 1325 verabschiedet. In: böll-Thema, 1, 26f.

Shoemaker, Jolynn/Park, Jennifer (2010): Progress Report on Women in Peace & Security Careers. Washington, D.C.: Women in International Security, Center for Peace and Security Studies, Georgetown University. Online: http://wiis.georgetown.edu/92624.html (Letzter Zugriff: 23.05. 2011).

Tagliavini, Heidi (2010): Women in Peace Operations – What You Should Know. Rede in Genf, 11. November.

Tryggestad, Torunn L. (2009): ‚Trick or Treat?' The UN and Implementation of Security Council Resolution 1325 on Women, Peace, and Security. In: Global Governance, 15, 539–557.

Ulbert, Cornelia (2008): Menschliche Sicherheit = männliche Sicherheit? Der Einfluss von Gender und Identität(en) auf die kulturelle Konstruktion von (Un-)Sicherheit. In: Ulbert/Werthes (Hrsg.) 2008: 51–65.

Ulbert, Cornelia/Werthes, Sascha (Hrsg.) (2008): Menschliche Sicherheit. Globale Herausforderungen und regionale Perspektiven. (Stiftung Entwicklung und Frieden Band 21) Baden-Baden: Nomos.

UN DPKO/DFS (United Nations, Department of Peacekeeping Operations & Department of Field Support) (2010): Integrating a Gender Perspective into the Work of the United Nations Military in Peacekeeping Operations. New York: UN DPKO/DFS.

UNFPA (United Nations Fund for Population Activities) (2010): Weltbevölkerungsbericht 2010. Krise, Frieden, Wiederaufbau: Gesellschaften im Wandel. Kurzfassung. Hannover: Deutsche Stiftung Weltbevölkerung.

Unmüssig, Barbara (2011): Im Namen der Frauen. In: böll-Thema, 1, 6f.

Valenius, Johanna (2007): Gender Mainstreaming in ESDP Missions (Chaillot Paper 101). Paris: European Union Institute for Security Studies. Online: http://www.iss.europa.eu/uploads/media/cp101.pdf (Letzter Zuriff: 23.05.2011).

Vereinte Nationen (2000): Resolution 1325 (deutsch). Online: http://www.n1325.de/1325.html (Letzter Zugriff: 23.05.2011).

United Nations Assistance Mission in Afganistan (UNAMA)/Office of the United Nations High Commissioner for Human Rights (OHCHR) (2009): Silence is Violence. End the Abust of Women in Afghanistan. Kabul: UNAMA/OHCHR.

Whitworth, Sandra (2004): Men, Militarism, and UN Peacekeeping. A Gendered Analysis. Boulder, Col./London: Lynne Rienner.

Womankind Worldwide (2008): Taking Stock Update: Afghan Women and Girls Seven Years on. London: Womankind Worldwide.

Von „Krieg" und „Frieden": Zur Wahrnehmung des Afghanistaneinsatzes bei Soldatinnen und Soldaten, Politik und Kirchen

Angelika Dörfler-Dierken

Der Einsatz der Bundeswehr am Hindukusch hat die Soldatinnen und Soldaten und ihr Nachdenken über die deutschen Auslandseinsätze verändert. Ihre Identität, ihr Selbstverständnis und ihr Berufsbild sind von der Erfahrung der Einsatzrealität geprägt worden. (Dörfler-Dierken/Kümmel 2010) Offenbar geworden ist auch, dass der multifunktional verwendbare Begriff ‚Einsatz'[1] angesichts der faktischen militärischen Aufgaben seine Bedeutung geändert hat. Wenn Soldatinnen und Soldaten ihre Einsatzerfahrungen beschreiben (vgl. Seliger 2010: 29–31), und wenn Politiker, Seelsorger oder Bevölkerung diese sprachlich angemessen würdigen wollen, dann sprechen sie neuerdings von ‚Krieg' und ‚Gefecht', von ‚Gefallenen'[2] und ‚Verwundeten'.

Wie die Wirklichkeit in Afghanistan wahrgenommen wird, ob ‚Krieg' den Bezugspunkt bildet oder ‚Frieden', ist von großer Bedeutung für das soldatische Handeln, wie Neitzel und Welzer (2011) für das Handeln deutscher Soldaten im Zweiten Weltkrieg konstatieren: „‚Krieg' bildet zweifellos einen anderen Referenzrahmen als ‚Frieden', lässt andere Entscheidungen und Begründungen als angemessen erscheinen, verschiebt die Maßstäbe dafür, was richtig oder falsch ist. Auch Soldaten folgen in ihren Wahrnehmungen und Deutungen von Situationen, in denen sie sich befinden, nicht beliebigen Hinweisen, sondern operieren in einer höchst spezifischen Gebundenheit an Muster, die ihnen nur ein begrenztes Spektrum an individuellen Interpretationen erlauben." (Neitzel/Welzer 2011: 22f.)

Im Folgenden werden die von Soldatinnen und Soldaten, Politikern und Kirchenvertretern verwendeten, je unterschiedlichen Referenzrahmen analysiert. Ausgangspunkt ist die Beobachtung, dass sich seit gut einem Jahr die öffentliche Sprache und die Wahrnehmung des Afghanistaneinsatzes verändert hat.

---

1 ‚Einsatz' wird der bei Wetten gesetzte Geldbetrag ebenso genannt wie der Betrag, der im Geschäftsleben notwendig ist, um einen Gewinn zu erzielen. Den Einsatz von Personal für bestimmte Aufgaben koordiniert die Personalabteilung, den Einsatz für das Orchester gibt der Dirigent. Die Schauspieler wissen selbst, wann sie auftreten müssen: wenn das Stichwort für ihren Einsatz fällt. Einsatz kann man ein Sieb in einem Topf oder ein bestimmtes Gewinde nennen, aber auch die Polsterung einer Radlerhose. Polizei, Feuerwehr, Militär und Rettungskräfte fahren mit ihren Einsatzfahrzeugen zu ihren Einsätzen.

2 Die Einführung des Begriffs ‚Gefallene' in die öffentliche Sprache in Deutschland wird nachgezeichnet von Dörfler-Dierken (2010).

1   Der ‚neue Blick' auf Afghanistan

Seit dem 9. April 2010, als nach ‚Gefechten' bei Kunduz am Karfreitag drei deutsche ‚Gefallene' zu beklagen waren, die – erstmals im Beisein von Bundeskanzlerin Angela Merkel[3] neben dem damaligen Verteidigungsminister Karl-Theodor zu Guttenberg – in Selsingen zur letzten Ruhe geleitet wurden, hat Deutschland wieder ‚Helden'.[4] Seit November 2008 gibt es eine ‚Ehrenmedaille der Bundeswehr für Tapferkeit', umgangssprachlich Tapferkeitsmedaille genannt, und seit November 2010 eine ‚Einsatzmedaille Gefecht', die auch posthum verliehen werden kann. Über die Einführung einer Medaille für seelisch Verwundete wird diskutiert.

Als Beispiele für die neue Wahrnehmung und Sprache seien ein paar Äußerungen des Wehrbeauftragten herangezogen, der von „kriegsähnlichen Verhältnisse[n] in Teilen Afghanistans" spricht, von „Sprengfallen", „Hinterhalte[n]" und „Feuergefechte[n]", von „unzureichende[r] Waffen- und Munitionswirkung", von „hohem Munitionsverbrauch im Gefecht" und der „Hartkernmunition mit einer deutlich höheren Durchschlagsleistung" befürwortet. (Wehrbeauftragter des Deutschen Bundestages 2011: 13, 16, 27)

Damit ist nun öffentlich, was zu sagen vorher gerne vermieden worden war: Die Bundeswehr steht in Afghanistan ‚im Krieg', und weil dieser Zustand nach der deutschen Verfassung eigentlich unmöglich und juristisch problematisch ist (vgl. Jaberg 2010: 27–52), hat man sich in Politik, veröffentlichter Meinung und Gesellschaft faktisch auf den Gebrauch der salvatorischen Klausel „wie im Krieg" geeinigt.[5]

---

3   Die Rede der Kanzlerin kann gelesen werden unter: Online: http://www.bundesregierung. de/Content/DE/Rede/2010/04/09-rede-trauerfeier-selsingen.html (Letzter Zugriff: 28.02. 2011). Merkel sagte unter anderem: „Die meisten Soldatinnen und Soldaten nennen es Bürgerkrieg oder einfach nur Krieg. Und ich verstehe das gut." Einen Überblick über die Ehrung der Toten der Bundeswehr gibt Schmidt (2008: 58–74).

4   Zu Guttenberg erzählte am Ende seiner Ansprache in Selsingen von seiner Tochter, die ihn gefragt habe, „ob die drei jungen Männer tapfere Helden unseres Landes gewesen seien und ob sie stolz auf sie sein dürfte". Er habe das bejaht. Die Rede des Bundesministers der Verteidigung kann gehört werden unter: Online: http://www.soldatenglueck.de/2010/04/09/313 17/verteidigungsminister-guttenbergs-und-bundeskanzlerin-merkels-trauer-rede-in-selsingen -videos/ (Letzter Zugriff: 28.02.2011).

5   Vgl. oben die Zitate unter Anm. 4 (Merkel) und Anm. 5 (zu Guttenberg) sowie Bundeskanzlerin Merkel am 18. Dezember 2010 in Kunduz: „Wir haben hier nicht nur kriegsähnliche Zustände, sondern Sie sind hier in Kämpfe verwickelt, wie man sie im Krieg hat." (Online: http://www.faz.net/s/Rub=CCA23BC3D3C4C78914F85BED3B53F3C/Doc~E523716DF66 70417D904027B29F5013BC~ATpl~Ecommon~Scontent.html; letzter Zugriff: 02.03.2011).

Lange haben sich die Soldatinnen und Soldaten der Bundeswehr, auch der als ihre Vertretung in der Öffentlichkeit wahrgenommene Bundeswehrverband, offensiv dafür eingesetzt, dass endlich ,die Wahrheit' des Einsatzes in Afghanistan in den Blick der deutschen Öffentlichkeit geraten müsse. Geführt wurde diese Diskussion unter dem Gesichtspunkt der Anerkennung der persönlichen Einsatz- und Opferbereitschaft der deutschen Soldatinnen und Soldaten. Tatsächlich aber hat die ,deutliche' Sprache, die der damalige Verteidigungsminister Karl-Theodor Freiherr zu Guttenberg erstmals bei der schon erwähnten Trauerfeier in Selsingen eingeführt hat, die Sinn- und Legitimationsdefizite des Einsatzes am Hindukusch deutlich ins Bewusstsein treten lassen – bis dahin, dass am 28. Februar 2011 der letzte überlebende Widerständler gegen Hitler öffentlich fragte, ob es denn angemessen sei, dafür sterben zu sollen, dass Mädchen in Afghanistan in die Schule gehen. (Kleist 2011: 43)

2   Der ,soldatische Blick' auf Afghanistan

Dass die neuen Erfahrungen in Afghanistan den Soldatinnen und Soldaten der Bundeswehr Probleme mit ihrem herkömmlichen soldatischen Selbstverständnis und ihrer beruflichen Identität bescheren würden, war schon vor einigen Jahren deutlich geworden – spätestens mit der Affäre um die Veröffentlichung von Fotos, die Soldaten zeigen, die mit Totenschädeln posieren. Als die Fotos aus dem Jahr 2003, die während einer Patrouille vor Kabul gemacht wurden, am 26. Oktober 2006 in der Bild-Zeitung abgedruckt wurden, lenkte das von der Veröffentlichung des Weißbuchs (BMVg 2006) ab. Diskutiert wurden in der Folge weniger die Grundlagen und Grundsätze der deutschen Sicherheits- und Verteidigungspolitik als die Geschmacklosigkeit der Fotos. Als Indiz für Veränderungen im soldatischen Selbst- und Berufsverständnis wurden die veröffentlichten Fotos bisher weniger gewürdigt. Dabei könnte gerade diese Betrachtungsweise interessant sein: Aus dem Gefühl der Bedrohung heraus suchten Soldaten emotionale Vergewisserung in der Inszenierung des Sieges des Lebens über den Tod. Posieren mit Symbolen der Vergänglichkeit dürfte Soldaten ihrer eigenen Lebendigkeit vergewissert haben, um deren Fragilität und Vulnerabilität sie in besonderer Weise und schon in jungen Jahren wissen.[6]

---

6   Bisher fehlt eine Untersuchung, die die Bedeutung des Schädels als Symbol für die vanitas des Lebens, für die meditatio mortis oder auch für den zeitweiligen Sieg des Lebens über den Tod ausleuchten würde. In der christlichen Ikonographie ist der Hl. Hieronymus ausgezeichnet durch den Totenschädel, der seinen Arbeitstisch ziert. (vgl. Jeon 2005) Auch aus dem soldatisch-kämpferischen Milieu gibt es viele Parallelen zu den posierenden Soldaten aus der griechisch-römischen Antike ebenso wie aus keltischen Quellen.

Ein anderes Indiz für ein verändertes Selbst- und Berufsbild ist die Existenz von Gedenkaltären und Gedenksteinen für gefallene Kameradinnen und Kameraden in den Feldlagern in Afghanistan. Sie sind meist spontan von den Hinterbliebenen errichtet worden und werden nun liebevoll gepflegt und betreut von den Kameradinnen und Kameraden der nachfolgenden Kontingente. Die Truppe besuchende Politikerinnen und Politiker legen davor Kränze nieder.[7] Neben die inoffizielle Pflege des Gedenkens ist die offizielle getreten: Auf dem Gelände des Verteidigungsministeriums in Berlin ist am 8. September 2009 ein Ehrenmal[8] für alle seit 1956 getöteten und gefallenen Soldatinnen und Soldaten der Bundeswehr errichtet worden. Natürlich ist es verständlich, wenn Menschen in der Erinnerungspflege Lebensvergewisserung suchen – unverständlich bleibt aber, warum gerade Soldatinnen und Soldaten dies in besonderer Weise tun, wenn man nicht spezifisch soldatische Identitätsprobleme als Erklärungsansatz annimmt. Erst nachdem die Soldatinnen und Soldaten solche Erinnerungsorte geschaffen hatten, hat sich auch das deutsche Innenministerium dazu entschlossen, der im Dienst getöteten Polizisten zu gedenken.

Offenbar spüren die Soldatinnen und Soldaten, dass dasjenige, was ihnen zu tun und zu erleiden aufgetragen ist und dasjenige, was Menschen in Deutschland normalerweise tun, auseinanderklaffen: Töten ist im westeuropäischen Alltag untersagt und kommt nur bei (seltenen) Gewaltdelikten vor. Fast alle Tötungsdelikte werden aufgeklärt, die Schuldigen ihrer Bestrafung zugeführt. Wenn Polizisten im Einsatz töten mussten, dann gilt das als sehr außergewöhnlich. Viele derjenigen Polizisten, die von der Schusswaffe Gebrauch gemacht haben, scheiden vorzeitig aus dem Dienst aus. (Grützner/ Gröger/Kiehn/Schiewek 2006) Bei Soldatinnen und Soldaten gilt der Gebrauch der Schusswaffe dagegen als ‚normaler' Bestandteil ihrer Berufsidentität.

General Reiner Glatz, gegenwärtig Befehlshaber des Einsatzführungskommandos der Bundeswehr, hat kürzlich mit dem Mennoniten Fernando Enns über die Frage „Dürfen Christen töten?" diskutiert. Glatz betont, dass der Soldat als Christ im „Spannungsfeld" zwischen der Übertretung des Gebotes „Du sollst nicht töten" und der Unterlassung seiner Schutzpflicht gegenüber denen, die sich nicht selbst wehren können, steht. (Glatz/Enns 2011: 26)

---

7 Vgl. zum Ehrenhain in Kunduz: Online: http://de.wikipedia.org/wiki/Ehrenhain_im_Feldla ger_Kunduz (Letzter Zugriff: 02.03.2011). Von einem Gedenkstein in Kunduz ist die Rede in: Online: http://www.focus.de/fotos/merkel-und-jung-legten-an-einem-gedenkstein-in-kun duz-einen-kranz_mid_454854.html (Letzter Zugriff: 02.03.2011).
8 Vgl. zu den Diskussionen im Vorfeld Hettling/Echternkamp (2008).

Die Diskussion über den Gebrauch der Schusswaffe in Afghanistan ist hoch aktuell, denn angesichts der veränderten Lage dort wird sie nicht nur häufiger von den Soldatinnen und Soldaten benutzt, sondern auch nach modifizierten Regeln: Bei Beginn des Afghanistaneinsatzes durfte von der Schusswaffe nur zu Zwecken der Selbstverteidigung Gebrauch gemacht werden. In der neuen Version der „Taschenkarte" (einer Kurzanleitung für richtiges Handeln) werden Soldatinnen und Soldaten der Bundeswehr nun nicht mehr darauf verpflichtet, die von ihnen angewendete militärische Gewalt „stets auf das geringst mögliche Maß" zu beschränken, und gegen Flüchtige, die erkennbar von ihrem Angriff abgelassen haben, die Schusswaffe nicht zu gebrauchen. Stattdessen heißt es nun: „Ein feindseliges Verhalten besteht fort, wenn bei Personen, die ISAF angegriffen haben, nicht ausgeschlossen werden kann, dass diese ihren Angriff in engerem zeitlichen und räumlichen Zusammenhang fortsetzen oder wieder aufnehmen." (Druckschrift Einsatz Nr. 23 DSK SF 009320133 Ausgabe 08/09. III.8) Personen, „die Angriffe planen, vorbereiten, unterstützen oder sonstiges feindliches Verhalten zeigen" (ebd.), dürfen getötet werden. Wie soll auf die Ferne sicher eingeschätzt werden, dass eine Person ihren „Angriff" auf die Deutschen bald und am gleichen Ort wieder aufnehmen wird? Wie soll sicher zwischen einheimischen Zivilisten und feindlichen Kämpfern unterschieden werden? Was ist ein „feindseliges Verhalten"? Wer „unterstützt" ein solches? Die Anweisungen können bei Fehleinschätzung des Verhaltens von Einheimischen Soldatinnen und Soldaten zum Töten möglicherweise Unschuldiger verleiten. Die neue Taschenkarte trägt den Soldatinnen und Soldaten eine hohe Verantwortung auf. Die soldatische Wahrnehmung der jeweiligen Situation wird die Entscheidung über den Waffeneinsatz beeinflussen. Also entscheidet die individuelle Bedrohungsperzeption darüber, wie Soldatinnen und Soldaten in einer unübersichtlichen oder bedrohlichen Situation handeln – und die anzuwendenden Regeln sind durchaus elastisch zu nennen. Es mag sogar im Einzelfall geschehen, dass der Tod von Zivilisten in Kauf genommen wird, um das eigene Leben zu retten. (Kurbjuweit 2011)

Die Zentrale Dienstvorschrift (ZDv) 10/1 Innere Führung bringt die hohen Anforderung an Soldatinnen und Soldaten auf den Punkt: „Der militärische Dienst schließt den Einsatz der eigenen Gesundheit und des Lebens mit ein und verlangt in letzter Konsequenz, im Kampf auch zu töten. Der Dienst in der Bundeswehr stellt deshalb hohe Anforderungen an die Persönlichkeit der Soldatinnen und Soldaten. Sie treffen vor allem im Einsatz Gewissensentscheidungen, die ihre ethische Bindung in den Grundwerten finden." (BMVg 2008: Ziff. 105) Dafür, dass die Soldatinnen und Soldaten solche Gewissensentscheidungen nicht unvorbereitet treffen müssen, wird in der Bundeswehr einiges getan mit den Unterrichten zu Innerer Führung, Ethik und Völkerrecht. Trotzdem – oder gerade deshalb – bleibt die Frage des Tötens virulent.

Weil die deutsche Gesellschaft aber alles Gewalthandeln – mit Ausnahme des polizeilichen – delegitimiert, sind die Soldatinnen und Soldaten in der schwierigen Lage, dass sie etwas tun sollen, was im zivilen Leben verpönt ist: Sie sollen von der Waffe Gebrauch machen, um andere Menschen zu töten, und sich ihrerseits der Gefahr aussetzen, getötet zu werden. „Klassisches militärisches Handeln (…) ist in der Regel mit der organisierten Tötung anderer Menschen verbunden." (Apelt 2009: 145) In dieser Hinsicht hat der Soldatenberuf ein Alleinstellungsmerkmal. Weil aber dasjenige tabubelastet ist, was das Wirken von Soldatinnen und Soldaten auszeichnet, spiegelt die Aussonderung des Tötens aus dem Alltag sich in der Ausschließung derjenigen, die von der Waffe Gebrauch machen. Die Notwendigkeit als Soldatin oder Soldat ultimative Gewalt einzusetzen, wirkt angesichts des Legitimationsproblems von Gewalt in der Heimat individuell stark belastend. Die Selbststilisierung des Soldaten zum ‚Kämpfer' ist ein Ausweg aus diesem Dilemma. Dass dieser Ausweg moralisch und ethisch tragfähig ist, darf jedoch bezweifelt werden. Re-Integrationsprobleme nach der Heimkehr sind vorprogrammiert.

„Hohe Identifikation und nüchterner Blick" wird den Soldatinnen und Soldaten der Bundeswehr in der einschlägigen Literatur bescheinigt. (Biehl/ Keller 2009: 121) Ihre Einsatzmotivation resultiere aus der von der Inneren Führung geforderten und geförderten Einsicht. Ihre Selbststilisierung als von der Gesellschaft zu wenig unterstützte Gruppe von Staatsdienern sei dagegen als „Stereotyp" zu bewerten. (ebd.: 133) Solche stereotypen Selbstinszenierungen seien in Soldatengruppen üblich und von der Wissenschaft mehrfach beschrieben worden: „Hierbei handelt es sich um eine Art von Anti-Eliten-Haltung, die es den Soldaten ermöglicht, sich als die entscheidenden Handlungsträger zu stilisieren, die vor Ort jene Leistungen erbringen, auf die es tatsächlich ankommt, um die Mission zum Erfolg zu führen. Dieser Mechanismus hilft ihnen dabei, ihre Situation mitsamt den Belastungen und Gefährdungen, besser zu bewältigen. Damit etablieren die Soldaten eine Grenze, die zwischen ‚uns hier im Einsatzland' und ‚denen da im Heimatland' unterscheidet und dadurch Zugehörigkeit und Anerkennung determiniert. (…) Die Position, selbst hinter der Mission zu stehen und sich zugleich über mangelnden medialen, gesellschaftlichen und politischen Rückhalt zu beklagen, kann nach innen, d. h. in das Einsatzkontingent hinein, durchaus integrativ wirken." (ebd.: 134f.) Diese Deutung der soldatischen Forderung nach Anerkennung und Respekt als stereotype Selbstinszenierung legt die Frage nahe, ob die Befriedigung des Anerkennungsbedürfnisses überhaupt unbedingt notwendig ist.

Durch Postheroismus ist die Gesellschaft der Gegenwart angeblich ausgezeichnet. Soldatinnen und Soldaten sind dieser Perzeption nach diejenigen, die nicht aus den schrecklichen Kriegen der Vergangenheit gelernt haben (Münkler 2008: 22–30), sondern beanspruchen, ein Opfer – bis hin zum Opfer des eigenen Lebens – auf Veranlassung des Staates für die Gesellschaft zu erbringen. Soldatinnen und Soldaten konnten den Eindruck gewinnen, ihre Opferbereitschaft werde nicht angemessen gewürdigt. Deshalb setzten sie sich vehement dafür ein, dass die Realität ihres Afghanistaneinsatzes stärker in den Fokus gerückt wurde. Allerdings ist ihre Erwartung, dass die Einführung des Nomen ‚Krieg' eine größere Würdigung des Engagements deutscher Soldatinnen und Soldaten bedeute, enttäuscht worden. Gegenwärtig besteht die Gefahr, dass die Ausgrenzung des Militärischen aus der Zivilgesellschaft dadurch auf die Spitze getrieben wird. So kann der Zivilist die Soldatinnen und Soldaten gleichermaßen achten und verachten für ihre Bereitschaft, ihr Leben aufzugeben und anderen Menschen das ihre zu nehmen.

Welche Hilfe bietet den Soldatinnen und Soldaten in dieser Situation die deutsche Politik, welche die Kirchen?

3   Der ‚politische Blick' auf Afghanistan

Die Schwierigkeit der Legitimation von Gewalthandeln wird verstärkt, wenn Soldatinnen und Soldaten die in Dokumenten der Bundesregierung genannten Ziele des Afghanistaneinsatzes ernst nehmen. Dann können sie nämlich in einige Verwirrung geraten: Blickt man auf die Homepage der Bundesregierung und die derjenigen Ministerien, deren Mitarbeiter sich in Afghanistan engagieren, dann fällt auf, dass sie jeweils unterschiedliche Perzeptionen der dortigen Verhältnisse pflegen:

- Das Presse- und Informationsamt der Bundesregierung spricht auf seiner Afghanistan-Webseite nicht von Krieg, sondern betont die Beteiligung Deutschlands am Wiederaufbau Afghanistans. (Online: http://www.bundesregierung.de/Content/DE/Artikel/Afghanistan/ZahlenDatenFakten/2007-08-22-zahlen-daten-fakten.html; letzter Zugriff: 28.02.2011) Die Afghanen sollen möglichst bald die Verantwortung für ihr Land und ihre Sicherheit in ihre eigenen Hände nehmen. 5 000 deutsche Soldaten „unterstützen die afghanische Regierung, die Sicherheit herzustellen und aufrechtzuerhalten", heißt es. (Online: http://www.bundesregierung.de/Webs/Breg/DE/Afghanistan/afghanistan.html; letzter Zugriff: 28.02.2011) Das Gewicht der Argumentation liegt auf der Ausbildung der afghanischen Sicherheitskräfte.

- Ebenso argumentiert das Auswärtige Amt auf seiner Webseite, auf der auch der Fortschrittsbericht der Bundesregierung vom 13. Dezember 2010 angezeigt wird. (Online: http://www.auswaertiges-amt.de/cae/ser vlet/contentpublicationFile/131801/101213-AFG-Fortschrittsbericht.pdf; letzter Zugriff: 28.02.2011) In diesem Fortschrittsbericht heißt es zur jüngsten Lage: „Die Anschläge und Gefechte von Kunduz haben die dort eingesetzten Soldaten, Beamten und Aufbauhelfer, aber auch die deutsche Öffentlichkeit mit der Wirklichkeit eines nicht-internationalen bewaffneten Konflikts konfrontiert." (ebd.: 13) In einem das Schriftbild des Fortschrittsberichts durchbrechenden Kasten (ebd.) wird als Problem der Unruhedistrikt Chahar Darrah bezeichnet. Nur hier, in diesem Kasten, werden die Begriffe „Gefecht", „fallen", „verwundet" und „Kampfhandlungen" verwendet.
- In seiner Regierungserklärung am 21. Januar 2011 unterstrich der Minister für Wirtschaftliche Zusammenarbeit und Entwicklung, Dirk Niebel, dass „überzogene Erwartungen" den militärischen Einsatz zu Beginn gekennzeichnet hätten, jetzt sei dagegen die Bedeutung des zivilen Engagements unumstritten. Der Minister berichtet übrigens auch, dass er wenige Tage zuvor an der Bestattung eines deutschen Entwicklungshelfers teilgenommen habe, der am Heiligen Abend 2010 ermordet worden war.[9] Von ‚Krieg' sprach er nicht, aber von „instabilen Gebieten", die insbesondere von den afghanischen Sicherheitskräften kontrolliert werden müssten.[10]
- Auf der Homepage des Bundesministeriums der Verteidigung wird gefordert, dass „[z]ivile und militärische Akteure (…) in Afghanistan koordiniert zusammenarbeiten", um „Entwicklungserfolge" zu erzielen und „im Land die Lebensbedingungen [zu] verbessern". Dieser Ansatz, ‚vernetzte Sicherheit' als Kooperation verschiedener Ministerien im Sinne eines „zielorientierte[n] gemeinsame[n] Wirken[s] aller Akteure" zu begreifen, ist noch nicht lange eingeführt. (Online: http://www.bundeswehr. de/portal/a/bwde/!ut/p/c4/F5QVvdewEhdDqp4rPsC1z3hSdDC0z87Iy8B fOc8ftcMIAI; letzter Zugriff: 06.06.2011) Das „Weißbuch der Bundes-

---

9 Online: http://www.bmz.de/de/presse/reden/minister_niebel/2011/januar/20110121_rede.ht ml (Letzter Zugriff: 02.03.2011).

10 Ebd.: „Ein nachhaltiger Entwicklungsprozess in Afghanistan wird immer von einer spürbaren Verbesserung der Sicherheitslage abhängen. In den meisten Distrikten im Norden können wir weiterhin unter relativ guten Bedingungen arbeiten. Die Sicherheitslage wirkte sich im vergangenen Jahr in einigen Regionen – insbesondere in den Provinzen Kunduz und Baghlan – negativ auf die zivile Hilfe aus. Hier verfügen unsere zivilen Helfer teilweise nicht mehr über den Bewegungsfreiraum, den sie zur Projektumsetzung brauchen. Die instabilen Gebiete müssen durch ISAF und vor allem durch die afghanischen Sicherheitskräfte gesichert werden, bevor die zivile Hilfe dort greifen kann."

regierung zur Sicherheitspolitik Deutschlands und zur Zukunft der Bundeswehr" (BMVg 2006) plädierte noch für eine militärisch gestützte Interessenpolitik.[11] Die Soldatinnen und Soldaten erschienen hier als Instrumente deutscher Außen-, Sicherheits- und Verteidigungspolitik. Sie sollen „sich sowohl gegen militärisch organisierte Gegner als auch gegen asymmetrisch kämpfende Kräfte bei möglichst geringen eigenen Verlusten durchsetzen [können]. Hierzu benötigen sie robuste Fähigkeiten (...) [und] Eskalationsdominanz im gesamten Spektrum."[12] Zwar ist im Weißbuch nicht vom Tod auf dem Schlachtfeld die Rede, aber trotzdem ist deutlich, dass ‚Robustheit' und ‚Dominanz' als Umschreibungen für Kampf und Sieg gelesen werden können.

Auswärtiger Ausschuss, Innenausschuss, Verteidigungsausschuss, Ausschuss für Menschenrechte und humanitäre Hilfe, Ausschuss für wirtschaftliche Zusammenarbeit und Entwicklung sowie der Haushaltsausschuss haben den Antrag der Bundesregierung zur „Fortsetzung der Beteiligung bewaffneter deutscher Streitkräfte an dem Einsatz einer Internationalen Sicherheitsunterstützungstruppe in Afghanistan" für ein weiteres Jahr geprüft, die Abgeordneten des Deutschen Bundestages haben ihn am 28. Januar 2011 mit Mehrheit der Stimmen der Fraktionen von CDU/CSU, SPD und FDP angenommen. Hier heißt es: „Der Einsatz hat unverändert zum Ziel, die afghanische Regierung bei der Gewährleistung eines sicheren Umfelds für die Arbeit der afghanischen Staatsorgane, des VN-Personals sowie der internationalen Wiederaufbauhelfer und des humanitären Zivilpersonals zu unterstützen." (Online: http://www.bundesregierung.de/Content/DE/Artikel/2011-01-11-kabinett-mandats verlaengerung-isaf.html; letzter Zugriff: 11.04.2011) Von ‚Krieg' steht nichts in diesem Mandat.[13]

Das zeigt, dass die Einsatzwahrnehmung der Soldatinnen und Soldaten sich unterscheidet von der Problemperzeption der Regierung und der beteiligten Ministerien, dass die Politikerreden vor militärischem und diejenigen vor zivilem Publikum sich jeweils den vermuteten Adressatenerwartungen anpassen.

Am 19. März 2010 entschied die Bundesanwaltschaft, dass die Bundeswehr in Afghanistan Partei in einem Bürgerkrieg ist und deshalb für ihre Soldatinnen und Soldaten das Völkerstrafgesetzbuch gilt. Das bedeutete faktisch,

---

11 Vgl. zur Verwendung des Interessenbegriffs in Politik und Politikwissenschaft Meier (2010: 60, Fußnote 6).
12 BMVg 2006: 96, Kapitel 5. Zum Vergleich der Argumentationen von Weißbuch und EKD-Friedensdenkschrift vgl. die Aufsätze in Dörfler-Dierken/Portugall (2010).
13 Anzumerken ist, dass dies natürlich auch juristische Gründe hat, da „Krieg" einen spezifischen völkerrechtlichen Zustand bezeichnet und die UN-Resolution dazu keine Grundlage bietet.

dass der deutsche Oberst, auf dessen Veranlassung hin amerikanische Piloten zwei in einem Fluss festgefahrene Tanklastzüge bombardierten, keine Anklage zu gewärtigen hat. Die Bundesanwaltschaft hat das Verfahren eingestellt, weil der Oberst mit dem Befehl zum Bombenabwurf nicht gegen geltendes Recht verstoßen habe. (Online: http://www.spiegel.de/politik/ausland/0,1518, 689867,00.html; letzter Zugriff: 11.04.2011)

Soldatisches Handeln in einem nichtinternationalen bewaffneten Konflikt folgt offenbar einem anderen Regelwerk und Gesetzbuch als dasjenige in einer humanitär begründeten Friedensmission. Gerade die Bombardierung der Tanklastzüge, bei der zweifelsfrei Zivilisten getötet wurden – die Bundeswehr hat das durch Reparationszahlungen an die betroffenen Familien faktisch anerkannt – zeigt die Schwierigkeiten. Hätte der deutsche Oberst keine Luftunterstützung angefordert, wären die Tanklastzüge möglicherweise als Bomben gegen das deutsche Feldlager eingesetzt worden. Die Radikalität des Tötens aber steht in einem merkwürdigen Gegensatz zu den ministeriell genannten Aufgaben der Bundeswehr in Afghanistan.

An diesem Vorfall zeigt sich aber auch, dass die Perzeption einer Situation entscheidend ist für die Maßnahmen, die zu ihrer Klärung ergriffen werden. Die mentale Identifizierung einer bedrohlichen Situation als ,Krieg' legt es nahe, Mittel des Krieges zur Auflösung der Bedrohung anzuwenden. Insofern ist es von grundlegender Bedeutung für ihr Handeln, wie die Soldatinnen und Soldaten die Bedrohungslage, in der sie stehen, wahrnehmen, wie sie ihr Berufsbild definieren, welches Bild sie von sich selbst und ihrem Beruf haben. Die Selbstwahrnehmung als ,Kämpfer in einem Krieg' kann dazu führen, dass Soldatinnen und Soldaten statt de-eskalierender Maßnahmen solche ergreifen, die auf Vernichtung des ,Feindes' zielen und damit möglicherweise die ,Spirale der Gewalt' anheizen.

Die militärische Aufgabe in Afghanistan als ,internationale bewaffnete Friedensmission' zu beschreiben, fördert dagegen eine andere Bedrohungsperzeption als deren Beschreibung nach kriegsvölkerrechtlichen Kriterien und entsprechend auch andere Handlungsoptionen.

5 Der ,kirchliche Blick' auf Afghanistan

Auch kirchliche Äußerungen und Dokumente zur Legitimität und Moralität des Afghanistaneinsatzes beanspruchen, Soldatinnen und Soldaten Hilfestellung für die Entwicklung ihres Berufsbildes und ihrer soldatischen Identität zu geben. Sowohl Vertreter der Evangelischen als auch solche der Katholischen Kirche haben sich öffentlich zu Wort gemeldet, darunter auch die Militärbischöfe beider Gemeinschaften. Ihre vor allem aus der christlich-ethischen Perspektive gewonnenen Überlegungen wollen sich nicht nur an die

Christinnen und Christen unter den Soldatinnen und Soldaten, sondern auch an alle anderen wenden. Bei ihren Äußerungen geht es den Kirchenvertretern nicht nur darum, allgemeine Handlungsanweisungen zu formulieren, sondern speziell auch solche, die dem spezifischen Auftrag der Soldatinnen und Soldaten gerecht werden und die besonderen Schwierigkeiten und Ambivalenzen deren Berufs in den Blick nehmen. Aus der Vielzahl der gelegentlich tagesaktuellen Voten seien hier zwei verbindliche Dokumente beispielhaft herausgegriffen: ein katholisches Hirtenwort für Soldatinnen und Soldaten und die letzte evangelische Friedensdenkschrift.

Am 29. November 2005 veröffentlichte die Deutsche Bischofskonferenz ein schmales Heftchen, das Soldatinnen und Soldaten eine Handreichung für die Orientierungsschwierigkeiten des veränderten Berufsbildes geben wollte: „Soldaten als Diener des Friedens". Mit dieser positiven Vorgabe eines Berufsbildes als defensores pacis, „Diener des Friedens", nahmen die Verfasser eine Aussage des Zweiten Vatikanischen Konzils von 1965 auf. Hier hieß es in der Pastoralkonstitution über die Kirche in der Welt von heute, bekannt unter ihrem Incipit „Gaudium et spes", dass die Verteidigung des eigenen Volkes rechtmäßig und ethisch legitim ist, wenn nicht die Unterjochung anderer Nationen damit verbunden ist. „Wer als Soldat im Dienst des Vaterlandes steht, betrachte sich als Diener der Sicherheit und Freiheit der Völker. Indem er diese Aufgabe recht erfüllt, trägt er wahrhaft zur Festigung des Friedens bei." (Lexikon für Theologie und Kirche, Konzilsdokumente 1968: 241–592, mit Kommentaren; hier Art. 79, 553) Wie die Grundargumentation des Vatikanums auf die Probleme der Gegenwart und deren Perzeption durch einen katholischen Soldaten übertragen werden soll, beschreibt das erwähnte Hirtenwort der Katholischen Bischöfe Deutschlands: Von den Soldatinnen und Soldaten wird „[e]in kritisches Verhältnis zur Gewalt sowie zu ihren Dynamiken (...) [als] notwendige Voraussetzung, um den in der Gewaltausübung unausweichlich begründeten Übeln zu wehren," gefordert. (Deutsche Bischofskonferenz 2005: 6)

Gewaltsensibilität ist demnach die wichtigste Soldatentugend, wobei die Innere Führung als dasjenige Selbstverständigungs- und Bildungsprogramm der Streitkräfte gezeichnet wird, das diese einübt. (vgl. BMVg 2008: Ziff. 508)

Die EKD-Friedensdenkschrift „Aus Gottes Frieden leben – für gerechten Frieden sorgen" ist fast auf den Tag genau ein Jahr nach dem Weißbuch

(BMVg 2006) der Öffentlichkeit vorgestellt worden.[14] Sie verbindet die beiden „komplementären"[15] Umgangsweisen mit Gewalt im protestantischen
Christentum: Pazifismus oder Beteiligung an der Herstellung rechtserhalten-
der Ordnung, durch den Gedanken des freien Gewissens, dem Kriegsdienst-
verweigerung gleich ursprünglich ist wie die Beteiligung an der staatlich
legitimierten und kontrollierten Ausübung militärischer Gewalt.[16] Auch wer
Soldat ist, wird – so heißt es in der Denkschrift – seine „Entscheidung von
vornherein nur verantworten können mit dem Ziel, menschliches Leben zu
schützen und internationales Recht zu wahren", und er wird sich dafür einsetzen, dass militärische Mittel nur im „äußersten" Fall angewendet werden.
(EKD 2007: Nr. 64)

Sowohl die Evangelische wie die Katholische Kirche binden das Handeln
von Soldatinnen und Soldaten an den irdischen Frieden. Sie leugnen nicht,
dass Soldatinnen und Soldaten äußerstenfalls töten, betonen aber, dass auch
in diesem Fall die Friedensorientierung des militärischen Handelns erhalten
bleiben muss, wenn es nicht seinen Sinn verlieren soll. Waffen dürfen im
christlichen Referenzrahmen nur eingesetzt werden *für* andere Menschen,
zum Schutz derjenigen, die sich nicht selbst schützen können – also im weiteren Sinne polizeilich. Dieses Gewalthandeln ist gesellschaftlich akzeptiert
und angesehen. Seine Moralität und Legitimität stehen nicht in Frage. Und
beide kirchlichen Dokumente unterstreichen nicht nur die persönliche Verantwortung eines jeden Staatsbürgers in Uniform für sein Handeln, sondern
auch seine Gewissensfreiheit, die Teil seiner durch soldatisches Recht und

---

14 EKD 2007 (veröffentlicht am 24. Oktober 2007). Nach der Neujahrspredigt der damaligen
    EKD-Ratsvorsitzenden Dr. Margot Käßmann, in der sie die vielfach kolportierte Phrase
    prägte: „Nichts ist gut in Afghanistan" (Online: http://www.ekd.de/predigten/Kaessmann/
    100101_Kaessmann_neujahrspredigt.html; letzter Zugriff: 11.04.2011) haben sich herausra-
    gende Vertreter der EKD (der Käßmann nachfolgende Ratsvorsitzende Nikolaus Schneider,
    der Militärbischof Dr. Martin Dutzmann und der Friedensbeauftragte Renke Brahms) ge-
    meinsam zur Afghanistan-Frage geäußert (Online: http://ag-friedensforschung.de/regionen/
    Afghanistan/ekd.html; letzter Zugriff: 11.04.2011) unter dem Titel: Aus Gottes Frieden le-
    ben – für gerechten Frieden in Afghanistan vom 25. Januar 2010. Diese Dokumente werden
    hier nicht analysiert, die Beschränkung auf die Grundlagendokumente ist in diesem Zusam-
    menhang ausreichend. Analyse der Friedensdenkschrift vor dem Hintergrund militärischer
    Ethik bei Stümke (2009: 257–276).
15 ‚Komplementär' ist ein terminus technicus der Physik zur Bezeichnung widersprüchlicher
    Merkmale desselben Objekts. Seit 1959 wird er für die zwei Möglichkeiten ethisch verant-
    wortlich zu handeln verwendet. Es heißt in den Heidelberger Thesen: „Wir müssen versu-
    chen, die verschiedenen, im Dilemma der Atomwaffen getroffenen Gewissensentscheidun-
    gen als komplementäres Handeln zu verstehen." (Online: http://www.friederle.de/ethik/hei
    delberg.htm; letzter Zugriff: 11.04.2011)
16 EKD 2007: Nr. 60–66. Vgl. zum Gewissen des Soldaten anhand der jüngsten Rechtspre-
    chung Gillner (2009: 193–214).

soldatische Ordnung nicht auszusetzenden oder aufzuhebenden Menschenwürde ist.

Vielleicht ist der Aufschrei der Soldatinnen und Soldaten: „wir stehen in Gefechten", „wir sind im Krieg", „wir töten feindliche Taliban und manchmal auch unschuldige Menschen", zu deuten als Ausdruck des Gewissenskonflikts, in den die Anwendung militärischer Gewalt denjenigen verwickelt, der sich solch' durchschlagender Mittel bedient. Soldatinnen und Soldaten könnten damit auch zum Ausdruck bringen wollen, dass sie ihrem Einsatz in Afghanistan keine Aussicht auf Erfolg mehr zusprechen, dass sie das sicherheitspolitische Gesamtkonzept nicht verstehen oder dass sie nach einer präziseren Definition ihres Auftrages Ausschau halten. Sie machen mit ihren Äußerungen zudem möglicherweise darauf aufmerksam, dass die Risiken und Belastungen, die für sie persönlich mit dem Einsatz verbunden sind, nicht mehr im Verhältnis zur Legitimität und Realisierbarkeit der angestrebten Ziele stehen. Sie würden dann indirekt nach einem friedens- und sicherheitspolitischen Gesamtkonzept fragen. Sie würden eine neue Gewichtung der diplomatischen, entwicklungspolitischen und polizeilichen Aufgaben anmahnen, indem sie das Abgleiten eines ursprünglich als Friedensmission gedachten Einsatzes in offensive Kampfhandlungen beschreiben. Dann aber wären ihre erfahrungsgesättigten Selbstbeschreibungen zugleich als Frage an die Politik der Bundesregierung zu verstehen: Wie kann sie die deutschen Soldatinnen und Soldaten von ihren Gewissenskonflikten befreien? Welches motivierende und ethisch tragfähige Ziel gibt sie für den Einsatz am Hindukusch vor? Reicht die Formel „Übergabe in Verantwortung der Afghanen" zur Begründung, wenn es um die Rechtfertigung von Gefallenen, Invaliden und Veteranen geht?

Zuzulassen, dass die Soldatinnen und Soldaten abgleiten in eine mit der zivilen Kultur in Deutschland unvermittelbare, von Kameradschaft zusammengehaltene Subkultur wäre jedenfalls eine wenig befriedigende Antwort auf die Frage nach Sinn und Grenzen des Einsatzes militärischer Gewaltmittel.

Literatur

Apelt, Maja (2009): Die Paradoxien des Soldatenberufs im Spiegel des soldatischen Selbstkonzepts. In: Jaberg et al. (Hrsg.) 2009: 143–162.
Biehl, Heiko/Keller, Jörg (2009): Hohe Identifikation und nüchterner Blick. Die Sicht der Bundeswehrsoldaten auf ihre Einsätze. In: Jaberg et al. (Hrsg.) 2009: 121–141.
Bundesministerium der Verteidigung (2006): Weißbuch 2006 zur Sicherheitspolitik Deutschlands und zur Zukunft der Bundeswehr. Berlin.

Bundesministerium der Verteidigung (2008): ZDv 10/1. Innere Führung. Selbstverständnis und Führungskultur der Bundeswehr. Bonn.

Deutsche Bischofskonferenz (2005): Soldaten als Diener des Friedens. Erklärung zur Stellung und Aufgabe der Bundeswehr, 29. November 2005. (Die deutschen Bischöfe 82) Bonn.

Dörfler-Dierken, Angelika (2010): Identitätspolitik der Bundeswehr. In: Dörfler-Dierken/Kümmel (Hrsg.) 2010: 137–160.

Dörfler-Dierken, Angelika/Kümmel, Gerhard (Hrsg.) (2010): Identität, Selbstverständnis, Berufsbild. Implikationen der neuen Einsatzrealität für die Bundeswehr. Wiesbaden: VS Verlag für Sozialwissenschaften.

Dörfler-Dierken, Angelika/Portugall, Gerd (Hrsg.) (2010): Friedensethik und Sicherheitspolitik. Weißbuch 2006 und EKD-Friedensdenkschrift 2007 in der Diskussion. Wiesbaden: VS Verlag für Sozialwissenschaften.

Evangelische Kirche in Deutschland (2007): Aus Gottes Frieden leben – für gerechten Frieden sorgen. Gütersloh: Gütersloher Verlagshaus.

Gillner, Matthias (2009): Für einen ‚die ethischen Grenzmarken des eigenen Gewissens bedenkenden Gehorsam'. Das Urteil des Bundesverwaltungsgerichts zur Gewissensfreiheit des Soldaten und seine Konsequenzen für die Bundeswehr. In: Jaberg et al. (Hrsg.) 2009: 193–214.

Glatz, Rainer/Enns, Fernando (2011): Dürfen Christen töten? Die Menschenrechte gelten für jeden. Aber darf man sie auch mit Gewalt verteidigen? Ein Generalleutnant und ein Pazifist über das Töten. In: Chrismon. Das evangelische Magazin, Juni 2011, 26–29.

Grützner, Kurt/Gröger, Wolfgang/Kiehn, Claudia/Schiewek, Werner (Hrsg.) (2006): Handbuch Polizeiseelsorge. Göttingen: Vandenhoeck & Ruprecht.

Hartmann, Uwe/Rosen, Claus von/Walther, Christian (Hrsg.) (2009): Jahrbuch Innere Führung 2009: Die Rückkehr des Soldatischen. Eschede: Hartmann Miles-Verlag.

Hettling, Manfred/Echternkamp, Jörg (Hrsg.) (2008): Bedingt erinnerungsbereit. Soldatengedenken in der Bundesrepublik. Göttingen: Vandenhoeck & Ruprecht.

Jaberg, Sabine (2010): Hat die Friedensnorm des Grundgesetzes ausgedient? – Deutsche Sicherheits- und Verteidigungsprogrammatik und EKD-Friedensdenkschrift im Vergleich. In: Dörfler-Dierken/Portugall (Hrsg.) 2010: 27–52.

Jaberg, Sabine et al. (Hrsg.) (2009): Auslandseinsätze der Bundeswehr. Sozialwissenschaftliche Analysen, Diagnosen und Perspektiven. (Sozialwissenschaftliche Schriften 47) Berlin: Duncker & Humblot.

Jeon, Hanho (2005): Meditatio mortis. Zur Ikonographie des heiligen Hieronymus mit dem Totenschädel unter besonderer Berücksichtigung des Lissabonner Gemäldes von Albrecht Dürer. Münster: Universitätsdissertation. Online: http://miami.uni-muenster.de/servlets/DerivateServlet/Derivate-3974/diss_jeon.pdf (Letzter Zugriff: 29.04.2011).

Kleist, Ewald von (2011): Spiegel-Gespräch: Angst halte ich für sehr vernünftig. In: Der Spiegel, Nr. 9, 28. Februar 2011, 42–44.

Kurbjuweit, Dirk (2011): Kriegsbraut. Berlin: Rowohlt.

Lexikon für Theologie und Kirche (1968): Das Zweite Vatikanische Konzil. Konstitutionen, Dekrete und Erklärungen. Lateinisch und deutsch. 2. Aufl. T. III. Freiburg i. Br. et al.: Herder.

Meier, Ernst-Christoph (2010): Vom Verteidigungsauftrag des Grundgesetzes zum Begriff Vernetzter Sicherheit – Zur politischen Einordnung des Weißbuchs 2006. In: Dörfler-Dierken/Portugall (Hrsg.) 2010: 53–69.

Meyer, Georg Maria (1996): Friedensengel im Kampfanzug? Zu Theorie und Praxis militärischer UN-Einsätze. Opladen: Westdeutscher Verlag.

Münkler, Herfried (2008): Militärisches Totengedenken in der postheroischen Gesellschaft. In: Hettling/Echternkamp (Hrsg.) 2008: 22–30.

Neitzel, Sönke/Welzer, Harald (2011): Soldaten. Protokolle vom Kämpfen, Töten und Sterben. Frankfurt a. M.: Fischer.

Rosen, Claus von (2009): Die ZDv 10/1 Innere Führung von 2008. Vorschrift – Handbuch – Überbau. In: Hartmann/Rosen/Walther (Hrsg.) 2009: 17–52.

Schmidt, Wolfgang (2008): Die Toten der Bundeswehr. Deutungsleistungen zwischen säkularem Ritual und sakralem Gedenken. In: Hettling/Echternkamp (Hrsg.) 2008: 58–74.

Seliger, Marco (2010): „Ich habe getötet". In: loyal, Nr. 9/2010, 29–31.

Stümke, Volker (2009): Auslandseinsätze und die Sorge für den gerechten Frieden. Ein Blick in die aktuelle Friedensdenkschrift der Evangelischen Kirche in Deutschland. In: Jaberg et al. (Hrsg.) 2009: 257–276.

Wehrbeauftragter des Deutschen Bundestages (2011): Jahresbericht 2010. (52. Bericht) Drucksache 17/4400.

Autorenverzeichnis

Biehl, Heiko, geb. 1971, Dr. phil. Seit 1999 als Sozialwissenschaftler im Bereich der Bundeswehr tätig. Derzeit Leiter Forschungsschwerpunkt „Multinationalität/Europäische Streitkräfte" am Sozialwissenschaftlichen Institut der Bundeswehr.

Dörfler-Dierken, Angelika, geb. 1955, Dr. theol., Prof. Seit 2003 am Sozialwissenschaftlichen Institut der Bundeswehr zuständig für Fragen der Inneren Führung und der Ethik.

Fiebig, Rüdiger, geb. 1980, Dipl.-Pol. Seit Juli 2007 wissenschaftlicher Mitarbeiter am Sozialwissenschaftlichen Institut der Bundeswehr, wo er als Projektleiter im Forschungsschwerpunkt „Einstellungsforschung und Meinungsumfragen" die jährliche Bevölkerungsbefragung und Streitkräftebefragung betreut.

Giegerich, Bastian, geb. 1976, PhD. Seit August 2010 wissenschaftlicher Mitarbeiter im Forschungsschwerpunkt „Multinationalität/Europäische Streitkräfte" am Sozialwissenschaftlichen Institut der Bundeswehr.

Jacobs, Herbert, geb. 1958, Dipl.-Psych., Psychologischer Psychotherapeut. Klinischer Psychologe im Bundeswehrkrankenhaus Ulm, Abteilung Neurologie und Psychiatrie. Seit 2009 in der Forschungssektion des Psychotraumazentrums, Bundeswehrkrankenhaus Berlin.

Jonas, Alexandra, geb. 1980, M. A. Seit 2008 wissenschaftliche Mitarbeiterin im Forschungsschwerpunkt „Multinationalität/Europäische Streitkräfte" am Sozialwissenschaftlichen Institut der Bundeswehr.

Kowalski, Jens T., geb. 1963, Dipl.-Psych., Dr. rer. med., Psychologischer Psychotherapeut (VT). Seit April 2011 Leiter Forschungssektion des Psychotraumazentrums am Bundeswehrkrankenhaus Berlin.

Krampe, Thomas, geb. 1980, Dipl.-Volkswirt. Seit August 2009 wissenschaftlicher Mitarbeiter am Sozialwissenschaftlichen Institut der Bundeswehr. Dort arbeitet er im Forschungsschwerpunkt „Transformation der Bundeswehr" zu Themen „Ökonomischer Modernisierung der Bundeswehr".

Kümmel, Gerhard, geb. 1964, Dr. phil. Seit Herbst 1997 als Wissenschaftler am Sozialwissenschaftlichen Institut der Bundeswehr; Leiter des Forschungsschwerpunktes „Transformation der Bundeswehr".

Langer, Phil C., geb. 1975, Dr. phil. Seit August 2008 wissenschaftlicher Mitarbeiter im Forschungsschwerpunkt „Sozialwissenschaftliche Begleitung der Auslandseinsätze der Bundeswehr" am Sozialwissenschaftlichen Institut der Bundeswehr und Leiter des Projekts „Interkulturelle Kompetenz".

Meier, Ernst-Christoph, geb. 1956, Dr. phil. Seit 2006 Direktor und Professor des Sozialwissenschaftlichen Instituts der Bundeswehr.

Nachtwei, Winfried, geb. 1946. 1994 bis 2009 Mitglied des Bundestages (Verteidigungsausschuss, Unterausschuss Abrüstung), ab 2002 sicherheits- und abrüstungspolitischer Sprecher von Bündnis 90/Die Grünen. Mitglied im Beirat „Zivile Krisenprävention" des Auswärtigen Amts und Beirat „Innere Führung" des Verteidigungsministeriums.

Naumann, Klaus, geb. 1949, Dr. phil. Zeit- und Militärhistoriker am Hamburger Institut für Sozialforschung.

Pietsch, Carsten, geb. 1977, M. A. Seit 2008 wissenschaftlicher Mitarbeiter am Sozialwissenschaftlichen Institut der Bundeswehr im Forschungsschwerpunkt „Sozialwissenschaftliche Begleitung der Auslandseinsätze der Bundeswehr" und Mitarbeiter im Projekt „ISAF 2010".

Seiffert, Anja, geb. 1965, Dr. phil. Seit November 2009 Forschungsschwerpunktleiterin „Sozialwissenschaftliche Begleitung der Auslandseinsätze der Bundeswehr" am Sozialwissenschaftlichen Institut der Bundeswehr und Leiterin des Projekts „ISAF 2010".

Wieker, Volker, geb. 1954, General. Von 2008 bis 2010 Kommandierender General des I. Deutsch-Niederländischen Korps, dabei Einsatz als Chef des Stabes ISAF in Kabul, seit 21. Januar 2010 Generalinspekteur der Bundeswehr.

Zimmermann, Peter, geb. 1967, Dr. med. Seit Januar 2009 Abteilungsleiter Psychiatrie am Bundeswehrkrankenhaus Berlin, seit Juni 2010 Leiter Psychotraumazentrum der Bundeswehr am Bundeswehrkrankenhaus Berlin.